Kohlhammer

Der Autor

Dr. Steffen Kröhnert ist seit 2014 Professor für das Lehrgebiet »Demografischer Wandel und Soziale Arbeit« am Rhein-Mosel-Campus der Hochschule Koblenz. Nach Berufstätigkeit und Meisterprüfung im Tischlerhandwerk studierte Steffen Kröhnert Soziologie und Sozialwissenschaften an der TU Dresden und der Humboldt-Universität zu Berlin. Anschließend war er zwölf Jahre als Sozialwissenschaftler am Berlin-Institut für Bevölkerung und Entwicklung tätig. Zu seinen Arbeits- und Lehrschwerpunkten gehören die Themen Sozialraumentwicklung und Sozialraumanalyse.

Beitragende

Dr. Tobias Meier (Dipl.-Ing.), Diplom-Ingenieur für Stadt- und Regionalplanung und Community Organizer, arbeitet als Lehrkraft für besondere Aufgaben am Fachbereich Sozialwissenschaften der Hochschule Koblenz.

Christoph Zepp (B. A. Soziale Arbeit; M. Sc. Integrierte Orts- und Sozialraumentwicklung) ist Doktorand am Fachbereich bauen-kunst-werkstoffe der Hochschule Koblenz.

Steffen Kröhnert

Sozialraumanalyse in der Praxis

Grundlagen, Methoden, Umsetzung

Verlag W. Kohlhammer

Dieses Werk einschließlich aller seiner Teile ist urheberrechtlich geschützt. Jede Verwendung außerhalb der engen Grenzen des Urheberrechts ist ohne Zustimmung des Verlags unzulässig und strafbar. Das gilt insbesondere für Vervielfältigungen, Übersetzungen, Mikroverfilmungen und für die Einspeicherung und Verarbeitung in elektronischen Systemen.

Die Wiedergabe von Warenbezeichnungen, Handelsnamen und sonstigen Kennzeichen in diesem Buch berechtigt nicht zu der Annahme, dass diese von jedermann frei benutzt werden dürfen. Vielmehr kann es sich auch dann um eingetragene Warenzeichen oder sonstige geschützte Kennzeichen handeln, wenn sie nicht eigens als solche gekennzeichnet sind.

Es konnten nicht alle Rechtsinhaber von Abbildungen ermittelt werden. Sollte dem Verlag gegenüber der Nachweis der Rechtsinhaberschaft geführt werden, wird das branchenübliche Honorar nachträglich gezahlt.

Dieses Werk enthält Hinweise/Links zu externen Websites Dritter, auf deren Inhalt der Verlag keinen Einfluss hat und die der Haftung der jeweiligen Seitenanbieter oder -betreiber unterliegen. Zum Zeitpunkt der Verlinkung wurden die externen Websites auf mögliche Rechtsverstöße überprüft und dabei keine Rechtsverletzung festgestellt. Ohne konkrete Hinweise auf eine solche Rechtsverletzung ist eine permanente inhaltliche Kontrolle der verlinkten Seiten nicht zumutbar. Sollten jedoch Rechtsverletzungen bekannt werden, werden die betroffenen externen Links soweit möglich unverzüglich entfernt.

1. Auflage 2025

Alle Rechte vorbehalten
© W. Kohlhammer GmbH, Stuttgart
Gesamtherstellung: W. Kohlhammer GmbH, Stuttgart

Print:
ISBN 978-3-17-040832-6

E-Book-Formate:
pdf: ISBN 978-3-17-040833-3
epub: ISBN 978-3-17-040834-0

Inhalt

Einleitung		7
Zusatzmaterial zum Download		9
1	**Was ist ein Sozialraum?**	**11**
	1.1 Sozialräume und ihre Grenzen	11
	1.2 Ebenen von Sozialräumen – SONIG-Schema	18
2	**Was ist Sozialraumanalyse?**	**32**
	2.1 Methoden der empirischen Sozialforschung	33
	2.2 Partizipative Methoden und partizipative Forschung	35
	2.3 Qualitative und quantitative Methodenwahl	37
	2.4 Gütekriterien in der empirischen Sozialforschung	40
	2.5 Soziale Daten, Skalen und Variablen	42
	2.6 Individualdaten und Aggregatdaten	47
3	**Konzeption einer Sozialraumanalyse**	**52**
	3.1 Berücksichtigen der relevanten Akteursgruppen	52
	3.2 Formulieren einer Untersuchungsfragestellung	55
	3.3 Operationalisierung einer Forschungsfrage	56
	3.4 Auswahl von Untersuchungsmethoden	57
	3.5 Operationalisierung der Forschungsmethoden	58
	3.6 Planung der Methodenumsetzung und Konstruktion der Erhebungsinstrumente	60
4	**Forschungsethik**	**65**
5	**Sozialraumanalyse als Methodenbaukasten – ein Beispiel**	**74**
6	**Methodenbausteine**	**85**
	6.1 Soziodemografische Analyse	85
	6.2 Dokumentenanalysen	90
	6.3 Die standardisierte Befragung	95
	6.4 Leitfadeninterview	115
	6.5 Gruppendiskussion	126
	6.6 Soziale Netzwerkanalyse	133

	6.7	Ortsbegehung	146
	6.8	Partizipative Methoden	161
	6.9	Sozialraumanalyse mithilfe von Karten	177
		Zusammen mit Christoph Zepp	
	6.10	Sozialraumanalysen mit Geo-Informationssystemen	183
		Zusammen mit Tobias Meier	

Literatur **192**

Einleitung

Wenige Begriffe sind im Bereich der Sozialen Arbeit in den vergangenen Jahren so populär geworden wie der des »Sozialraums«. Sozialraumorientiertes Arbeiten scheint die zeitgemäße Arbeitsweise und Sozialraumanalysen werden in zahlreichen Projektausschreibungen als Grundlage einer Konzeptentwicklung und einer Maßnahmenplanung gefordert.

Bei Studierenden, aber auch bei Praktikerinnen und Praktikern der Sozialen Arbeit wird hingegen häufig verschieden interpretiert, was unter einem Sozialraum zu verstehen ist und was es heißt, »sozialraumorientiert« zu arbeiten. Die Fachliteratur trägt nur bedingt zur Klärung bei, weil auch dort kein einheitliches Verständnis herrscht und Erläuterungen nicht selten abstrakt und blumig ausfallen. Sozialraumorientierung sei sogar, so meint Wolfgang Hinte, einer der Begründer dieses Konzepts, »eine wehrlose Konzeptvokabel geworden, die für zahlreiche Merkwürdigkeiten herhalten müsse, die nicht mehr allzu viel mit den ursprünglich entwickelten Prinzipien zu tun habe« (Hinte 2020: 11).

Auf der anderen Seite gibt es auch Tätigkeitsbereiche mit deutlichem Sozialraumbezug, in denen Sozialarbeiterinnen und Sozialarbeiter nicht die vorherrschende Berufsgruppe sind. Dies ist etwa im Bereich der Stadtplanung bzw. Ortsentwicklung, der Sozialplanung oder des Quartiersmanagements der Fall. Hier sind auch Planerinnen und Planer, Soziologinnen und Soziologen, Geografinnen und Geografen sowie andere Professionen tätig, die den Begriff Sozialraum seltener verwenden, die aber ganz ähnliche Anliegen mit seiner Erforschung und Entwicklung verbinden.

In den Kontext der Stadtplanung ist der Begriff Sozialraum vor allem durch das Programm »Soziale Stadt« gelangt. Dieses Programm der Städtebauförderung von Bund und Ländern, das von 1999 bis 2019 existierte, förderte sozial benachteiligte und strukturschwache Stadt- und Ortsteile durch Investitionen in bauliche Aufwertung und Umgestaltung (BMUB 2016). Da bauliche Investitionen immer einen konkreten physischen Ort brauchen, ist es naheliegend, dass in diesem Zusammenhang ein eher physischer Raumbegriff Verbreitung gefunden hat, in dem dann soziale Interaktionen mitgemeint sind. Da im Programm »Soziale Stadt« bauliche Veränderungen auch soziale Probleme adressieren sollten, war es naheliegend, auch dort den Begriff des Sozialraums einzuführen.

In beiden Professionen, Sozialer Arbeit und Stadtplanung, hat sich die Verwendung des Sozialraumbegriffs parallel, aber ohne größere Rückkopplung entwickelt. Denn der Zugang zum Raum entwickelte sich aus unterschiedlichen Richtungen: In der Sozialen Arbeit ausgehend vom Individuum und seinen Interaktionen, bei der Stadtplanung ausgehend vom gebauten Raum und seinen Wirkungen und Funktionen. In der Arbeit vor Ort wird jedoch zunehmend deutlich, dass das Schaffen lebenswerter Orte und Quartiere das Zusammendenken beider Zugänge benötigt.

Eine klare Bestimmung des Begriffs Sozialraum und seiner Untersuchung ist jedoch hier wie dort schwer zu finden. Sichtet man durchgeführte Sozialraumanalysen, so gewinnt man den Eindruck, dass mal eine Auswertung statistischer Daten, mal eine Befragung oder eine Bürgerkonferenz als Sozialraumanalyse bezeichnet werden. In den planenden und bauenden Professionen werden dagegen seit jeher stärker raumbezogene Methoden angewendet, wie Ortsbegehungen, ortsstrukturelle Analysen oder Auswertungen mit geografischen Informationssystemen (GIS), die in der Sozialen Arbeit traditionell selten vorkommen (vgl. Eckhardt 2014; Reicher 2017).

Dieses Lehrbuch hat das Ziel, einen systematischen Zugang zum Begriff »Sozialraum« und ein methodisches Vorgehen bei einer Sozialraumanalyse vorzuschlagen, welches sich für Prozesse der Orts- und Sozialraumentwicklung eignet. Aus der Fülle der möglichen Zugänge soll ein konkreter konzeptioneller Vorschlag gemacht werden, der für Praktikerinnen und Praktiker verständlich, nützlich und durchführbar sein soll – unabhängig von ihrem fachlichen Hintergrund.

Tatsächlich können vielfältige Methoden Bestandteile einer Sozialraumanalyse sein. Entscheidend dafür ist nicht die Art oder Anzahl einzelner angewandter Methoden, sondern ein zielgerichtetes und systematisches Vorgehen. Sozialraumanalyse wird als ein methodischer Prozess zur Gewinnung und Deutung von Informationen über soziale Gegebenheiten mit Raumbezug verstanden. Damit grenzt sich Sozialraumanalyse ab von Methoden der Sozialen Arbeit, die vorwiegend sozialpädagogische Ziele verfolgen, aber auch von Vorgehensweisen räumlicher Planung, bei denen rechtliche, finanzielle oder bauliche Aspekte im Mittelpunkt stehen.

Übungen, die den einzelnen Themen zugeordnet sind, sollen dabei helfen, die Inhalte praktisch umzusetzen. Lösungsvorschläge zu den Übungen stehen zum Download zur Verfügung.

Zusatzmaterial zum Download

Die Lösungsvorschläge zu den Übungen[1] können Sie unter folgendem Link herunterladen:

   https://dl.kohlhammer.de/978-3-17-040832-6

Übung 2:	Operationalisierung latenter Variablen
Übung 3:	Forschungsethik
Übung 4:	Forschungsethik
Übung 5:	Index
Übung 6:	Dokumentenanalyse
Übung 7:	Fragenformulierung und Antwortvorgaben
Übung 8:	Leitfaden
Übung 10:	Netzwerkanalyse
Übung 11:	Ortsbegehung
Übung 12:	Partizipative Forschung
Übung 13:	Konzeption einer Sozialraumanalyse

---

[1] Wichtiger urheberrechtlicher Hinweis: Alle zusätzlichen Materialien, die im Download-Bereich zur Verfügung gestellt werden, sind urheberrechtlich geschützt. Ihre Verwendung ist nur zum persönlichen und nichtgewerblichen Gebrauch erlaubt. Jede Verwendung außerhalb der engen Grenzen des Urheberrechts ist ohne Zustimmung des Verlags unzulässig und strafbar. Das gilt insbesondere für Vervielfältigungen, Übersetzungen, Mikroverfilmungen und für die Einspeicherung und Verarbeitung in elektronischen Systemen.

1 Was ist ein Sozialraum?

Unter »Raum« verstehen wir üblicherweise den sich in drei Dimensionen ausbreitenden physischen Raum. Er kann, als physikalisch-materielle Gegebenheit, durch objektiv messbare Distanzen beschrieben werden. Er wird durch physische Barrieren strukturiert und ist in der Regel planerisch-baulich gestaltbar.

Die Sphäre des »Sozialen« hingegen definiert sich über die Kommunikationen und Interaktionen zwischen Menschen. Sie umfasst sowohl einmalige Interaktionen zwischen Individuen als auch wiederkehrende oder dauerhafte Muster solcher Interaktionen, etwa soziale Rollen und soziale Netzwerke bis hin zur Sozialstruktur einer Gesellschaft. Soziale Interaktion spielen sich im physischen Raum ab. Und auch die Gestaltung des physischen Raums, die Gestaltung von Straßen, Plätzen, Gebäuden, Räumen wirken sich auf das Erleben und Verhalten von Menschen aus. Hat man also das Ziel, das Agieren von Menschen zu analysieren oder darauf einzuwirken, ist es sinnvoll, beide Raumdimensionen, die physische und die soziale, zusammenzudenken und zu analysieren. Unter einem Sozialraum soll deshalb hier die Struktur von sozialen Interaktionen und Kommunikationen im physischen Raum verstanden werden.

1.1 Sozialräume und ihre Grenzen

Differenzen gibt es in der Praxis bei der Frage, was einen Sozialraum begrenzt. Während bei manchen sozialarbeiterischen Interventionen unter dem Sozialraum einer Klientin oder eines Klienten der Bereich seiner alltäglichen Interaktionen verstanden wird, ist im Quartiersmanagement oder der Stadtentwicklung ein Sozialraum häufig mit einem Ortsteil oder Stadtbezirk identisch. Mitunter werden Begriffe wie Sozialraum, Lebenswelt oder Quartier scheinbar austauschbar verwendet.

Tatsächlich gibt es unterschiedliche Sichtweisen auf Sozialräume. Wichtig im Kontext von sozialraumbezogener Arbeit und Sozialraumanalysen ist es, diese Unterschiede zu kennen und sich ihrer bei der Arbeit bewusst zu sein. Es scheint sinnvoll, drei unterschiedliche Perspektiven auf Soziale Räume zu unterscheiden. Damit sollen aber nicht »drei verschiedene Sozialräume« unterschieden werden. In allen Fällen bleibt es dabei, dass sich Sozialräume durch Interaktionen und Kommunikationen bilden. Sie sind keine »Behälter« mit festen Grenzen und sie existieren nicht unabhängig von Interaktionen. Aber in der Praxis unterscheidet sich, mit welchem Fokus man Soziale Räume betrachtet und analysiert.

Sozialraum I: Individueller Sozialraum

Aus einer individuumzentrierten Sichtweise kann man den Sozialraum als jenen physischen Raum beschreiben, in dem sich ein Individuum bewegt, einschließlich der Art, Dichte und Qualität der in diesem Raum stattfindenden Interaktionen zu anderen Menschen oder zu Institutionen. In diesem Sinne hat jeder Mensch einen individuellen Sozialraum, der sich von allen anderen unterscheidet. Zu diesem individuellen Sozialraum gehört dann zunächst die eigene Wohnung und die Beziehungen zu Familienangehörigen, mit denen dieser Mensch zusammenlebt. Doch die Person geht auch in die Schule oder zu einem Arbeitsplatz und interagiert dort mit Mitschülerinnen und Mitschülern, Vorgesetzten, Kolleginnen und Kollegen oder Kundinnen und Kunden. In der Freizeit ist die Person vielleicht in einem Verein engagiert. Sie sucht regelmäßig bestimmte Behörden oder Arztpraxen auf, eine Bibliothek oder ein Jugendzentrum. Ein so definierter Sozialraum hat keine festen physischen Grenzen, ist also nicht etwa auf den Wohnort beschränkt, auch wenn dort die meisten Interaktionen stattfinden. Beziehungen können punktuell auch zu weit entfernten Orten und Regionen gepflegt werden. Über digitale soziale Medien entstehen zusätzlich Interaktionen, die keinem physisch begrenzten Raum mehr zuordbar und dennoch für das Individuum relevant sind (▶ Abb. 1).

Der individuelle Sozialraum ähnelt am ehesten dem älteren Konzept der »Lebenswelt«. Vor dem Aufkommen von sozialraumorientierten Ansätzen in der Sozialen Arbeit existierte bereits das Konzept der lebensweltorientierten Sozialen Arbeit, das im Wesentlichen von dem Tübinger Erziehungswissenschaftler und Sozialpädagogen Hans Thiersch geprägt wurde:

> »Lebenswelt meint die gegebenen Sozialräume, die regionalen, lokalen und straßenbezogenen sozialen Netze, Zusammengehörigkeiten und Spannungen. Lebenswelt meint zum Zweiten die in diesen gegebenen Verhältnissen geltenden Verständnis- und Handlungsmuster, also die Selbstverständlichkeiten, die Interpretationen, die Traditionen, die Routinen und Typisierungen, in denen Verhältnisse gesehen und gelebt werden, in denen Menschen sich ihre Verhältnisse erklären, um in ihnen zu agieren.« (Thiersch 1997: 3)

Auch wenn Thiersch bei der Erläuterung des Lebensweltkonzepts stets von der Mehrzahl (den Menschen) schreibt, scheint doch durch, dass letztlich die »Netze und Zusammengehörigkeiten, die Verständnis- und Handlungsmuster« konkreter Adressaten der Sozialen Arbeit von Interesse sind. Diese mögen bei den Angehörigen einer Adressatengruppe Ähnlichkeiten aufweisen, aber sie sind nicht identisch.

Auch der Sozialraumbegriff des SGB VIII fokussiert auf individuelle Sozialräume. Bei den Vorgaben zur Jugendhilfeplanung wird etwa formuliert, dass Leistungen so geplant werden sollen, dass Kontakte in der Familie und im sozialen Umfeld erhalten und gepflegt werden können oder dass junge Menschen und Familien in gefährdeten Lebens- und Wohnbereichen besonders gefördert werden (§ 80 Abs. 2). In Hilfeplangesprächen mit Jugendlichen werden dann üblicherweise auch Informationen zum sozialen Umfeld, zu den Beziehungen und Kontakten erhoben, um

Ressourcen und Gefährdungen herauszuarbeiten und die Jugendlichen entsprechend unterstützen zu können.

Aspekte der individuellen Sozialräume werden folgerichtig auch in Hilfeplangesprächen thematisiert. In den Empfehlungen zu Qualitätsmaßstäben in der Hilfeplanung der Bundesarbeitsgemeinschaft der Landesjugendämter wird beispielsweise herausgearbeitet, was Ressourcen im sozialen Umfeld sein können: Ressourcen von Verwandten und Freunden, von Nachbarn, Arbeitgebenden und Ärztinnen und Ärzten, von Mitarbeitenden der Kindertagesstätten, von Schulen, Freizeiteinrichtungen und Beratungseinrichtungen usw. (vgl. Bundesarbeitsgemeinschaft Landesjugendämter 2015: 32).

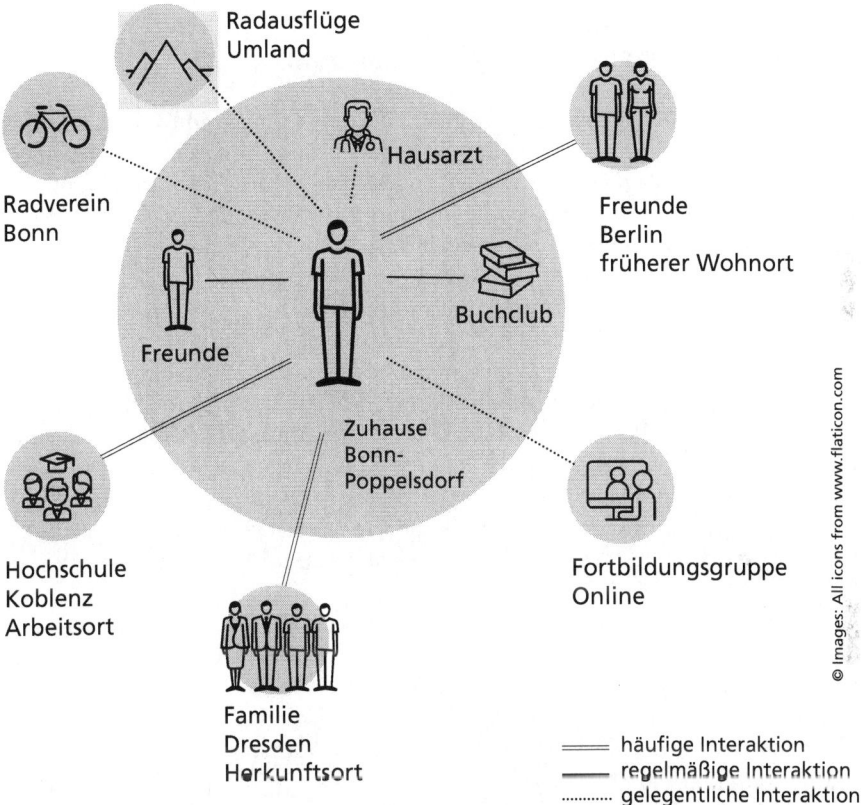

Abb. 1: Individueller Sozialraum
Der individuelle Sozialraum beschreibt die Interaktionen und Kommunikationen einer Person im Raum. Dazu gehören die Häufigkeit, Regelmäßigkeit und die Qualität dieser Interaktionen, etwa mit Familienangehörigen, Freunden, Kolleginnen und Kollegen oder Dienstleistern. Auch virtuelle Sozialkontakte können zu einem individuellen Sozialraum gehören.

Der individuelle Sozialraum eines Menschen kann sowohl Ressourcen bereitstellen als auch Herausforderungen und Probleme in sich bergen. Unterstützende Eltern zu haben, die richtigen Leute zu kennen, eine Arbeit zu haben, die als sinnvoll erlebt wird, eine gute Arztpraxis in der Nähe, einen Sportverein um die Ecke: All dies sind soziale Ressourcen, die zum Wohlbefinden und zur guten Lebensgestaltung des Individuums beitragen. Auf der anderen Seite können Interaktionen in Sozialräumen problematische Elemente enthalten: Gewalt in der Familie, Mobbing auf der Arbeit, Leben in einer Vorstadt ohne soziale Infrastruktur, Freunde, die einen immer wieder in Schwierigkeiten bringen. Vor diesem Hintergrund kann eine Sozialraumanalyse auch für individuelle Problembearbeitungen hilfreich sein. Denn sie kann im besten Fall entwicklungshemmende und mögliche entwicklungsförderliche Faktoren des individuellen Sozialraums herausarbeiten, um, darauf aufbauend, Impulse zu deren Veränderung zu entwickeln.

Sozialraum II: Institutioneller Sozialraum

Wo Menschen aufeinandertreffen, bilden sich Schnittmengen individueller Sozialräume. Etwa in der Familienwohnung, in Schulen, Kitas, Unternehmen, Vereinen, in Krankenhäusern und Pflegeheimen, in Einkaufszentren oder Sozialstationen. Legt man den Fokus der Sozialraumbetrachtung auf Institutionen, handelt es sich nicht prinzipiell um andere Interaktionen oder Kommunikationen als bei individuellen Sozialräumen, nur ist die Betrachtungsweise eine andere. Hier steht im Mittelpunkt, was in der Institution und um diese herum geschieht. Deren Sozialraum umfasst die Interaktionen der Menschen in der Institution selbst und den Bereich, in dem sich ihre Klientinnen und Klienten oder Kundinnen und Kunden bewegen einschließlich deren sozialstruktureller Merkmale und Interaktionsstrukturen. Von welchen Personen wird die Einrichtung genutzt? Welche Wünsche und Bedürfnisse haben diese? Was ist das Einzugs- oder Wirkungsgebiet dieser Einrichtung? Wie ist die räumliche Umgebung und deren bauliche Gestaltung? Schließlich kann auch interessant sein, mit welchen anderen Institutionen Beziehungen bestehen und wie diese gestaltet sind. Gibt es Konkurrenzen, Kooperationen oder Arbeitsteilung?

In der jüngeren Vergangenheit wurde vor allem der Blick auf die institutionellen Sozialräume der stationären Altenhilfe und der Kindertagesstätten gestärkt. In der stationären Altenhilfe (z.B. Bleck et al. 2018) wurde hier von einer »Öffnung« der traditionell weitgehend hermetischen Einrichtungen zum Sozialraum gesprochen. Wenn man jedoch den Gedanken ernst nimmt, dass Sozialräume durch Interaktion und Kommunikation erst entstehen, so erscheint der Begriff der »Öffnung« ungenau. Vielmehr geht es um die Erweiterung des »Sozialraums Altenheim«, in dem den Bewohnerinnen und Bewohnern sowie Mitarbeitenden mehr Interaktionen, mehr Austausch, mehr Zusammenarbeit mit Personen und Organisationen außerhalb der Einrichtung ermöglicht werden. Um dies zu erreichen, ist zunächst eine Analyse des Sozialraums der Einrichtung nötig: Welche Interaktionen finden statt, welche Bedarfe bestehen, welche Erweiterungen über die bestehenden Interaktionsradien sind möglich? Maßnahmen dazu könnten dann beispielsweise gemeinsame Feste und Veranstaltungen mit der Bürgerschaft sein, das Verfügbarmachen von Vereinsräumen für Externe in der Alteneinrichtung oder ambulante Angebote, wie das Mittagessen in der Einrichtung für Menschen, die allein wohnen.

Gleiches gilt für die Betrachtung von Sozialräumen von Kindertagesstätten. In Rheinland-Pfalz wurde die Untersuchung von Kita-Sozialräumen besonders durch das Bereitstellen von »Sozialraum-Budgets« seitens der Landesregierung gefördert. In der Folge sind verschiedene Forschungsaktivitäten um das Thema Kita-Sozialräume herum entstanden (vgl. Schneider/Swat/Gottschalk 2021). Um ein Sozialraumbudget zu erhalten, war zunächst eine Sozialraumanalyse erforderlich, durch welche eine besonders herausfordernde Situation einer Kita belegt werden musste. Eingesetzt werden können die Mittel des Sozialraumbudgets dann beispielsweise für zusätzliches Erziehungspersonal, zur Beratung und Unterstützung von Eltern, für Auf- und Ausbau von Kooperationsstrukturen oder für die Weiterentwicklung der Tageseinrichtung zum Kommunikations- und Nachbarschaftszentrum (Eckpunktepapier 2019). Aspekte also, die auf eine Erweiterung des Sozialraums Kita hinwirken und mehr Interaktionen mit Personen und Organisationen außerhalb der Kita ermöglichen sollen.

Auch bei der Analyse institutioneller Sozialräume geht es um die Untersuchung von Ressourcen und Herausforderungen dieser konkreten Institution und deren Klientinnen und Klienten, Mitarbeitenden oder Kundinnen und Kunden. Bei der Analyse eines Kita-Sozialraums kann etwa interessieren, welche Merkmale die Familien aufweisen, deren Kinder in der Kita betreut werden, wie deren Lebensbedingungen sind und welche Bedarfe an Bildung und Betreuung existieren. Es interessiert, welche anderen infrastrukturellen Einrichtungen im Einzugsgebiet vorhanden sind und wie diese von Kindern, Eltern und Personal genutzt werden. Welche Spielplätze, Freizeitangebote, Sprachkurse, Einkaufsmöglichkeiten oder Hilfsangebote sind verfügbar? Wie barrierefrei sind diese für die Kinder und Eltern der Kita? Dabei lässt sich sowohl an physische als auch an kulturelle oder soziale Barrieren denken. Wenn Eltern mangels Sprachkenntnisse, finanzieller Möglichkeiten oder aufgrund sozialer Distanz bestimmte Angebote nicht nutzen, ist auch das eine Barriere.

Auch ein institutioneller Sozialraum hat prinzipiell keine feste physische Grenze. Nutzerinnen und Nutzer können von weiter her anreisen, die Einrichtung kann über die Grenzen des Viertels hinaus bekannt sein. Kooperationen oder Klientenbeziehungen können kürzer oder weiter in die Region hineinreichen.

Sozialraum III: Kommunaler Sozialraum (Quartier)

Während die ersten beiden Perspektiven auf Sozialraum vor allem in der Sozialen Arbeit anzutreffen sind, überwiegt diese dritte Sichtweise im Bereich der Stadtentwicklung und im Quartiersmanagement. In diesen Tätigkeitsbereichen wird meist schon bei der Beauftragung definiert, in welchem abgegrenzten Gebiet oder Ortsteil gearbeitet werden soll. Während bei den beiden ersten Sozialraum-Begriffen von einem Individuum oder einer Institution ausgegangen wird und deren Interaktionsräume untersucht werden, steht hier die Festlegung eines physisch begrenzten

Raumes am Anfang. Die Analyse erstreckt sich dann darauf, was in diesem Raum an sozialen Interaktionen stattfindet.

Dies resultiert daraus, dass Gemeindegebiete laut Gemeindeordnung nun einmal aus Grundstücken bestehen und Gemeinden ihr Gebiet häufig in Ortsbezirke einteilen. Diese ohnehin gegebenen räumlichen Abgrenzungen werden dann oft als Quartiere bezeichnet und mit Sozialräumen gleichgesetzt. Diese Sichtweise deckt sich nicht mit der soziologischen Definition, die besagt, dass Sozialräume nicht durch physische Grenzlinien, sondern durch Interaktionen und Kommunikationen im Raum entstehen.

Die Grundannahme bei räumlich abgegrenzten Quartieren in der Quartiers- und Stadtteilarbeit ist meist der, dass Quartiere eine besondere Dichte von Interaktionen im Inneren aufweisen, während Interaktionen über die Quartiersgrenzen hinaus weniger relevant sind. Zugleich wird meist implizit davon ausgegangen, dass die Bewohnerinnen und Bewohner innerhalb eines Quartiers hinsichtlich ihrer sozialen Merkmale speziell sind und sich von anderen Quartieren unterscheiden. Da Ortsteile häufig eine spezifische bauliche Struktur und Geschichte aufweisen und dies wiederum Bewohnerinnen und Bewohner mit bestimmten sozialen Eigenschaften nach sich zieht, ist da oft etwas Wahres dran. So sind beispielsweise für Koblenz-Neuendorf Großwohnsiedlungen mit einem hohem Migrationsanteil der Bewohnenden und einer geringen Kaufkraft sowie einer Vielzahl sozialer Probleme typisch. In Koblenz-Oberwerth hingegen stehen Villen, große Einfamilienhäuser und Mehrfamilienhäuser einer ehemaligen Beamten-Wohnungsgenossenschaft – die ein ganz anderes Milieu erzeugen. Insofern kann man mit einiger Berechtigung von unterschiedlichen Sozialräumen sprechen.

Die Bertelsmann-Stiftung definiert den Begriff »Quartier« folgendermaßen:

> »Unter Quartier versteht man einen begrenzten Lebensraum innerhalb der Stadt, der nicht nur in der Größe mit einer Art Dorf vergleichbar ist. Traditionell gilt das Quartier als ein sozialer Raum mit überdurchschnittlich hoher Interaktionsdichte informeller Aktivitäten (Familien-, Nachbarschafts- und Vereinsleben) und Zusammengehörigkeitsgefühl.« (Bertelsmann-Stiftung zit. nach Reichwein et al. 2011: 40)

Dem Konzept des Quartiers als kommunalem Sozialraum liegt hier die Vorstellung zugrunde, dass räumliche Grenzen mit Interaktionsgrenzen deckungsgleich sind und zugleich auch soziokulturelle Besonderheiten einschließen. Dies kann in vielen Fällen so sein. In anderen Fällen werden möglicherweise verschiedene Dinge in einen Topf geworfen. So liegt im oben erwähnten Stadtteil Koblenz-Neuendorf auch ein größeres Industriegebiet, wo unter anderem ein großer Automobilzulieferer seinen Sitz hat. Das ursprüngliche »Neuendorf«, ein Dorf am Rhein mit verwinkelten Gassen und alten Häusern, hat ebenfalls einen anderen Charakter und eine andere Bewohnerschaft. Mit Fokus auf soziale Interaktionen könnte man dieses Industriegelände, das ursprüngliche Dorf und die Großwohnsiedlung kaum als einen gemeinsamen Sozialraum betrachten. Rein administrativ getroffene Verwaltungsabgrenzungen bilden deshalb nicht automatisch Sozialräume im sozialwissenschaftlichen Sinn. Sie können auch Sozialräume zerschneiden oder ganz verschiedene Sozialräume zusammenfassen. Gleichsetzungen erfolgen hier meist aus pragmatischen Gründen, weil etwa Einwohner- oder Wirtschaftsdaten nun einmal gerade für diese Verwaltungseinheit vorliegen und so einfacher verarbeitet werden können.

Einen besonderen Weg eine Einteilung in »Quartiere« bzw. kommunale Sozialräume vorzunehmen, die dennoch dem ursprünglichen Sinn eines Sozialraumes möglichst nahekommen, hat die Stadt Berlin gewählt. Dort gibt es mit den sogenannten Lebensweltlich Orientierten Räumen (LOR) eine räumliche Grundlage für die Beobachtung und Planung soziodemografischer Entwicklungen, die nicht bloß administrativ oder historisch bestimmt sind, sondern die im Hinblick auf bauliche Einheitlichkeit und soziale Homogenität, also der sozialen Ähnlichkeit der Bewohnerschaft, gebildet wurden. Da sich eine Stadt durch Neu- oder Umbau sowie durch gesellschaftliche und demografische Entwicklungen verändert, bleiben die Grenzen dieser Lebensweltlich Orientierten Räume auch nicht ein für alle Mal fix, sondern werden bei Bedarf an die aktuelle Situation angepasst. Es werden auch Modifikationen vorgenommen, um die Homogenität der Lebensweltlich Orientierten Räume wieder zu erhöhen (Senatsverwaltung für Stadtentwicklung 2020).

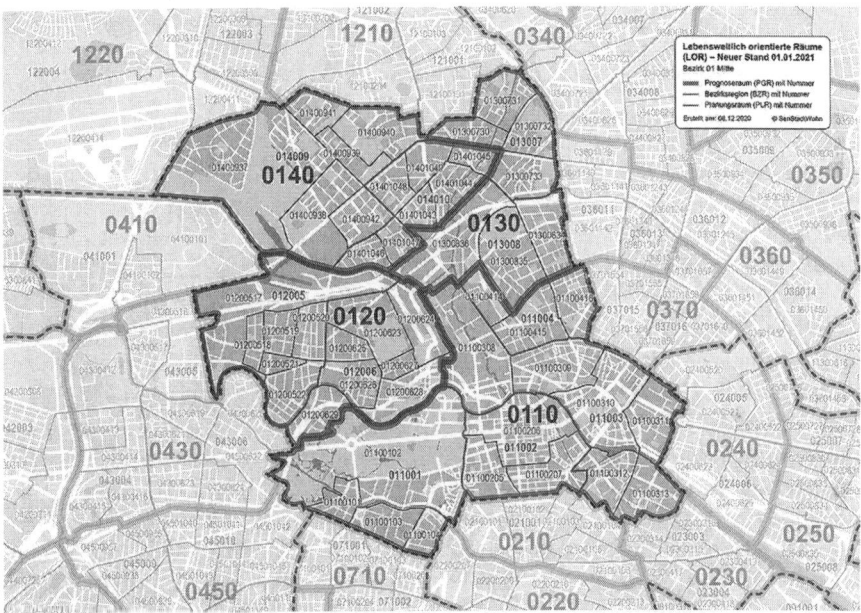

Abb. 2: Lebensweltlich Orientierte Räume Berlin (Quelle: Senatsverwaltung für Stadtentwicklung, Bauen und Wohnen Berlin; https://www.berlin.de/sen/sbw/stadtdaten/stadtwissen/sozialraumorientierte-planungsgrundlagen/lebensweltlich-orientierte-raeume/; CC-BY-3.0-Namensnennung, Urheber: Amt für Statistik Berlin-Brandenburg)

Die sogenannten Lebensweltlich Orientierten Räume (LOR) in Berlin sind ein Beispiel für die Abgrenzung kommunaler Sozialräume. Ziel ist das Abbilden lebensweltlicher Homogenität. Das heißt, der kommunale Raum wird so unterteilt, dass die entstehenden LOR im Inneren eine möglichst große Einheitlichkeit in der Art der Bebauung, aber auch im Hinblick auf die sozioökonomischen Merkmale der Bewohnerschaft aufweisen. In Berlin werden die Grenzen der LOR auch angepasst, wenn die soziale und städtebauliche Entwicklung dies erfordert.

Zusammenfassend kann man sagen, dass ein Sozialraum im sozialwissenschaftlichen Sinn kein »Container« ist, dessen Raum durch eine Wand, auch nicht durch eine Straße oder einen Fluss, begrenzt ist. Der Sozialraum ist eher vergleichbar mit Darstellungen einer Galaxis – im Zentrum dicht, mit unterschiedlichen Zonen und strukturierten Bereichen, zum Rand hin sich ausdünnend. Dennoch sind bei Sozialraumanalysen pragmatische Entscheidungen zu treffen. Es können nicht sämtliche Interaktionen und Kommunikationen beobachtet werden. Daten liegen in der Regel für bestimmten Personengruppen oder für bestimmte räumlich abgegrenzte Einheiten vor. Hier liegt es in der Verantwortung der Forschenden, bei Kenntnis der theoretischen Definition eines Sozialraums pragmatische Abgrenzungen und Arbeitshypothesen zu treffen.

1.2 Ebenen von Sozialräumen – SONIG-Schema

Früchtel, Cyprian und Budde (2013) haben ein sogenanntes SONI-Modell der Sozialraumorientierung entworfen. S-O-N-I steht dabei abgekürzt für vier Handlungsebenen im Sozialraum: Sozialstruktur, Organisationen, Netzwerke und Individuum. Bei sozialräumlichen Interventionen kann also auf der Ebene der Sozialpolitik, bei der Einbeziehung von Organisationen und Institutionen, beim Aufbau sozialer Netzwerke oder beim Individuum und dessen Ressourcen angesetzt werden.

So kann auf der Handlungsebene »Sozialstruktur« politische Lobbyarbeit der Sozialarbeitenden für ihre Zielgruppe dazugehören, ein öffentliches Thematisieren sozialer Ungleichheit, um berechtigte Interessen der Zielgruppe zu unterstützen. Im Handlungsfeld »Netzwerk« kann es darum gehen, das soziale Kapital der Zielgruppe zu erhöhen, indem Beziehungen und Unterstützungsnetzwerke gezielt gefördert werden. Auf der Ebene der »Organisationen« kann es darum gehen, in einer hochgradig ausdifferenzierten, spezialisierten Gesellschaft, in der für jedes Problem spezielle zuständige Instanzen, Organisationen oder Fachpersonen existieren, den Überblick zu wahren und der Zielgruppe problemadäquate, fallbezogene Unterstützung zu vermitteln. Auf der Handlungsebene des Individuums geht es schließlich darum, die sozialräumliche Umwelt so zu nutzen, dass Kompetenzen der Klientinnen und Klienten vergrößert und deren Spielräume erweitert werden, so dass diese bei der Bewältigung des Lebens oder bei Veränderungsprozessen professionell unterstützt werden (Früchtel/Cyprian/Budde 2013: 34–48).

Das SONI-Modell wurde weniger zu Analysezwecken, sondern zum Zweck der Interventionsplanung in der sozialraumorientierten Sozialen Arbeit entwickelt. Nun sollte im Kontext sozialräumlichen Arbeitens jeder Intervention zunächst eine Analyse vorausgehen. Was ist auf den jeweiligen Ebenen des Sozialraums der Fall? Welche Ressourcen, Hindernisse, ungenutzten Potenziale gibt es? Wo ließe sich später mit Interventionen ansetzen? Dafür sind die Ebenen Sozialstruktur, Organisationen, Netzwerke, Individuen auch zur Konzeption einer Sozialraumanalyse sinnvoll und nützlich. Und, um dies vorwegzunehmen, diese vier Analyseebenen sollen in diesem Buch durch eine fünfte ergänzt werden: die »gebaute Umwelt«. Schauen wir uns an, welche Aspekte zu diesen Ebenen gehören und welche Untersuchungsmöglichkeiten sich anbieten. Aus dem »SONI«-Modell wird auf diese Weise ein »SONIG«-Schema der Ebenen des Sozialraums.

Sozialstruktur

Der Begriff Sozialstruktur beschreibt Muster und Regelmäßigkeiten im Aufbau bzw. in der Zusammensetzung einer Gesellschaft (Erlinghagen/Hank 2013). Von Interesse ist hier in der Regel die Zusammensetzung einer Gesellschaft durch Gruppen von Menschen mit bestimmten sozioökonomischen oder demografischen Merkmalen. Die Sozialstruktur ist das Resultat von Interaktionen in einer Gesellschaft und sie bestimmt ihrerseits Kommunikationen und Interaktionen, die von bestimmten Gruppen ausgehen, deshalb ist sie auch im Rahmen einer Sozialraumanalyse interessant.

Sozialstrukturelle Merkmale von Menschen drücken Ihre Chancen aus, über Besitz, Einkommen oder Macht zu verfügen und somit ihre Interessen durchzusetzen und ihre Bedürfnisse zu befriedigen. Klassischerweise stellt man sich eine Sozialstruktur in Pyramidenform oder als Schichtenmodell vor. Ein bekanntes Sozialstrukturmodell ist das marxistische Klassenmodell. Es teilte die Sozialstruktur in nur zwei Klassen ein – Bourgeoisie und Proletariat. Bestimmendes Merkmal für den Grad an Macht war hier der Besitz an Produktionsmitteln. Während die eine Gruppe den Grund und Boden oder die Fabriken besaßen, verfügte die andere nur über ihre Arbeitskraft. Diese Besitzverhältnisse prägten die Macht- und Einkommensverhältnisse und somit die Chancen, eigene Interessen durchzusetzen.

Da Gesellschaften komplexer wurden, entwickelten sich auch die Versuche, Sozialstruktur zu beschreiben, weiter. Bis heute verbreitet sind Modelle, die Gesellschaft in Schichten anhand des Einkommens bzw. Vermögens einteilen. Hintergrund ist der Gedanke, dass in modernen Gesellschaften nicht mehr der Besitz an Produktionsmitteln allein über individuelle Chancen entscheidet, sondern das Einkommen. Ein Manager oder Vorstandsvorsitzender besitzt das Unternehmen nicht, dem er vorsteht. Trotzdem verfügt er über erhebliches Einkommen und Ressourcen. Da Einkommen und Ressourcen nicht mehr klar an bestimmte Tätigkeiten gebunden sind, sind Bezeichnungen wie »Arbeiterschicht« oder »Dienstklasse« aus der Mode gekommen. Heute ist meist nur noch von Unter-, Mittel- und Oberschicht die Rede. Mitunter wird das Ganze noch in eine untere, mittlere und obere Mittelschicht differenziert.

Die modernste Form der Beschreibung von Sozialstruktur stellen Milieumodelle dar. Als Milieu bezeichnet man Gruppen von Personen, die sich nicht nur in ihren materiellen Ressourcen, sondern auch in Ihren Wertesystemen ähneln. Der Nutzung von Milieus zur Beschreibung von Sozialstruktur liegt die Erkenntnis zugrunde, dass heutige, differenzierte Gesellschaften auch bei Personen in ähnlicher materieller Lage sehr unterschiedliche Wertesysteme und daraus resultierende Lebensstile und Handlungsmuster hervorbringen. Studierende oder manche Kunstschaffende mögen ähnlich geringe Einkommen haben wie geringqualifizierte Langzeitarbeitslose. Dennoch unterscheiden sie sich in Lebensstil, Werten und Handlungsmustern mitunter deutlich. Deshalb macht es einen Unterschied, ob in einem Stadtteil überwiegend Studierende oder langzeitarbeitslose Menschen mit geringer Bildung wohnen.

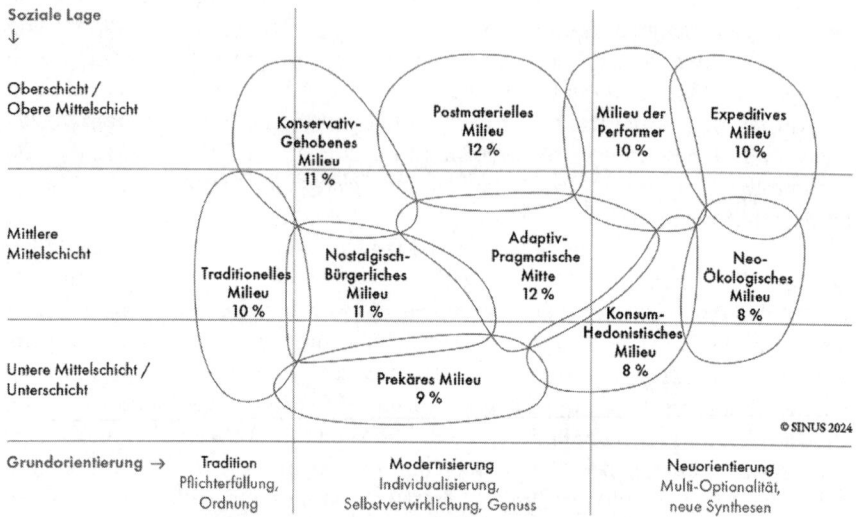

Abb. 3: Sinus Milieus (Quelle: SINUS Markt- und Sozialforschung GmbH, https://www.sinus-institut.de/sinus-milieus/sinus-milieus-deutschland)

Das Milieumodell des Sinus-Instituts ist ein mittlerweile vielfach verwendetes Gesellschaftsmodell, dass die Bevölkerung sowohl anhand einer sozioökonomischen Dimension als auch anhand einer Wertedimension in Gruppen (Milieus) einteilt. Auch bei ähnlichen ökonomischen Ressourcen können sich die Werte und Interessen dieser Milieus deutlich unterscheiden. Solche unterschiedlichen Präferenzen zu kennen und zu berücksichtigen kann auch für die Gestaltung von Sozialräumen von Bedeutung sein.

Während Schichtmodelle meist nur eine Dimension, die des Einkommens oder Vermögens haben, verfügen Milieumodelle über mehrere Dimensionen. In der Regel wird neben dem Einkommen noch eine Wertedimension berücksichtigt. Das heute bekannteste Milieumodell dürfte das der Sinus-Milieus sein (vgl. Sinus-Institut 2023). Das Sinus-Milieumodell, das seit den 1980er Jahren entwickelt und seitdem mehrfach an die veränderten gesellschaftlichen Bedingungen angepasst wurde, nimmt heute eine Einteilung der Gesellschaft in zehn verschiedene Milieus vor. Entlang der materiellen Dimension Ober-, Mittel- und Unterschicht werden diese Milieus in der anderen Dimension entlang einer wertebezogenen Grundorientierung von »Tradition« über »Modernisierung« bis »Neuorientierung« gebildet. So entstehen bei ähnlicher materieller Lage, etwa in der gehobenen Mittelschicht, entlang der Wertedimension vier verschiedene Milieus: ein »Konservatives Milieu«, ein »Postmaterielles Milieu«, ein Milieu der »Performer« sowie ein »Expeditives Milieu«. Während das Konservativ-gehobene Milieu, man könnte sich da vielleicht einen selbstständigen Handwerksmeister vorstellen, den Wunsch nach Ordnung und Ausgewogenheit hegt und klassische Statussymbole wie einen Oberklassewagen bevorzugt, strebt das Expeditive Milieu nach unkonventionellen Erfahrungen, ist hip, kosmopolitisch und vernetzt (vgl. Sinus-Institut 2024). Untersuchungen haben gezeigt, dass es vielfältige Zusammenhänge zwischen der Milieuzugehörigkeit und den Bedürfnissen, Wünschen und dem Verhalten gibt, etwa bei Mediennutzung, beim Wohnen, bei Bildung oder bei der Mobilität (Barth et al. 2018).

Nun ist Sozialraumanalyse in einem Quartier keine Gesellschaftstheorie. Und Interventionen im Sozialraum können keine gesellschaftliche Grundstrukturen der Einkommensverteilung oder der Wertesysteme verändern. Doch zur Analyse von Zielgruppen, Bedürfnissen und Ressourcen vor Ort kann es relevant sein, zu wissen, welche Angehörige welcher Milieus im Quartier leben. Denn deren Bedürfnisse und deren Bereitschaft und Fähigkeit zur Mitwirkung unterscheiden sich aufgrund ihrer Werte und ihrer sozioökonomischen Ausstattung. Auch die Alterszusammensetzung der Bewohnerschaft ist häufig als sozialstruktureller Faktor von Interesse. Wünschen sich Angehörige des »Nostalgisch-bürgerlichen Milieus« im mittleren Alter vielleicht ein gepflegtes Lesecafé in der Ortsmitte, so hätten die jüngeren »Neo-Ökologischen« vielleicht lieber einen Gemeinschaftsgarten und die Konsum-Hedonisten einen Bolzplatz. Ebenso kann es zu Interessens- und Nutzungskonflikten unter diesen Gruppen kommen, die das Gemeinschaftsgefühl erheblich stören. Im Quartiersmanagement oder in der sozialraumbezogenen Sozialen Arbeit kann es gerade darum gehen, diese unterschiedlichen Gruppen zu kennen, deren Bedürfnisse zu verstehen und gezielt Partizipation und Austausch zu fördern.

Organisationen

Organisationen (oder Institutionen) sind dadurch charakterisiert, dass sie bestimmte Funktionen für die Gesellschaft erfüllen. Ein Krankenhaus behandelt Kranke, eine Hochschule bildet aus und verleiht Bildungsabschlüsse, ein Kindergarten erzieht und ermöglicht es Eltern, berufstätig zu sein, ein Unternehmen produziert und generiert Steuern und Erwerbseinkommen. Organisationen zeichnen sich durch zielgerichtetes, an der Aufgabe orientiertes Handeln aus, das in der Regel nicht an konkrete Personen gebunden ist. Das unterscheidet sie von Familien oder den meisten Netzwerken. Nach innen ist eine Organisation in klare Funktionsrollen eingeteilt, die Zuständigkeiten und Kompetenzanforderungen regeln. Funktionsrollen sind so gestaltet, dass auch andere Personen diese ausfüllen können. Organisationen sind in sozialen Räumen stets präsent. Sie versorgen die Bewohnerinnen und Bewohner mit Gütern und Dienstleistungen, die das Leben im Quartier erst qualitätsvoll machen. Dabei sind in einem kommunalen Sozialraum drei verschiedene Arten von Organisationen zu berücksichtigen: kommunale, sozialwirtschaftliche und privatwirtschaftliche.

1 Was ist ein Sozialraum?

Zunächst ist die »Kommune« selbst eine Organisation. Wenn wir davon sprechen, dass die »Stadt« oder die »Gemeinde« für etwas zuständig sei, meinen wir nicht den physischen Ort – wir meinen die Gebietskörperschaft, so die juristische Bezeichnung für eine Gruppe von Menschen, die territorial bestimmt ist. Eine Gebietskörperschaft ist gemäß der Gemeindeordnung Träger der örtlichen öffentlichen Verwaltung und hat das Recht und die Aufgabe, »alle Angelegenheiten der örtlichen Gemeinschaft im Rahmen der Gesetze in eigener Verantwortung zu regeln« (Art. 28 Grundgesetz). Gemeinden haben auf der einen Seite eine demokratisch gewählte Vertretung, die Gemeinderäte und Bürgermeisterinnen und Bürgermeister. Auf der anderen Seite gibt es die Gemeindeverwaltung mit angestellten Beschäftigten, die von den gewählten Gremien geführt und kontrolliert werden.

Eine zentrale Aufgabe der kommunalen Gebietskörperschaften wie auch der übergeordneten Gebietskörperschaften (wie z. B. Gemeindeverband oder Landkreis) ist die öffentliche Daseinsvorsorge. Dies bedeutet im Verwaltungsrecht die Verpflichtung, all jene öffentliche Einrichtungen und Dienstleistungen zur Verfügung zu stellen, die erforderlich sind, um ein menschenwürdiges Dasein der Bürgerinnen und Bürger zu sichern. Kommunale Daseinsvorsorge umfasst die Zuständigkeit für technische Infrastruktur wie Straßen, Öffentlichen Personennahverkehr, Wasserver- und Abwasserentsorgung, Energieversorgung, Bildungseinrichtungen oder medizinische Versorgung. Gemeint sind hier vor allem jene Einrichtungen und Dienstleistungen, die vom privatwirtschaftlichen Markt nicht angemessen bereitgestellt werden.

Privatwirtschaftliche Organisationen, die Unternehmen in einem Sozialraum, sind ebenfalls von großer Bedeutung. Dazu gehören Einzelhandelsgeschäfte und Supermärkte, Handwerksbetriebe und Gaststätten, Banken, Produktionsbetriebe oder Verkehrsunternehmen. Sie stellen Waren und Dienstleistungen bereit, bieten Arbeitsplätze und generieren Einkommen der Bürgerinnen und Bürger und Steuereinnahmen der Gebietskörperschaften. Allerdings gibt es Bereiche, in denen eine marktwirtschaftliche Tätigkeit die Bedürfnisse bestimmter Zielgruppen nicht erfüllen kann. So zeugt etwa die Diskussion vom Verschwinden der Einzelhandelsgeschäfte oder dem Sterben der Gaststätten im ländlichen Raum davon, wie unter veränderten gesellschaftlichen Bedingungen bestimmte Angebote der Versorgung nicht mehr privatwirtschaftlich funktionieren.

Eine zunehmend große Rolle in unseren Städten und Gemeinden spielen sozialwirtschaftliche Organisationen. Diese bieten Leistungen der Daseinsvorsorge an, die nicht marktgängig sind. Sie finanzieren sich zumindest zu einem erheblichen Teil durch die Sozialleistungsträger, also der Sozialversicherungen oder Versorgungs- und Existenzsicherungsleistungen des Staates. Zu den sozialwirtschaftlichen Organisationen zählen Institutionen wie das Caritas-Altenheim, die Bahnhofsmission, das Jugend- oder Sozialamt, der Pflegestützpunkt oder die Sozialstation der Diakonie. Die sozialwirtschaftlichen Organisationen bieten also im Auftrag des Staates soziale Dienstleistungen an.

Die Gebietskörperschaft, also die Stadt oder Gemeinde, kann auch selbst wirtschaftlich tätig werden, wenn es für die Daseinsvorsorge der Bürger erforderlich ist. Man spricht dann von kommunalwirtschaftlichen Unternehmen. Viele Gebietskörperschaften haben kommunale Unternehmen gegründet, um etwa den Öffentlichen Personennahverkehr, die Abfallbeseitigung oder die Wasserversorgung zu organisieren. Für Letzteres sind besonders die »Stadtwerke« bekannt. Doch auch die Sparkassen zählen zur Kommunalwirtschaft, da deren Träger die Gebietskörperschaften sind. Ebenso gibt es kommunale Krankenhäuser oder kommunale Kindergärten.

Organisationen sind bestimmende Bestandteile eines Sozialraumes. Neben ihren konkreten Funktionen sind sie auch Treffpunkte, Orte der Begegnung, Orte, an denen sich individuelle Sozialräume überschneiden. Zugleich gibt es in allen Organisationen auch Personen, die von Bedeutung für den Sozialraum sind. Sparkassendirektorinnen und -direktoren oder Hochschulprofessorinnen und -professoren, Lehrerinnen und Lehrer oder Unternehmerinnen und Unternehmer sitzen oft in vielen Gremien und üben Einfluss im Sozialraum aus – weil sie über Macht und finanzielle Mittel verfügen und weil zugleich der Sozialraum für das Wohlergehen ihrer Organisationen relevant ist. Organisationen und deren Funktionsträger zu kennen ist also ein wichtiger Bestandteil von Sozialraumanalysen. Auch Konkurrenzen und Parallelstrukturen können auftreten, es kann Lücken in der Versorgung geben oder Organisationen und deren Angebote können zwar existieren, aber aufgrund bestimmter Barrieren kaum nachgefragt werden. All dies ist relevant bei einer Analyse des Sozialraums.

Netzwerke

Was unter »sozialen Netzwerken« verstanden wird, kann man alltagssprachlich am besten mit den »Beziehungen« beschreiben, die jemand hat. Bei dem Blick auf Netzwerke interessieren einerseits die Akteure, vor allem aber die Beziehungen zwischen diesen Akteuren. Eine Beziehung ist durch die Qualität wiederkehrender Interaktionen charakterisiert. Dabei geht es nicht allein um deren Häufigkeit, sondern auch um Verhaltenserwartungen: Wenn ich mich darauf verlassen kann, in bestimmten Situationen von einer Person die gewünschte Unterstützung zu erhalten, kann ich diese Person als Teil meines persönlichen Netzwerks betrachten. Persönliche Netzwerke lassen sich auch thematisch gliedern, etwa in private und berufliche Netzwerkbeziehungen, je nachdem, hinsichtlich welcher Anliegen die Netzwerkpartner relevant sind.

Ein Netzwerk ist kein homogenes Gebilde wie ein Spinnennetz. Netzwerkbeziehungen unterscheiden sich in der Quantität und Qualität der Interaktionen. So können Interaktionen vorwiegend gerichtet oder auch reziprok, also wechselseitig sein. Sie können sich in Dichte, Intensität und Häufigkeit unterscheiden, damit beschäftigt sich die soziale Netzwerkforschung.

Die Leistungsfähigkeit von Netzwerken bzw. von bestimmten Netzwerkpartnern kann sich stark von Funktionsrollen in Organisationen unterscheiden. Wir alle kennen das Phänomen, dass bestimmte Angelegenheiten, die auf dem »Dienstweg« mühsam und langwierig sind, schneller gelöst werden können, wenn man die richtige Person in seinem Netzwerk hat und diese direkt anspricht oder die Person jemanden kennt, den man ansprechen kann. Ein solcher Akteur könnte die Position einer »Nabe« im Netzwerk einnehmen, wenn seine Position durch viele direkte

Beziehungen zu anderen relevanten Personen oder Organisationen charakterisiert ist.

Von einer »Makler«-Position in Netzwerken spricht man, wenn ein Akteur so zwischen Gruppen von Akteuren liegt, dass der kürzeste Kommunikationsweg stets über diese Position führt. Ein solcher »Makler« kann somit Kommunikation mit verschiedenen, ansonsten getrennten Netzwerkbereichen ermöglichen. Von einer »Grauen Eminenz« kann man sprechen, wenn ein Akteur zwar selbst keine bedeutende Funktionsrolle in einer Organisation einnimmt, aber zahlreiche Verbindungen zu Netzwerkakteuren hat, die ihrerseits gut vernetzt sind, und somit über alle Vorgänge bestens informiert ist. Als »Cliquen« wiederum bezeichnet man Gruppen innerhalb von Akteursnetzwerken, die vollständig wechselseitig miteinander vernetzt sind und dadurch eine besonders enge Vertrautheit aufweisen. »Clique« ist hier lediglich ein neutraler Begriff, der den Grad der Vernetzung beschreibt. Assoziiert wird der Begriff in der Praxis allerdings häufig mit der Nutzung dieser Netzwerkbeziehungen zum eigenen Vorteil der Cliquenmitglieder und unter Umgehung regulärer Abläufe und Entscheidungswege.

Das eigene Netzwerk kann für das Individuum eine Ressource darstellen, weil geeignete Beziehungen die Chancen erhöhen, eigene Interessen durchzusetzen. Netzwerke können aber auch entwicklungshinderlich sein, wenn die Verhaltenserwartungen der Netzwerkpartner bedeuten, dass Individuen gezwungen sind, gegen ihre eigentlichen Interessen oder gegen anerkannte Regeln zu handeln. Jugendliche, die in die »falschen« Freundeskreise hineingeraten, werden möglicherweise daran gehindert, einen gesellschaftlich akzeptierten Weg der persönlichen Entwicklung zu nehmen.

Für sozialraumorientierte Hilfen in der Sozialen Arbeit kann deshalb die Analyse individueller Netzwerke von Bedeutung sein. Denn eine Person in ihrer Lebenssituation zu unterstützen, bedeutet eben auch, deren persönliches Netzwerk zu kennen, zu wissen, welche Ressourcen es dort bereits gibt, um zu überlegen, wie man diese nutzen und ausbauen kann. Es kann auch bedeuten, schädliche oder hinderliche Netzwerkbeziehungen zu identifizieren.

Bei persönlichen Netzwerken spricht man auch von sogenannten »primären Netzwerken«. Im Kontext von Sozialraumanalysen in institutionellen oder kommunalen Sozialräumen können jedoch auch andere Arten von Netzwerken relevant sein. »Sekundäre Netzwerke« bezeichnen solche Netzwerkbeziehungen, die nicht auf eine einzelne Person fokussieren, sondern aufgrund bestimmter gemeinsamer Interessen oder Ziele mehrerer Personen entstehen. Dazu können Nachbarschaftsnetze, Interessengruppen oder Selbsthilfeinitiativen zählen. Als »tertiäre Netzwerke« bezeichnet man schließlich institutionelle Beziehungen in thematischen Handlungsfeldern (Quilling et al. 2013: 14 ff.). Gemeint sind die Beziehungen zwischen Organisationen, um bestimmte Ziele zu erreichen oder bestimmte Leistungen zu erbringen. Im Bereich der Wirtschaft können das Händlerverbünde oder Produktionsnetzwerke sein. Im Bereich der sozialen Institutionen kann dies ein Netzwerk professioneller Hilfesysteme sein, etwa die Zusammenarbeit von Kitas, Beratungsstellen und Therapeutinnen und Therapeuten. Im Bereich der Bildung kann sich ein Netzwerk aus der Kooperation von Schulen mit Einrichtungen der Kinder- und Jugendhilfe, Kultureinrichtungen, Musikschulen, Sportvereinen und anderen Bildungspartnern ergeben. Solche Organisationsnetzwerke gewinnen Bedeutung als soziale Infrastruktur, wenn sie im Sozialraum dauerhaft verfügbar sind und von den Bürgern genutzt werden können (Schubert 2019). Es handelt sich hier um Netzwerke von Organisationen, die entweder von selbst entstanden sind oder gezielt mit einem bestimmten Anliegen formiert und gefördert werden. Sozialraumanalysen können solche Organisations-Netzwerke in den Blick nehmen. So lässt sich untersuchen, welche relevanten Organisationen es im Sozialraum gibt, wie der Informationsaustausch zwischen ihnen funktioniert und wie die Kooperationsbeziehungen gestaltet sind. So lässt sich herausfinden, ob es Konkurrenten, Abhängigkeiten oder Doppelstrukturen gibt. Auf Grundlage einer solchen Organisations-Netzwerkanalyse können dann Handlungsempfehlungen für die Netzwerkarbeit im Sozialraum erarbeitet werden.

Individuum

Die Ebene des Individuums bzw. der Individuen spielt vor allem bei der Analyse von individuellen Sozialräumen eine entscheidende Rolle. Dazu gehört die Analyse der Stärken und Schwächen des Individuums, die Erkundung des Willens, der individuellen Eigenschaften und Bedürfnisse sowie die Erforschung von motivierenden Faktoren.

Doch auch bei der Analyse von institutionellen Sozialräumen oder Quartieren muss die Ebene der Individuen berücksichtigt werden. Beteiligungsfahren, wie sie häufig bei Baumaßnahmen gesetzlich vorgeschrieben sind, also »Auslegung, Anhörung und Erörterung«, sind oft »sozial blind«, d. h., sie fragen nicht danach, wer eigentlich kommt, um sich die ausgelegten Planungsunterlagen anzusehen und dann dazu Stellung zu nehmen. Es wird lediglich die Möglichkeit eingeräumt. Die Ebene der Individuen ernst zu nehmen, heißt aber, die Menschen im Sozialraum mit Ihren individuellen Erfahrungen und Hintergründen zu berücksichtigen und einzubeziehen. Klassische Partizipationsmethoden haben oft bestimmte Verzerrungen in der Teilnehmerschaft. Das heißt, sie erreichen als Teilnehmende meist Menschen, denen solche Beteiligungsformen bereits kulturell vertraut sind, die einen bestimmten Bildungsstand haben, um das Vorhaben zu verstehen, und über die nötige Zeit verfügen, sich damit zu beschäftigen. Wenn über einen Aushang und einen Artikel in der Lokalzeitung zu einer Bürgerversammlung eingeladen wird, erscheinen dort erfahrungsgemäß meist überwiegend ältere, gut gebildete, männliche Teilnehmer. Diese Teilnehmer konnen aufgrund ihres Vorwissens und ihrer Erfahrungen wichtige Impulse in das Verfahren einbringen. Aber sie sind nicht die einzige Gruppe, die in einem solchen Sozialraum leben. Jugendliche, Alleinerziehende, Familien, Frauen werden bei solchen Partizipationsverfahren in der Regel selten anzutreffen sein. Menschen mit Migrationshintergrund, mit geringer formaler Bildung, mit unzureichenden Sprachkenntnissen noch seltener. Sie verfügen nicht über die nötigen Kompetenzen, sich in dieser Form einzubringen.

Früchtel, Cyprian und Budde (2013: 43 f.) leiten aus der Theorie der Anerkennung von Axel Honneth ab, dass Individuen als Grundlage von Selbstbestimmung, Selbstvertrauen und Kompetenz drei Stufen von Anerkennung benötigen: lebensweltliche Anerkennung als Anerkennung durch Familienangehörige, durch Freunde oder Partner, institutionelle Anerkennung als Bürgerrechte auf Selbstbestimmung, Mitwirkung und Leistung und schließlich solidarische Wertschätzung durch die Erfahrung der Bedeutung der eigenen Fähigkeiten und Leistungen für andere Menschen.

Die Autoren leiten daraus drei Aufgaben für die Arbeit im Sozialraum ab: Erstens sollte problematisches (also zum Beispiel nicht kooperatives) Verhalten von Individuen auch als Resultat einer fehlenden lebensweltlichen, institutionellen oder gesellschaftlichen Anerkennung gesehen werden. Zweitens sollte Anerkennung – auch für marginalisierte Gruppen – in der direkten Arbeit mit den Menschen möglich gemacht werden. Und drittens sollten institutionelle oder gesellschaftliche Anerkennungsdefizite gegenüber bestimmten Gruppen von Bürgerinnen und Bürgern thematisiert und Anerkennungsprozesse initiiert werden.

Schon im Rahmen der Sozialraumanalyse können solche Anerkennungsdefizite bestimmter Gruppen berücksichtigt werden. Die Forschenden haben die Aufgabe, sich im Rahmen ihrer Analysen nicht nur den leicht erreichbaren Individuen zuzuwenden, sondern alle potenziell Betroffenen einzubeziehen. Welche unterschiedlichen Betroffenheiten gibt es? Wie stehen sie zu bestimmten Projekten oder Plänen? Zu welcher Art von Mitwirkung sind sie bereit?

Stellen wir uns eine Engagementbeauftragte vor, deren Aufgabe es ist, für eine Organisation freiwillig Engagierte zu gewinnen und diese auch zu halten. Dann ist es wichtig, die Motive der freiwillig Engagierten zu kennen: Suchen sie vor allem sozialen Kontakt oder ist das »Helfen wollen« zentral? Handelt es sich um einen jüngeren Menschen, der beim freiwilligen Engagement auch etwas lernen und das Getane im Lebenslauf präsentieren möchte? Oder handelt es sich um eine Person im Rentenalter, die Wertschätzung für Ihre Fähigkeiten und ihre Lebenserfahrung sucht? Auf solche Motive kann man die Strategien der Freiwilligengewinnung abstimmen: Mit Fortbildungen oder einem Zertifikat über das Erlernte kann man Menschen besser motivieren, die noch am Beginn ihrer beruflichen Entwicklung stehen. Mit Aufmerksamkeit und Wertschätzung holt man Ältere ab, die eine neue Aufgabe im Ruhestand suchen. In gleicher Weise ist es erforderlich, bei Sozialraumanalysen unterschiedliche Personen mit ihren Hintergründen und Motivationen zu berücksichtigen. Dazu sollten – je nach Fragestellung – auch Diversitätskriterien Berücksichtigung finden: Geschlecht, sexuelle Orientierung, Alter, ethnische Herkunft und Nationalität, Religion und Weltanschauung, Behinderung und soziale Herkunft.

Mitunter kann auch das Berücksichtigen von zentralen Schlüsselpersonen für die Analyse von Sozialräumen relevant sein. Nicht selten sind bestimmte Multiplikatoren, »Macher« oder Respektspersonen für das Handeln größerer Gruppen in Sozialräumen relevant. Die Rolle dieser Individuen zu verstehen und sie in den Untersuchungsprozess einzubeziehen, kann Teil der Analyse von Sozialräumen sein.

Gebaute Umwelt

Die gebaute Umwelt kommt im SONI-Modell von Früchtel, Cyprian und Budde (2013) nicht vor, sondern stellt eine Erweiterung dar. Mit »gebauter Umwelt« oder dem »gebauten Raum« sind die Anlage und Gestaltung von Straßen, Plätzen und Gebäuden sowie alle durch Menschen geschaffene baulichen Veränderungen der natürlichen Umwelt gemeint. Traditionell steht die gebaute Umwelt nicht im Fokus der Sozialen Arbeit, da man sie meist als gegeben hinnehmen muss und kaum verändern kann. Stadtplanerinnen und Stadtplaner denken diese Seite des Sozialraums stärker mit und im Rahmen von nachhaltiger Orts- und Quartiersentwicklung sollten Kompetenzen der bauenden und planenden mit denen der sozialen Professionen zusammengeführt werden. Denn die gebaute Umwelt nimmt Einfluss auf die Lebensqualität und die Interaktionen im Sozialraum und kann für soziale Probleme mitverantwortlich sein.

In welcher Weise beeinflusst nun der gebaute Raum unser Erleben und Verhalten im Sozialraum? Die Architekturpsychologie beschreibt verschiedene Dimensionen (Richter 2016):

Orientierung: Menschen fühlen sich wohl, wenn der gebaute Raum »lesbar« ist, wenn die räumlichen Zusammenhänge übersichtlich und gut verstehbar sind. Dies mag noch aus der Zeit menschlicher Frühgeschichte herrühren, wo unübersichtliche, verwirrende Räume Gefahr bedeuteten – und dies kann auch noch heute so sein. Aus diesem Grund werden stereotype Plattenbausiedlungen oder anonyme Reihenhaussiedlungen, in denen man sich nur schwer orientieren kann, von den meisten Menschen als wenig attraktiv wahrgenommen. Für eine positive Raumwahrnehmung sucht das Auge markante Geländepunkte, wie auffällige Gebäude oder übersichtliche Wegführungen. Auch Bereichsabgrenzungen durch unterschiedliche Baustile und klar definierte Ränder, wie eine alte Stadtmauer, sind als Orientierungspunkte hilfreich.

Emotion und Ästhetik: Der häufig zu hörende Ausspruch, dass sich über »Geschmack nicht streiten lässt«, stimmt nur teilweise. Natürlich gibt es individuelle Unterschiede, was als schön oder unattraktiv wahrgenommen wird. Doch es gibt auch psychologische Gesetzmäßigkeiten: So werden triste, gleichförmige Räume von Menschen in der Regel nicht als angenehm empfunden, aber auch chaotische und verwinkelte nicht. Wohltuend ist in der Regel ein mittleres Niveau an Komplexität: Räume, die übersichtlich sind, aber auch noch zum Erkunden und Entdecken einladen. Aus diesem Grund rufen große Parkplätze in der Regel wenig positive Emotionen hervor, mittelalterliche Marktplätze aber schon.

Territorialität und Privatheit: Territorialität bezeichnet das Phänomen, dass Räume für die Nutzung durch bestimmte Personen reklamiert und andere ausgeschlossen werden. Relevant ist hier vor allem die Unterscheidung von primären, sekundären und öffentlichen Territorien. Während primäre Territorien als dauerhaftes »Eigentum« betrachtet werden und das Eindringen von Fremden dort als schwerer Eingriff gewertet wird, stehen öffentliche Räume allen zur Verfügung. Dementsprechend werden sie auch nicht personalisiert oder verteidigt. Dazwischen stehen sekundäre Räume, die vorübergehend von einem bestimmten Personenkreis beansprucht werden können. Das können Räume in Dorfgemeinschaftshäusern oder auch schon mal bestimmte Parkbänke, an denen sich Gruppen von Jugendlichen regelmäßig treffen, sein. Auch das Konzept der »Dritten Orte« (Körber-Stiftung 2023) setzt an dem der sekundären Räume an. Gemeint sind Begegnungsorte, -plätze oder -projekte jenseits von Arbeitsplatz und Privatwohnung, die vor allem in der stark individualisierten und vereinzelten Gegenwartsgesellschaft von heute für Begegnung und sozialen Zusammenhalt wichtig sind.

Nachbarschaft braucht sekundäre Räume – solche, in denen man sich außerhalb des privaten Bereichs mit anderen treffen und interagieren kann. Räume, die zwar prinzipiell allen zugänglich sind, aber für die man sich doch verantwortlich fühlt.

Nutzungskonflikte von Räumen sind häufige Themen im Quartiersmanagement – wenn etwa bestimmte Gruppen Teile öffentlicher Räume dauerhaft für sich reklamieren. Jugendliche die Parkbänke oder Bushaltestellen in Beschlag nehmen, Obdachlose, die in Unterführungen lagern, können für Unmut bei anderen Nutzungsgruppen sorgen. Wer über Räume verfügt, übt Macht aus. Er kann andere fernhalten und bestimmen, was in diesen Räumen geschieht. Diese Macht muss nach demokratischen Prinzipien vergeben werden und darf nicht allein dem Recht der Stärkeren, Älteren, Wohlhabenderen, Aggressiveren unterliegen.

Kontrolle und Aneignung: Menschen haben das Bedürfnis, ihrer Umgebung nicht ausgeliefert zu sein, sondern mitzubestimmen, was dort geschieht, und sie an die eigenen Vorlieben und Bedürfnisse anzupassen. Deshalb stellen Menschen in ihren Büros Zimmerpflanzen auf, hängen persönliche Gegenstände an die Wand, sie gestalten und individualisieren ihre Umwelt, wenn sie können. Die ungeliebten Schmierereien oder Graffities Jugendlicher im öffentlichen Raum kann man als den Versuch der Aneignung einer für sie anonymen und gleichförmigen Umwelt sehen. Menschen haben das Bedürfnis, Räume in »Besitz« zu nehmen, sie zu markieren, über sie zumindest teilweise zu verfügen. Dies zu ermöglichen ist Teil einer humanen Orts- und Quartiersentwicklung.

Stress: Die gebaute Umwelt kann Stress ausüben oder Erholung spenden. Deshalb wird die Innenstadt zur Haupteinkaufszeit anders wahrgenommen als ein Park in der Mittagspause. Auch wahrgenommene Bedrohungen können Umweltstress darstellen: Die lange Unterführung, ohne die Möglichkeit, sich zu verstecken oder auszuweichen; der unbeleuchtete Weg durch einen Park bei Dunkelheit. Ein mangelndes Sicherheitsgefühl kann man als Umweltstress verstehen. Dies kann von Menschen sehr unterschiedlich wahrgenommen werden – das subjektive Sicherheitsgefühl kann sich beispielsweise zwischen Frauen und Männern, zwischen Menschen im mittleren Lebensalter und betagten Menschen unterscheiden. Bei der Gestaltung von Räumen sollten diese unterschiedlichen Bedürfnisse berücksichtigt werden.

Bindung und Identität: Ortsbindung ist etwas, das sich mit dem Begriff der »Heimat«, im Hinblick auf den Ort, in dem man aufgewachsen ist oder in dem man lebt, am deutlichsten erschließt. Bindung kann sich aber auch auf eine Nachbarschaft, einen Arbeitsplatz oder einen Urlaubsort beziehen. Räume sind für Menschen nicht nur anhand objektiver Kriterien relevant, mit Räumen werden auch Erlebnisse und Erinnerungen verbunden. Sie werden als »zur Person gehörend«, als identitätsstiftend erlebt und mit Vertrautheit assoziiert. Ortsbindung herzustellen ist in der Regel ein Ziel von Arbeit im Sozialraum, denn sie verspricht mehr Beteiligung, Verlässlichkeit und Verantwortlichkeit für das Haus, das Quartier oder den Ort.

Anhand der Ebenen Sozialstruktur, Organisationen, Netzwerke, Individuum und gebaute Umwelt sollte verdeutlicht werden, wie komplex Merkmale einen Sozialraumes sein können und welche Aspekte dabei Berücksichtigung finden können. Das heißt nicht, dass bei jeder Sozialraumanalyse alle diese Ebenen und Dimensionen in den Blick zu nehmen und zu untersuchen sind. Aber diese Ebenen können für bestimmte Untersuchungsfragen relevant sein. Deshalb ist es hilfreich, sie zu kennen, um sie bei Bedarf mit entsprechenden Methoden zu untersuchen.

Tab. 1: Ebenen des Sozialraums und mögliche Aspekte der Analyse (SONIG-Schema)

Ebene	Mögliche Aspekte der Analyse
Sozialstruktur	• Ökonomisches Kapital • Kulturelles Kapital • Bildung • Demografische Entwicklung • Altersstruktur
Organisationen	• Soziale Infrastruktur • Bildungsinstitutionen • Politische Institutionen • Medizinische Einrichtungen • Unternehmen • Kulturelle Angebote
Netzwerke	• Soziales Kapital • Familie • Nachbarschaft • Freunde • Unterstützer • Kooperationspartner
Individuum	• Diversität • Ressourcen • Motivation • Ziele • Bedürfnisse • Wünsche
Gebauter Raum	• Orientierung • Ästhetik • Barrieren • Privatheit • Kontrolle und Aneignung • Umweltstress • Identität

1 Was ist ein Sozialraum?

Das Wichtigste in Kürze

Ein Sozialraum entsteht durch soziale Interaktionen und Kommunikationen im physischen Raum. Er endet nicht an physischen Barrieren, sondern ist begrenzt und strukturiert durch die Reichweite und Dichte der menschlichen Interaktionen. Es können drei verschiedene Perspektiven auf Sozialräume unterschieden werden: Einen individuellen Sozialraum kann man als jenen physischen Raum beschreiben, in dem sich ein einzelnes Individuum bewegt, einschließlich der Art, Dichte und Qualität der in diesem Raum stattfindenden Interaktionen. In Institutionen, dort wo Menschen aufeinandertreffen, bilden sich Schnittmengen vieler individueller Sozialräume und formen einen institutionellen Sozialraum. Der Sozialraum einer Institution umfasst die Interaktionen der Menschen in der Institution selbst und den Raum, in welchem sich die Klientinnen und Klienten oder Kundinnen und Kunden bewegen oder aus dem sie sich rekrutieren, einschließlich ihrer sozialstrukturellen Merkmale. Bei kommunalen Sozialräumen wird schließlich häufig administrativ festgelegt, in welchem abgegrenzten Gebiet oder Ortsteil (Quartier) gearbeitet werden soll. Der Sozialraumbegriff erstreckt sich auf die Qualität und Quantität der sozialen Interaktionen in diesem abgegrenzten Gebiet. Dem Konzept des Quartiers als kommunalem Sozialraum liegt die Vorstellung zugrunde, dass räumliche Grenzen mit Interaktionsgrenzen deckungsgleich sind und zugleich auch soziokulturelle Besonderheiten einschließen. Das kann so sein, deckt sich aber nicht immer mit einem sozialwissenschaftlichen Sozialraumverständnis.

Bei der Analyse von Sozialräumen kann man sich an fünf verschiedenen Ebenen orientieren. Die Ebene der Sozialstruktur beschreibt die sozioökonomische und demografische Zusammensetzung der Menschen. Eine zweite Ebene analysiert die für den Sozialraum relevanten Organisationen. Die Ebene der sozialen Netzwerke interessiert sich für die Qualität und Regelmäßigkeit der Interaktionen und Kooperationen zwischen Individuen oder Organisationen. Der Blick auf die Ebene des Individuums richtet sich auf die Erkundung des Willens und die Erforschung motivierender Faktoren sowie auf die Diversität der Individuen. Schließlich bezeichnet die fünfte Ebene den Einfluss des Gebauten Raumes, der baulichen Gestaltung der Umgebung, auf das Erleben und Verhalten der Menschen.

Übung 1: Individueller Sozialraum

Setzen Sie sich mit dem Begriff »Sozialraum« auseinander, so wie er in diesem Kapitel beschrieben ist. Denken Sie dann darüber nach, was ihren eigenen, individuellen Sozialraum umfasst. Machen Sie sich klar, zu welchen Menschen, Organisationen, Gruppen oder Orten Sie Interaktionsbeziehungen pflegen und wie diese Ihren individuellen Sozialraum definieren. Denken Sie auch an weit entfernte Orte oder an digitale Interaktionen. Nehmen Sie ein Blatt Papier und zeichnen Sie einen zentralen Punkt in die Mitte, der Sie selbst repräsentiert.

Zeichnen Sie dann um diesen Punkt herum Symbole, die für die jeweiligen Akteure Ihres Sozialraums stehen. Jede Form kann für eine bestimmte Gruppe oder Organisation stehen. Zeichnen Sie Verbindungslinien zwischen diesen Symbolen, welche die Stärke, Häufigkeit oder Richtung der Interaktionen zwischen Ihnen und den Akteuren Ihres Sozialraums darstellen. Verwenden Sie unterschiedliche Linienarten für Freundschaftsbeziehungen, Arbeitsbeziehungen oder den Kontakt zu professionellen Dienstleistern. Tauschen Sie sich mit einer anderen Person über ihre individuellen Sozialräume aus. Stellen Sie fest, wo sich Ihre Sozialräume überschneiden (Lösungsbeispiel ▶ Abb. 1: Grafik eines individuellen Sozialraums).

Weiterführende Literatur

Kessl, F., Reutlinger, C. (2019): Handbuch Sozialraum. Grundlagen für den Bildungs- und Sozialbereich (2. Auflage). Wiesbaden: Springer VS.
Becker, M. (Hg.) (2020): Handbuch Sozialraumorientierung. Stuttgart: Kohlhammer.
Huinink, J., Schröder, T. (2019): Sozialstruktur Deutschlands (3., aktualisierte und überarbeitete Auflage). München: UTB/UVK.
Schöning, W., Motzke, K. (2016): Netzwerkorientierung in der Sozialen Arbeit. Theorie, Forschung, Praxis. Stuttgart: Kohlhammer.
Böhnisch, L. (2023): Milieu und Milieubildung. Einführung in die milieuorientierte Soziale Arbeit. Weinheim: Beltz Juventa.
Richter, P. G. (Hg.) (2016): Architekturpsychologie. Eine Einführung (4. überarbeitete Auflage). Lengerich: Pabst Science Publishers.
Früchtel, F., Cyprian, G., Budde, W. (2013): Sozialer Raum und Soziale Arbeit: Textbook: Theoretische Grundlagen (3., überarbeitete Auflage). Wiesbaden: Springer VS.

2 Was ist Sozialraumanalyse?

Eine Sozialraumanalyse ist keine eigenständige Forschungsmethode und auch kein klar zu definierendes Set von Methoden.

Der Verein für Sozialplanung (VSOP 1998, zit. nach Heitze 2019: 44) beschreibt Sozialraumanalyse als einen Untersuchungsansatz, »der es ermöglicht, Lebensräume möglichst realitätsgetreu und wirklichkeitsnah abzubilden«. Allerdings definiert diese Aussage nicht, was eine Sozialraumanalyse ist, sondern legt eher Ziele fest. Andererseits kann es auch nicht um eine »Abbildung« des Sozialraumes gehen. Wie wir oben gesehen haben, haben Sozialräume so viele Dimensionen, dass eine »realitätsgetreue Abbildung« nicht nur eine Überforderung für die Forschenden wäre, sondern auch kaum einen geeigneten Ausgangspunkt für Handlungsoptionen bieten würde. Hannemann (2019) betrachtet eine Sozialraumanalyse als »wissenschaftliche Beschreibung von Sozialräumen, die sowohl physische wie soziale Dimensionen erfasst und Veränderungsbedarfe von Kontextbedingungen aufzeigt« (Hannemann 2019: 63).

Ich möchte folgende Definition einer Sozialraumanalyse vorschlagen und verwenden:

> Sozialraumanalyse ist die Analyse und Interpretation eines Sozialraums mithilfe von Methoden der empirischen Sozialforschung und von partizipativen Methoden im Hinblick auf eine Fragestellung. Dabei werden verschiedene Analyseebenen des Sozialraums sowie die relevanten Betroffenengruppen in den Blick genommen. Neben Informationen über den Sozialraum werden auch Ressourcen, Bedürfnisse und Entwicklungsmöglichkeiten erarbeitet.

In der Sprache der Sozialforschung könnte man Sozialraumanalyse als einen Mixed-Methods-Untersuchungsansatz bezeichnen, da stets verschiedene Untersuchungsmethoden zur Anwendung kommen. Je nach Fragestellung und Untersuchungsaufgabe werden Analyse- oder Partizipationsmethoden miteinander kombiniert. Dabei bleibt Sozialraumanalyse, wie der Name bereits nahelegt, im Kern eine analytische Herangehensweise. Auch wenn mitunter Aspekte der Partizipation oder der Erarbeitung von Handlungsoptionen eine größere Rolle spielen als in der klassischen empirischen Sozialforschung, geht es um Gewinnung von Informationen über den Sozialraum. Dabei gilt das Prinzip der Sparsamkeit: Es wird so viel untersucht, wie zur Beantwortung der Fragestellung erforderlich ist. Nicht weniger, denn das wäre unprofessionelles Arbeiten, und auch nicht mehr, denn das wäre eine Vergeudung von Ressourcen und eine unnötige Inspruchnahme von Mitwirkenden. Dazu gehört, Fragestellungen so zu formulieren, dass sie mit gegebenen Ressourcen auch bearbeitet werden können.

Zu einer Sozialraumanalyse gehören keine Methoden, die rein pädagogischer Art sind oder allein der Öffentlichkeitsarbeit dienen. Sozialraumanalysen können Methoden mit pädagogischen Nebenzielen enthalten oder zusätzlich öffentlichkeitswirksam sein. Im Zentrum sollte aber stets die Informationsgewinnung über den Sozialraum und die Menschen darin stehen.

2.1 Methoden der empirischen Sozialforschung

»Empirische Sozialforschung« bezeichnet eine systematische Erforschung von sozialen Gegebenheiten mithilfe der Wahrnehmung durch die Sinne (empirisch). »Empirisch« bedeutet dabei, dass soziale Tatsachen mit den Sinnen erfahren, also gesehen und gehört, gezählt, reduziert, ausgewertet, beschrieben – und erst dann interpretiert werden. Empirische Sozialforschung grenzt sich durch ihre Methodik von rein theoretischer Erörterung sozialer Sachverhalte ab, wie sie z. B. aus der Philosophie bekannt sind.

Systematisch bedeutet, dass eine Beobachtung von sozialen Tatsachen nach vorher festgelegten Regeln erfolgt und dadurch prinzipiell auch durch andere Forschende, die diese Regeln anwenden, nachvollzogen werden kann. Ein Forschungsergebnis darf also niemals rein subjektiv sein. Es muss von anderen nachvollzogen werden können, also überprüfbar sein. Damit dies möglich ist, werden »Methoden« der empirischen Sozialforschung angewendet. Eine Methode ist ein regelhaftes Verfahren zum Erlangen bestimmter Ergebnisse. Gerade im Bereich der Sozialraumanalyse soll noch einmal auf den Unterschied zwischen »Methoden der Sozialen Arbeit« (vgl. Galuske 2013) und »Methoden der empirischen Sozialforschung« (vgl. Schnell/Hill/Esser 2023) hingewiesen werden. Während Methoden der Sozialen Arbeit in der Regel das Erleben und Verhalten von Personen oder Gruppen beeinflussen wollen, sollen Sozialforschungsmethoden das Erleben und Verhalten der Menschen gerade nicht verändern, sondern nur »erheben«, also feststellen und dokumentieren.

Methoden der empirischen Sozialforschung kann man im Kern in drei Bereiche einteilen: Befragung, Beobachtung sowie Sekundärdatenanalyse.

Befragungen sind sicher die bekanntesten empirischen Methoden. Jeder von uns kennt Befragungen und hat schon an solchen teilgenommen. Deshalb wird manchmal angenommen, eine Befragung zu machen sei ein Kinderspiel und verlange kein größeres Hintergrundwissen. Doch das kann täuschen. Hat man den Anspruch, eine korrekte und nachvollziehbare Aussage über soziale Tatsachen zu erhalten, müssen zahlreiche fachliche Aspekte berücksichtigt werden. Dies beginnt bei der Operationalisierung, also der Handhabbarmachung von Fragestellungen, beinhaltet die Wahl einer konkreten Befragungsmethode, die Auswahl der Zielgruppe sowie die Gestaltung des Erhebungsinstruments (Fragebogen, Befragungsleitfaden o. ä.).

Mithilfe einer Befragung kann man Fakten, Wissen, Einstellungen, Verhalten oder Motive von Menschen untersuchen. Zu berücksichtigen ist, dass es sich hier immer um Selbstauskünfte handelt: »Wie zufrieden sind Sie mit xy?« oder »Wenn morgen Landtagswahl wäre, wen würden Sie wählen?«. Subjektive Einstellungen und Motive kann man empirisch kaum anders als über Selbstauskünfte erfassen. Fehlerbehaftet können die Ergebnisse dennoch sein. Grund dafür ist, dass Befragte sich zum einen mitunter nicht wirklich klar über ihre Motive oder ihr künftiges Verhalten sind. Ein anderer Einflussfaktor kann die sogenannte soziale Erwünschtheit bestimmter Aussagen sein. Menschen suchen nach Anerkennung und versuchen negative Bewertungen ihrer Mitmenschen zu vermeiden. Deshalb wird bei kritischen Fragen nicht unbedingt ehrlich geantwortet, sondern so, wie es vermeintlich »erwünscht« ist.

So können Fragen nach einem möglichen Verhalten erheblich von der Realität abweichen. Man kann Teilnehmende fragen: »Würden Sie in einer Arbeitsgruppe zur Verschönerung des Quartiers mitarbeiten?« Aber wie viele derer, die mit »ja« antworten, tatsächlich zu einem Treffen erscheinen würden, steht auf einem anderen Blatt.

Beobachtungen erfassen, im Gegensatz zu Befragungen, wahrnehmbares menschliches Handeln. Dies kann sich einerseits auf den Verlauf von Handlungen beziehen (wie viele Eltern kommen zur Elternversammlung?), andererseits auch auf Resultate von Handlungen (der Spielplatz ist verwahrlost und Spielgeräte sind zerstört). Mit einer Beobachtung kann man tatsächliches Verhalten von Menschen sicher erfassen, denn die Handlungen finden nachweisbar statt. Auch bei Beobachtungen gibt es eine ganze Reihe von praktischen Schwierigkeiten. Zum einen muss die Beobachtungssituation klar eingegrenzt werden, denn es ist weder möglich, einzelne Menschen über einen längeren Zeitraum noch in einer Gruppe von Menschen alle Individuen gleichzeitig zu beobachten. Auch muss berücksichtigt werden, dass Menschen, die sich beobachtet fühlen, möglicherweise anders handeln, als wenn sie allein wären.

Sekundäranalysen bezeichnen alle Vorgehensweisen, bei denen Daten über soziale Tatsachen nicht von den Forschenden selbst erhoben werden, sondern bereits in Dokumenten oder Datensätzen vorliegen. Die Datensätze werden genutzt, um eigene Auswertungen durchzuführen und die eigene Fragestellung zu beantworten. Eine Sekundäranalyse liegt etwa vor, wenn Daten eines Statistischen Landesamtes ausgewertet werden, um den Anteil der unter Dreijährigen in einem Stadtteil zu ermitteln. Ebenso ist aber auch die Auswertung von Teilnehmerlisten, von Daten des internen Berichtswesens einer Organisation oder von Ortsplänen, um zu ermitteln, wie weit entfernt von einer Einrichtung die nächste Bushaltestelle ist, eine Sekundäranalyse. Der Begriff »Sekundäranalyse« bezieht sich also nicht auf die Methode der ursprünglichen Datenerhebung; diese kann ganz unterschiedlich erfolgt sein. Er sagt lediglich aus, dass die Daten nicht vom Forschenden selbst erhoben wurden, sondern bereits vorliegen und zweitverwertet werden.

Die Auswertung von Sekundärdaten erscheint zunächst bequem, da man sich die Arbeit der Datenerhebung nicht selbst machen muss. Die Herausforderung liegt jedoch darin, dass Sekundärdaten eben nicht speziell für den Forschungszweck erhoben wurden und man deshalb möglicherweise nicht genau die Daten findet, die man braucht oder sich wünscht. Enthält ein Datensatz etwa in zwei Spalten die Zahl der unter dreijährigen und der drei- bis sechsjährigen Kinder, so kann man daraus nicht sicher ermitteln, wie viele Kinder unter vier Jahren es im Sozialraum gibt. Vielleicht ist es wichtig, den Anteil von Menschen im Quartier zu ermitteln, die Deutsch nicht als Muttersprache sprechen. In der amtlichen Statistik ist aber nur der Anteil von Personen ohne deutsche Staatsangehörigkeit zu finden.

Ein weiteres Handicap bei der Nutzung von vorliegenden Daten besteht darin, dass oft unbekannt ist, wie diese Daten entstanden sind. Bei der Nutzung von Daten aus Statistischen Ämtern oder von Behörden verlässt man sich in der Regel darauf, dass diese professionell erhoben und somit zuverlässig sind. Aber wie ist es bei Daten aus einer Elternbefragung, die als Excel-Tabelle auf dem Server eines Arbeitsgebers liegen? Hier weiß man nicht: Wurden sämtliche Eltern erreicht oder nur ein Teil? Ist die Gruppe, die befragt wurde, wirklich repräsentativ für alle Eltern meiner Einrichtung oder konnten bestimmte Eltern, etwa weil sie schlecht Deutsch sprechen, nicht befragt werden? Dann erfahre ich bei einer Auswertung dieser Befragung möglicherweise nicht das, was mir bei der Beantwortung meiner eigenen Fragestellung helfen würde.

2.2 Partizipative Methoden und partizipative Forschung

Anders als in der sozialwissenschaftlichen Forschung geht es bei Sozialraumanalysen im Kontext von Sozialer Arbeit oder Ortsentwicklung nicht immer lediglich um die Gewinnung von möglichst objektiven Informationen. In der klassischen wissenschaftlichen Forschung ist die Informationsgewinnung im Wesentlichen eine Einbahnstraße: Die Beforschten liefern Informationen, die Forschenden sammeln diese. Es werden in der Regel keine Informationen über die Untersuchung an die Beforschten gegeben, die für die Informationsgewinnung nicht unmittelbar erforderlich sind. Dies würde in diesem Kontext sogar als problematisch gelten. Denn es könnte die Objektivität der Informationen beeinträchtigen, wenn Befragte ihre Antworten strategisch formulieren, weil sie die genaue Motivation der Untersuchung kennen.

Bei Sozialraumanalysen geht es jedoch nicht nur um wissenschaftliche Datenerhebung. Es geht auch um die Einbeziehung der Klientel, der Betroffenen, der Bürgerschaft. Die Betroffenen sollen unter Umständen nicht nur Informationen liefern, sondern auch eigene Ideen einbringen, bei der Entstehung eines Projektes mitwirken. Man will um ihre Zustimmung werben, zur Mitarbeit motivieren oder einen Prozess der Bewusstwerdung anstoßen. Die in der wissenschaftlichen Sozialforschung übliche strikte Trennung zwischen uninformierten Beforschten und neutralen Forschenden soll, zumindest in Teilen einer Sozialraumanalyse, aufgehoben werden. Beide Gruppen sollen zu Akteuren im Untersuchungsprozess werden, die diesen gemeinsam gestalten und dadurch Realität verändern und nicht nur beschreiben.

In der Sozialforschung gibt es hier einen Bereich der Methodenentwicklung und Methodendiskussion, die Begriffe und Forschungstraditionen wie »Aktionsforschung«, »Partizipative Forschung« oder »Praxisforschung« hervorgebracht hat.

Der Begriff der *Aktionsforschung* geht auf Kurt Lewin zurück, der diesen Begriff in den 1940er Jahren in Abgrenzung zur damaligen rein akademischen Forschung geprägt hat (Lewin 1946). Bei der Aktionsforschung wirken die Forschenden mit konkreten, nützlichen Aktionen in den Sozialraum hinein, dabei wird die Reaktion der Zielgruppe zur Reflexion der Informationsgewinnung genutzt. Eine Aktionsforschung läuft demnach in den Phasen Planung – Soziale Intervention – Reflexion über die Resultate der Intervention ab.

Beispielsweise wurde in den 1990er Jahren an einer österreichischen Schule nach Disziplinproblemen und Vorfällen von Gewalt ein »Lehrer-Schüler-Vertrag« eingeführt, der bei Fehlverhalten eine Stufenleiter von Konsequenzen bis zum Schulverweis festhält und von jeder Schülerin und jedem Schüler, der an der Schule bleiben wollte, unterschrieben werden musste (konkrete Aktion). Es folgte ein längerer Prozess der Reflexion und Begleitung von Sicht- und Verhaltensweisen der Schülerinnen und Schüler und Lehrerinnen und Lehrer sowie ein Monitoring der Wirkungen dieses Vertrages auf Disziplinvorfälle in der Schule. Letztlich führte dies zu einer Modifikation des Vertrages (Altrichter/Posch 1996). Dies kann man als partizipatives Vorgehen bezeichnen – in Abgrenzung zu reiner Evaluation, wo die Wirkungen des »Vertrages« auf die Gewaltvorfälle lediglich überprüft und neutral dargestellt würden.

Auch in der klassischen Studie »Die Arbeitslosen von Marienthal« (Jahoda/Lazarsfeld/Zeisel 1975) wird von Methoden der Aktionsforschung berichtet. So wurden etwa in Wien Kleidersammlungen für die durch hohe Arbeitslosigkeit verarmte Bevölkerung der Stadt Marienthal durchgeführt und die Kleidungsstücke vor Ort verteilt. Eine echte caritative Aktion also – dies diente aber gleichzeitig dazu, den Mangel an Bekleidung in der Zielgruppe für die Studie zu untersuchen.

Ein modernerer Begriff ist jener der *Partizipativen Forschung*. Partizipative Forschung will zum einen neue Erkenntnisse gewinnen und zugleich Veränderungen bei den Zielgruppen anstoßen (Hartung/Wihofszky/Wright 2020: 2ff.). Es handelt sich dabei nicht lediglich um ein Set an Methoden, sondern auch um eine bestimmte Herangehensweise an Forschung. Gemeint ist damit die Beteiligung von Menschen im Forschungsprozess, die unmittelbar von den Inhalten und Ergebnissen der Forschung betroffen sind. Zielgruppen einer solchen Partizipativen Forschung sind nicht selten vulnerable oder marginalisierte Gruppen, die mit klassischen Methoden wie Fragebogenerhebung oder Interviews nicht gut erreicht werden können.

Schließlich sei noch der Begriff der *Praxisforschung* erwähnt. Dieser lässt sich kaum klar von den beiden genannten Begriffen der Aktionsforschung oder der Partizipativen Forschung abgrenzen und er wird auch nicht einheitlich verwendet. Oft werden damit Forschungsansätze bezeichnet, die sich auf konkret anwendbares

Wissen in der Berufspraxis von Fachkräften oder auf die Lebensbedingungen bestimmter Zielgruppen beziehen. Dabei schließt Praxisforschung in der Regel partizipative Vorgehensweisen ein (Alisch/May 2017: 7ff.).

Der Begriff der *Partizipativen Methoden* ist nicht klar abgrenzbar. Uneindeutig ist auf der einen Seite die Grenze zu den Methoden der empirischen Sozialforschung. Denn man könnte ja sagen, dass auch eine Befragung, sofern nicht stark standardisiert, partizipativ ist. Befragte können sich ja einbringen und Ihre Sichtweise äußern. Hier ist der Begriff der »aktivierenden« Befragung anzusiedeln, die sich von einer klassischen »Befragung« oft nur dadurch unterscheidet, dass die Forschenden mit ihr eine andere Intention verbinden: die Aktivierung und Information der Befragten zusätzlich zur Informationsgewinnung.

Fließend ist der Übergang auf der anderen Seite aber auch zu Methoden der Moderation und Beteiligung. Beteiligungsverfahren wie »Bürgerkonferenz«, »Bürgergutachten« oder »Zukunftskonferenz« enthalten Aspekte von Informationsgewinnung, wollen aber durch die Einbeziehung der Betroffenen vorwiegend Lösungen generieren, über die dann ein Konsens hergestellt werden soll.

Im Rahmen von Sozialraumanalysen sollen hier solche Methoden als Partizipative Methoden bezeichnet werden, die Ziele verfolgen, die über reine Informationsgewinnung hinausgehen, also auch informierende, aktivierende, lösungsgenerierende oder konsensschaffende Ziele haben.

2.3 Qualitative und quantitative Methodenwahl

Eine klassische Unterscheidung bei der Wahl von Methoden der empirischen Sozialforschung ist die zwischen qualitativen und quantitativen Methoden bzw. Herangehensweisen.

Unter quantitativen Methoden versteht man solche, die zu zählbaren, also quantitativen Ergebnissen führen. Typischerweise kann man sich hier eine Befragung mit Antwortvorgaben, also einen »Ankreuzfragebogen« vorstellen. Bei der Bewertung einer Veranstaltung kreuzen dort beispielsweise fünf von 20 Befragten an, dass sie mit der Veranstaltung zufrieden oder sehr zufrieden waren, 15 Befragte hingegen waren eher unzufrieden oder sehr unzufrieden. Man kann das Ergebnis der Forschungsmethode also quantifizieren – und man kann es statistisch auswerten und so das Ergebnis präsentieren. Im vorliegenden Beispiel wäre das statistisch zusammengefasste Ergebnis, dass 75 % der Befragten mit der Veranstaltung tendenziell nicht zufrieden waren.

Bei der Anwendung quantitativer Forschungsmethoden kann man unterscheiden, ob sie an allen Personen einer Zielgruppe (eine sogenannte Vollerhebung) oder ob sie nur an einer Auswahl aus der Zielgruppe, an einer Stichprobe, durchgeführt wird. Daten aus der amtlichen Statistik, etwa zu Einwohnerzahl, Altersstruktur, Staatsangehörigkeit, Beschäftigungsstatus, sind meist Vollerhebungen, da sämtliche Einwohnerinnen und Einwohner, sämtliche Erwerbstätigen o. Ä. in die entsprechenden Statistiken aufgenommen werden. Zu speziellen Themen werden hingegen häufig Untersuchungen lediglich an Stichproben durchgeführt. Bekannt sind etwa Befragungen zum Wahlverhalten: »Wen würden sie wählen, wenn nächsten Sonntag Bundestagswahl wäre?« Solche Befragungen werden häufig an einer Stichprobe von etwa 1000 Personen durchgeführt, sie haben aber den Anspruch, für alle Wahlberechtigen gültig oder »repräsentativ« zu sein.

Repräsentativität ist meist der Anspruch an Stichproben bei der Anwendung quantitativer Forschungsmethoden. Eine Vollerhebung ist selbstredend für alle Angehörigen der Grundgesamtheit gültig, bei einer Stichprobe ist das nicht automatisch der Fall. Repräsentativ für die Grundgesamtheit ist eine Stichprobe nur dann, wenn die Merkmalsverteilung in der Stichprobe mit der Merkmalsverteilung in der Grundgesamtheit übereinstimmt. Wenn bei der Befragung der Stichprobe 20 % angeben SPD und 15 % angeben Grüne zu wählen, wenn am nächsten Sonntag Bundestagswahl wäre, so erwartet man, dass dies auch für die Grundgesamtheit, also sämtliche Wahlberechtigten, gilt. Andernfalls wäre die Befragung sinnlos. Repräsentativität erreicht man typischerweise mit einer Zufallsauswahl. So auch im obigen Beispiel: Bei 1000 zufällig ausgewählten Personen aus etwa 60 Millionen Wahlberechtigten in Deutschland kann man davon ausgehen, dass die Wahlpräferenzen die gleichen sind wie in der Grundgesamtheit aller Wahlberechtigten. Dies ist so, weil man davon ausgehen kann, dass bei einer Zufallsauswahl Merkmale wie Alter, Geschlecht, Beruf, Einkommen und somit auch Parteienpräferenz in der Stichprobe genauso verteilt sind wie in der Gesamtheit der Wahlberechtigten (vgl. Häder/Häder 2014).

Das Gegenteil einer Zufallsstichprobe ist die selektive Auswahl. Befragt man zu einem Thema z. B. nur Freunde und Bekannte, erhält man zwar ein quantifizierbares Ergebnis, aber dieses gilt dann auch nur für die Gruppe der Bekannten oder für Gruppen, die ihnen sozial ähnlich sind. Man kann nicht behaupten, dass das Ergebnis für alle Menschen im Quartier gilt. Im Kontext von Sozialraumanalysen sind repräsentative Stichproben nicht immer umzusetzen, da dies viel zu aufwändig wäre. Hier wird mitunter mit willkürlichen Stichproben gearbeitet, d. h. eine Auswahl von Befragten erfolgt nicht explizit selektiv, aber eben willkürlich. Ich befrage zum Beispiel für eine »Bürgerbefragung« eine Stunde lang Menschen, die mir zufällig vor dem Supermarkt begegnen. Hier handelt es sich, anders als man annehmen könnte, nicht um eine echte Zufallsauswahl. Denn es ist möglich, dass bestimmte Gruppen von Einwohnern nicht vor dem örtlichen Supermarkt auftauchen, z. B. Pendler, die ihre Einkäufe am Arbeitsort tätigen. Personen, die nur in Biomärkten einkaufen, die nicht mobil sind oder die sich vorwiegend bei der »Tafel« versorgen. Im Ergebnis kann man nicht genau sagen, ob die Stichprobe repräsentativ für die Grundgesamtheit ist. Häufig werden dann aber die Ergebnisse so kommuniziert, als wären sie es.

Solche »willkürlichen Stichproben« werden im Rahmen von Sozialraumanalysen immer wieder vorkommen, denn wirklich repräsentative Stichproben sind aufwändig und nicht für jede Fragestellung oder jeden Forschungszweck zu rechtfertigen. Wichtig ist aber, dass man sich der Problematik bewusst ist und versucht, die Nachteile solcher willkürlichen Stichproben gering zu halten, etwa indem man sich Gedanken macht, auf welche Weise man eine Zielgruppe möglichst umfassend erreicht. Im genannten Beispiel könnte die Repräsentativität bereits verbessert werden, wenn nicht nur vor Edeka, sondern auch vor Aldi und dem Bio-Supermarkt Personen befragt würden. Außerdem sollte eine ausreichend große Zahl von Personen untersucht werden. Schließlich muss das eigene Vorgehen im Forschungsbericht transparent gemacht werden und es darf keine Repräsentativität behauptet werden, wenn sie nicht gegeben ist.

Qualitative Methoden der Sozialforschung gehen etwas anders vor. Hier geht es nicht um Zählbarkeit, sondern um Sinnverstehen. Das Vorgehen ist nicht statistisch, sondern hermeneutisch, d. h. deutend, erklärend. Qualitative Methoden haben nicht den Anspruch, repräsentative Aussagen über eine Grundgesamtheit zu treffen. Ihnen geht es um das Verstehen und Deuten eher weniger Fälle. Typisches Beispiel einer qualitativen Methodenanwendung ist das sogenannte narrative (erzählende) Interview. Hier gibt es keine Fragebögen, sondern nur Gesprächsanregungen, ansonsten kann der Befragte frei »erzählen«. Will eine Forscherin beispielsweise die Arbeitsbedingungen in der Pflege untersuchen, könnte sie narrative Interviews mit Pflegekräften führen. Die Aufgabe wäre dann vielleicht lediglich: »Erzählen Sie doch bitte einmal von einem typischen Arbeitstag!« Die daraus entstehende längere Erzählung, die verschriftlicht in der Regel mehrere Seiten füllt, wird dann interpretierend ausgewertet: Ist die oder der Befragte in ihrem bzw. seinem Arbeitsalltag motiviert oder belastet ihn die Situation? Geht es ruhig oder stressig zu? Wird über eine positive Arbeitsatmosphäre berichtet oder über schlechte Stimmung?

Auch qualitative Methoden werden normalerweise nicht nur an einem einzigen Fall angewendet. Meist wird eine kleine Zahl von Fällen oder Personen untersucht. Im genannten Beispiel können die Aussagen der Befragten zu einzelnen Themenbereichen dann gegenübergestellt werden: Welche Aussagen zum Arbeitsalltag in der Pflege stimmen überein und dürften folglich für den Bereich der Pflege gültig sein? Welche Aussagen unterscheiden sich und könnten somit eher im Zusammenhang mit einer bestimmten Einrichtung oder persönlichen Situation stehen? Auf diese Weise versuchen Forschende, die Erzählungen der Befragten zu verstehen und zu interpretieren.

Der Vorteil von qualitativen Methoden ist es, dass man viel tiefer in ein Thema eindringen kann. Vor allem auch in Themen, über die man noch recht wenig Hintergrundinformationen hat. Forschende, die bisher keine Ahnung von der Arbeit im Pflegebereich haben, könnten keinen geeigneten standardisierten Fragebogen zu den Arbeitsbedingungen erstellen. Denn sie wüssten ja gar nicht, was die kritischen Aspekte sind, nach denen gefragt werden sollte. Eine Befragung per Fragebogen würde nur oberflächliche Ergebnisse erzielen, etwa nach der Zufriedenheit mit den Arbeitszeiten oder dem Spaß am Beruf. Differenzierte Erkenntnisse über den Arbeitsalltag liefert aber erst der Vergleich der Erzählungen der Pflegenden über ihre Tätigkeit.

> **Mixed Methods – die Kombination verschiedener Forschungsmethoden**
>
> Mit dem Begriff »Mixed Methods« wird in der empirischen Sozialforschung ein Vorgehen bezeichnet, bei dem sowohl qualitative als auch quantitative Methoden

angewendet werden, um Forschungsfragen zu beantworten (Kelle 2018). Dabei sollten sich qualitative und quantitative Methoden sinnvoll ergänzen.

Sozialraumanalysen sollten stets eine Mischung von Methoden sein, sie sind ein praktisches Beispiel für »Mixed Methods«. Quantitative Methoden werden angewendet, um zählbare und möglichst repräsentative Informationen zu gewinnen. Dies kann bedeuten, amtliche Statistiken auszuwerten, Daten des Berichtswesens einer Organisation zu nutzen oder standardisierte Befragungen und Beobachtungen durchzuführen.

Qualitative Methoden dienen dazu, soziale Phänomene oder die Einstellungen und das Verhalten von Menschen besser zu verstehen und tiefer zu analysieren. Dies kann etwa in qualitativen Interviews oder Gruppendiskussionen geschehen.

Quantitative und qualitative Vorgehensweisen können sich in einer Sozialraumanalyse ergänzen und validere Ergebnisse produzieren. Qualitative Methoden können auch genutzt werden, um quantitative Methoden vorzubereiten. So wäre es etwa denkbar, die Erkenntnisse aus der qualitativen Befragung einiger weniger Pflegekräfte zu nutzen, um einen standardisierten Fragebogen zu entwickeln, der dann an einer großen Zahl von Pflegenden angewendet wird. Denn nun ist man in der Lage, zielgerichtete und relevante Fragen herauszuarbeiten und Antwortvorgaben zu formulieren, um sie einer großen Zahl von Befragten vorzulegen.

2.4 Gütekriterien in der empirischen Sozialforschung

Die beste Methode kann zu unnützen Ergebnissen führen, wenn sie falsch angewendet wird. Man sollte sich deshalb im Rahmen einer Untersuchung stets darüber klar sein, welche Bedingungen nötig sind, damit man von guten bzw. gültigen Forschungsergebnissen sprechen kann. In der quantitativen Sozialforschung sind dies drei Kriterien: Objektivität, Reliabilität und Validität.

Objektivität ist der geläufigste der drei Begriffe. Ein objektives Vorgehen bedeutet, dass das Vorgehen unabhängig von der Person des Forschenden ablaufen muss. Beispielsweise erhalten alle Befragten den gleichen Fragebogen, mit denselben Fragen, in der gleichen Reihenfolge. Die Auswertung erfolgt nach klar beschriebenen Regeln. Die Dokumentation des Vorgehens und der Ergebnisse erfolgt so, dass sie für andere nachvollziehbar ist. Außerdem bedeutet »objektiv«, dass die Forschungsfrage neutral und ergebnisoffen gestellt wird und das Vorgehen nicht so manipuliert wird, dass es ein vermutetes oder gewünschtes Ergebnis bestätigt.

Mit *Reliabilität* ist die Zuverlässigkeit einer Erhebung im Hinblick auf Ihre Wiederholbarkeit gemeint. Eine Untersuchungsmethode sollte prinzipiell so konzipiert und angewandt werden, dass sie bei wiederholter Durchführung auch zum gleichen Ergebnis führt. Wenn bei einer Bevölkerungsumfrage gefragt wird: »Wie zufrieden sind sie mit dem ÖPNV in Friedberg?«, dann erwarten wir, dass keine völlig anderen Ergebnisse herauskommen, wenn wir diese Frage innerhalb weniger Tage ein zweites Mal stellen.

Bei großen wissenschaftlichen Untersuchungen wird dies durch spezielle Verfahren überprüft. In der Sozialraumanalyse werden viele Methoden, wie etwa Befragungen oder Begehungen, nur einmal durchgeführt. Dennoch ist der Anspruch der Reliabilität bei der Gestaltung der Untersuchung wichtig. Denken wir an eine Begehung des Sozialraums: Hier muss etwa ein Begehungsweg festgelegt und in einem Begehungsprotokoll beschrieben sein, was beobachtet werden soll. Täte man dies nicht und der nächste Begehende würde einen ganz anderen Weg nehmen, eine andere Tageszeit nutzen und unkonkret formulierte Beobachtungskriterien anders auslegen, so hätte man keine zuverlässige, weil wiederholbare Methode.

Schließlich gibt es noch das Gütekriterium der *Validität*, der sogenannten »Gültigkeit«. Hier geht es um die Frage: Untersuche ich mit meiner Forschungsmethode wirklich das, was ich untersuchen möchte oder zu untersuchen behaupte? In der psychiatrischen Diagnostik wurde Anfang des 20. Jahrhunderts der sogenannte Rorschachtest eingeführt: Auf Blättern von Papier befinden sich Tintenkleckse. Bei der Untersuchung werden die Klientinnen und Klienten aufgefordert zu sagen, was sie in diesen Tintenklecksen erkennen. Und aus den individuellen Interpretationen der Tintenkleckse wurde dann abgeleitet, welche psychischen Störungen bei den Klienten vorliegen. Aus Sicht eines Vertreters der empirischen Forschung wäre dies kein valides Verfahren. Denn die Klienten mögen zwar mit Fantasie bestimmte Figuren oder Geschichten in diesen Tintenklecksen sehen. Doch einen belegbaren Zusammenhang zwischen diesen Interpretationen und konkreten psychischen Störungen gibt es nicht.

Auch im Rahmen von Sozialraumanalysen können sich Fragen der Validität stellen. Das ist besonders dann der Fall, wenn sogenannte Konstrukte untersucht werden sollen, also Aspekte, die nicht unmittelbar beobachtbar sind. Teilnehmerzahlen lassen sich beobachten, Einkommen lässt sich in Euro angeben. Aber Konstrukte wie »Zufriedenheit« oder »Attraktivität« lassen sich nicht so eindeutig fassen. Stellen wir uns vor, wir wollen die »Qualität« eines Workshops untersuchen, stellen aber den Teilnehmenden lediglich die Frage »Wie zufrieden waren sie mit dem Workshop?«. Wenn alle zufrieden sind, so unsere Annahme, war der Workshop von hoher Qualität. Doch es könnte sein, dass die Befragten zufrieden waren, weil die Veranstaltung kurz und nicht besonders anspruchsvoll war und sie schnell nach Hause konnten. Hier müsste man also sehr viel genauer überlegen, wie man »Qualität« definiert und wie man diese messen kann. Zufriedenheit der Teilnehmenden kann ein Kriterium sein – aber es müssten weitere hinzukommen; vielleicht solche, die erheben, ob die Teilnehmenden etwas von dem Wissen behalten haben, dass während der Veranstaltung vermittelt wurde. Auch bei Sozialraumanalysen, in denen häufig Aussagen über die »Attraktivität« oder die »Ressourcen« eines Quartiers oder die »Zufriedenheit« mit einer Einrichtung getroffen werden sollen, ist der Aspekt der Validität von Bedeutung. Deshalb sollte man sich immer wieder fragen: Erfasse ich mit meinen Fragen tatsächlich das, was ich zu untersuchen behaupte?

Prinzipiell hat auch qualitative Forschung den Anspruch auf Objektivität, Reliabilität und Validität. Auch hier will man soziale Tatsachen unabhängig von der Person des Forschenden ermitteln und Aussagen erhalten, die für das Untersuchungsthema gültig sind. Denn auch in der qualitativen Forschung leitet man ja in der Regel Aussagen ab, die nicht auf den untersuchten Einzelfall beschränkt sind. Man nutzt in der qualitativen Forschung aber noch andere Kriterien, um Qualität zu sichern. Das eine ist die Triangulation (Flick 2014: 418): Man nutzt nicht nur eine einzelne Methode, sondern verschiedene Methoden, um die Untersuchungsfrage zu beantworten. Ebenso können mehrere Forschende mit der gleichen Methode an der Fragestellung arbeiten, um zu prüfen, inwiefern sie zu gleichen Interpretationen gelangen. Oder aber die untersuchten Daten kommen aus verschiedenen Quellen, die zu unterschiedlichen Zeiten oder an unterschiedlichen Orten erhoben wurden. Ziel ist es immer, die Gefahr zu minimieren, dass einzelne subjektive Interpretationen für allgemeingültig gehalten werden, obwohl sie es nicht sind.

Ein anderes Kriterium, Qualität in der qualitativen Sozialforschung sicherzustellen, ist das der »theoretischen Sättigung«. Das bedeutet, dass auch bei der Untersuchung einer kleinen Zahl von Fällen so lange weitere Fälle, Personen oder Untersuchungsgenstände in die Gruppe der Untersuchten aufgenommen werden, bis keine neuen Erkenntnisse im Hinblick auf die Fragestellung mehr gewonnen werden können. Man würde also, bei einer Untersuchung zu Arbeitsbedingungen in der Pflege, mit wenigen befragten Pflegenden beginnen, um Erkenntnisse über deren Arbeitsbedingungen zu erlangen. Dann erweitert man die Zahl der Befragten, bis vielleicht nach acht oder zehn Interviews keine wesentlich neuen Erkenntnisse über die Arbeitsbedingungen in der Pflege zu erhalten sind, und beendet dann die Erhebung.

2.5 Soziale Daten, Skalen und Variablen

In der empirischen Sozialforschung geht es also darum, mithilfe von Forschungsmethoden soziale Daten zu erfassen und auszuwerten. Die meisten Menschen denken bei dem Begriff »Daten« zuerst an Ziffern und Zahlen. Doch unter »Daten« kann man zunächst alle Arten von Informationen über soziale Gegebenheiten verstehen, die gespeichert werden können. Das kann Sprache sein, Texte, Fotografien, Videoaufnahmen, aber auch Landkarten, Stadtpläne oder Zeichnungen. Um solche sozialen »Rohdaten« weiter verarbeiten zu können, müssen sie, zumindest für quantitative Untersuchungsmethoden, zunächst messbar und zählbar gemacht werden. Ein wichtiges Instrument, um soziale Daten messbar zu machen, sind Skalen. Bei einer Skala denken die meisten vielleicht spontan an ein Thermometer oder ein Lineal. Doch im Kern ist eine Skala eine Messvorschrift. Die Skala sagt mir, dass eine bestimmte Ausdehnung der Säule im Thermometer »null Grad« und somit dem Gefrierpunkt entspricht. Ohne die Skala könnten wir keine Temperatur mit einem Thermometer messen. Ähnlich verhält es sich mit sozialen Daten. Die Information, wie zufrieden Teilnehmende mit einer Veranstaltung sind, kann ich ohne eine Skala nicht verarbeiten. Ich kann etwa die Messvorschrift aufstellen, die Zufriedenheit in fünf Kategorien einzuteilen: »sehr zufrieden, »zufrieden«, »teils, teils«,

2.5 Soziale Daten, Skalen und Variablen

»unzufrieden«, »sehr unzufrieden«, und die Frage so den Teilnehmenden stellen. So kann ich den Grad der Zufriedenheit festhalten, speichern und auswerten. In einem Datensatz mit zahlreichen Befragten erhält man dann eine Datenreihe der gemessenen Zufriedenheit aller Teilnehmenden. Eine solche Datenreihe wird häufig als »Variable« oder »Indikator« bezeichnet. Mehrere Variablen, mit Angaben zu zahlreichen Fällen (z. B. Personen) bilden einen Datensatz. Auch nichtnumerische Variablen werden in Datensätzen häufig mit Zahlen hinterlegt – beispielsweise steht die Ziffer 1 für »stimme zu«, die Ziffer 2 für »stimme nicht zu«. Es ist aber zu beachten, dass es sich dann bei den Ziffern nur um Codes für die Angaben handelt, nicht um Wertangaben.

Die Qualität der Messvorschrift (der Skala) ist eine entscheidende Voraussetzung dafür, wie man die Daten später sinnvoll auswerten kann. Eine ungeeignete oder fehlerhafte Messvorschrift kann in der Regel nachträglich nicht mehr korrigiert werden. Wenn ich beispielsweise bei der Datenerhebung frage: »Hat Ihnen das Seminar gefallen? – ja/nein«, so kann ich daran später nichts mehr ändern. Auch wenn ich mir danach überlege, dass eine differenziertere Antwortvorgabe vielleicht sinnvoll gewesen wäre, sind diese differenzierteren Informationen ein für alle Mal verloren. Der Aufwand für die Befragung war dann umsonst. Deshalb ist die Erstellung von Skalierungen für die Auswertung von Daten ein wichtiger Teil der Vorbereitung von quantitativen Forschungsmethoden.

Das Skalenniveau drückt aus, wie hoch der Informationsgehalt der mit dieser Messvorschrift erhobenen Daten ist und wie ich sie statistisch nutzen kann. Im Wesentlichen lassen sich drei Skalenniveaus unterscheiden, das metrische, das ordinale und das nominale Skalenniveau.

Metrische Skala

Wenn für Variablen die Ausprägungen quantitativ genau messbar sind, lässt sich eine metrische Skala verwenden. Die Abstände zwischen den Merkmalsausprägungen sind dann exakt zu bestimmen, Angaben auf metrischen Skalen können mit allen mathematischen Operationen weiterverarbeitet werden

Beispiel: Nettoeinkommen in Euro, Alter in Jahren, Teilnehmerzahlen, Entfernung in Meter

Die metrische Skala hat den höchsten Informationsgehalt. So ist klar, dass ein Einkommen von 5000 Euro genau fünfmal so hoch ist wie ein Einkommen von 1000 Euro. Aus metrischen Daten lässt sich ein Durchschnittseinkommen der Befragten errechnen oder die Verteilung der Einkommen genau analysieren.

Metrische Skalen mit einem absoluten Nullpunkt werden auch als »Intervallskala« bezeichnet. Wird, wie eben beschrieben, das Einkommen in Euro angegeben, handelt es sich um eine solche Intervallskala, denn ein negatives monatliches Nettoeinkommen gibt es nicht. Aber es gibt metrische Skalen, die sich, wie etwa beim Thermometer, in den negativen Zahlenbereich erstrecken.

Ordinalskala

Daten, die mittels Ordinalskalen gemessen werden, stehen in einer Rangfolge bzw. einer Ordnung zueinander, daher »ordinal«. Die Merkmalsausprägungen können als größer, kleiner oder gleich bewertet werden. Allerdings sind die Abstände nicht mehr direkt bestimmbar oder vergleichbar. Viele soziale Daten lassen sich nur als ordinale Daten erheben, etwa Bildungsabschlüsse. Stellt man die Frage: »Welchen höchsten schulischen Bildungsabschluss haben Sie?«, so muss als Antwortvorgabe eine Ordinalskala verwendet werden: keinen, Hauptschule, Realschule, Fachhochschulreife, Abitur.

Es ist nachvollziehbar, dass ein Abitur ein höherwertiger Abschluss ist als ein Realschulabschluss und dieser ist wiederum höherwertiger als ein Abschluss der Hauptschule. Aber Abiturientinnen und Abiturienten sind nicht »doppelt« so gebildet wie Menschen mit Realschulabschluss. Über die Abstände zwischen den Merkmalsausprägungen kann man bei ordinalskalierten Daten nichts aussagen. Eine ordinalskalierte Messvorschrift liefert somit einen geringeren Informationsgehalt als eine metrische Skala.

Metrisch skalierte Daten lassen sich in ordinalskalierte Daten umwandeln. So lassen sich aus den individuellen Einkommensangaben in Euro Einkommensgruppen bilden (bis unter 1000 Euro, 1000 bis unter 2000 Euro usw.). Man kann dann aber nicht mehr behaupten, dass Personen, die »4000 bis unter 5000 Euro« verdienen, doppelt so viel Geld haben wie jene, die »1000 bis unter 2000 Euro« zur Verfügung haben. Es lässt sich lediglich feststellen, dass die letzteren zwei Einkommensklassen niedriger liegen. Der Informationsgehalt der Skala hat abgenommen.

Um statistische Auswertungen durchzuführen und die sozialen Daten mathematisch verarbeiten zu können, werden ordinale Kategorien einer Skala mitunter wie metrische Daten behandelt. Dazu werden die Kategorien mit Zahlen hinterlegt. Bei einer fünfstufigen Skala wie »sehr zufrieden«, »zufrieden«, »teils, teils«, »unzufrieden«, »sehr unzufrieden« steht dann »1« für »sehr zufrieden«, »5« für »sehr unzufrieden«. Hiermit ließe sich nun ein Mittelwert der Zufriedenheit berechnen. Dies ist aber nur bei Merkmalen möglich, die prinzipiell als stetig interpretiert werden können (stetiger Anstieg des Grades der Zufriedenheit von »sehr unzufrieden« bis »sehr zufrieden«). Bei ordinalen Skalen mit natürlichen Kategorien, wie etwa den Schulabschlüssen, ist das nicht zulässig, sondern wäre fehlerhaft. Denn hat man etwa eine Kategorie »sonstiger Schulabschluss« mit einer Zahl hinterlegt, so kann man nicht von einem stetigen Verlauf von geringerwertigen zu höherwertigen Abschlüssen sprechen und der hinterlegte Zahlenwert lässt sich nicht sinnvoll in eine Berechnung einbeziehen.

Nominalskala

Die Messvorschrift, die statistisch gesehen den geringsten Informationsgehalt liefert, ist die Nominalskala. Diese liefert zwar Merkmalsausprägungen, allerdings stehen diese gleichberechtigt nebeneinander. Sie lassen sich weder in einer Rangfolge noch in Abständen zueinander interpretieren.

Beispiel: Welche Partei würden Sie wählen, wenn am nächsten Sonntag Bundestagswahl wäre (SPD, CDU, FDP, AfD, Bündnis 90/Die Grünen, Die Linke, Sonstige)?

So wie bei der Auszählung von Wahlergebnissen alle Parteien gleichbehandelt werden, so ist es auch bei der Nominalskala. Es gibt unterschiedliche Nennungen und jeder Einzelne mag Vorlieben oder Abneigungen haben. Die Nominalskala selbst macht jedoch keine Unterschiede, alle Optionen stehen gleichberechtigt nebeneinander. Ein Spezialfall einer Nominalskala ist die dichotome Skala. Diese hat nur zwei Ausprägungen: ja/nein bzw. stimme zu / stimme nicht zu.

Auch nominale Variablen werden in Datensätzen häufig mit Zahlen hinterlegt – beispielsweise steht die Ziffer 1 für »stimme zu«, die Ziffer 2 steht für »stimme nicht zu«. Es ist aber zu beachten, dass es sich bei den Ziffern nur um Codes für die Angaben handelt, um diese in den Datensätzen besser verarbeiten zu können. Es handelt sich nicht um Wertangaben und die Ziffern dürfen nicht für Berechnungen verwendet werden, wie dies bei metrischen Daten der Fall ist.

Gestaltung von Skalen

Eine fehlerhafte oder unzureichende Messvorschrift bei der Erhebung von Daten kann später in der Regel nicht mehr korrigiert werden, deshalb sollte man große Sorgfalt auf die Operationalisierung, die Gestaltung der Messvorschriften, die Formulierung der Items verwenden. Doch wie müssen Skalen gestaltet sein, damit sie gute und brauchbare Ergebnisse liefern? Es gibt dafür vier Grundsätze: Skalen müssen eindeutig, erschöpfend, gleichmäßig und sinnvoll gestaltet sein.

Eindeutig: Eindeutigkeit bedeutet, dass klar sein muss, welcher Wert jeder Ausprägung der Skala zuzuordnen ist. Erfragt man beispielsweise die Häufigkeit der Pkw-Nutzung und verwendet dabei eine Skala mit den Ausprägungen nie, selten, gelegentlich, häufig – kann man dies dann als eindeutig bezeichnen? Wohl kaum. Denn was »selten« oder »gelegentlich« bedeutet, ist höchst subjektiv und zudem kaum voneinander abgrenzbar. Besser wäre eine Messvorschrift, wenn sie folgende Ausprägungen enthielte: täglich, mehrmals wöchentlich, einmal wöchentlich, seltener als einmal wöchentlich. Zwar ist diese Skala nicht sehr präzise, aber es ist sichergestellt, dass alle Befragten unter den Kategorien das Gleiche verstehen, die Objektivität ist größer.

Erschöpfend: Eine Messvorschrift muss in der Lage sein, alle in der Realität vorkommenden Ausprägungen eines Phänomens zu erfassen. Nichts darf »durchs Raster« fallen. Fragt man nach der Variable »Staatsangehörigkeit« mittels der dichotomen Skala »deutsch«/»nichtdeutsch«, so ist dies nicht erschöpfend. Denn Personen mit doppelter Staatsangehörigkeit sind hier nicht einzuordnen. Es bleibt unklar, was diese Personen angeben sollen. Einige werden sich bei »deutsch« einordnen, andere werden keine Angabe bei dieser Frage machen. Eine nicht erschöpfende Skala sorgt immer dafür, dass die Datenerhebung ungenau wird, da man nicht weiß, wo die fehlenden Ausprägungen zugeordnet sind. Ähnlich verhält es sich bei dem oben angeführten Beispiel des höchsten allgemeinbildenden Schulabschlusses. Es müssen alle erreichbaren Schulabschlüsse in dieser Skala vorkommen. Mitunter ist es sinnvoll, zu den Ausprägungen noch eine Kategorie »Sonstige« oder »trifft nicht zu« hinzuzufügen. In diese Restkategorie lassen sich dann Angaben einordnen, die in den benannten Ausprägungen nicht vorkommen.

Gleichmäßig: Die in der Realität vorkommende Wertespanne des Indikators wird mit der Skala gleichmäßig abgedeckt, d. h., die einzelnen Kategorien haben die gleiche »Breite«. Dies spielt vor allem bei ordinalskalierten Variablen eine Rolle«, metrische Skalen sind automatisch »gleichmäßig«. So kann man etwa das Einkommen, statt den konkreten Betrag abzufragen, mithilfe einer ordinalskalierten Variable in 500-Euro-Schritten erfragen. Bei Ratingskalen bedeutet »gleichmäßig«, dass positive und negative Aspekte ausgewogen in der Skala vorhanden sein müssen. Auf die Frage: »Wie zufrieden sind Sie mit xy?«, lauten gleichmäßige Antwortvorgaben etwa: »vollkommen zufrieden« – »eher zufrieden« – »eher unzufrieden« – vollkommen unzufrieden«. Eine gleichmäßige Breite der Kategorien soll eine Verwirrung der Befragten vermeiden und die statistische Weiterverarbeitung der Daten erleichtern.

Sinnvoll: Eine Skala »sinnvoll« zu gestalten heißt in erster Linie sie so gestalten, dass das Spektrum der in der Realität vorkommenden Werte gleichmäßig abgedeckt wird. Zudem heißt »sinnvoll« speziell bei Skalen für Befragungen und Beobachtungen, dass die Ausprägungen auch mit hinreichender Genauigkeit von den Durchführenden eingeschätzt werden können. Wer kann beispielsweise auf zehn Minuten genau sagen, wie lange er oder sie pro Woche das Internet nutzt? Selbst in Stunden dürfte das schwerfallen. Allenfalls könnte hier, für eine Selbstauskunft, eine Skala sinnvoll sein, in der »täglich«, »an mehreren Tagen«, »einmal wöchentlich« oder so ähnlich steht. Will man es genau wissen, kann man diese Frage mit einer Selbstauskunft kaum klären. Dann müsste als Methode ein »Nutzungstagebuch« geführt werden oder man muss auf technische Messungen mittels spezieller Programme ausweichen, die dann die Nutzungszeit metrisch messen können. Präsentiert man hingegen Menschen eine zu detaillierte Skala, auf der sie Nutzungszeiten in Minuten einschätzen sollen, so wird man vermutlich weitgehend zufällige Ergebnisse erhalten, die mit der Realität wenig zu tun haben.

Erstellt man Messvorschriften zur Erhebung sozialer Daten, so ist es auch sinnvoll, Skalen zu verwenden, die einen angemessenen Informationsgehalt liefern. Man sollte etwa vermeiden, die Zustimmung zu einer Aussage lediglich mit einer dichotomen Skala zu erheben, also etwa ja/nein bzw. stimme zu/stimme nicht zu. Differenziertere Ergebnisse erhält man, wenn zumindest eine Ordinalskala verwendet wird. Etwa: stimme voll und ganz zu / stimme eher zu / stimme eher nicht zu / stimme überhaupt nicht zu. Denkbar wäre es auch, die Zustimmung mit einer metrischen Skala abzufragen: Wenn 0 völlige Ablehnung und 10 völlige Zustimmung bedeutet, wie stark auf einer Skala von 0 bis 10 stimmen Sie dieser Aussage zu?

Tab. 2: Wie Skalen gestaltet sein müssen

	Schlechtes Beispiel	Gutes Beispiel
	Nutzung öffentlicher Verkehrsmittel	
eindeutig	• kaum • manchmal • selten • oft	• seltener als ein Mal pro Woche • ein bis drei Mal pro Woche • vier bis sechs Mal pro Woche • täglich
	Staatsangehörigkeit	
erschöpfend	• deutsch • nichtdeutsch	• deutsch • nichtdeutsch • deutsche und weitere Staatsangehörigkeit
	Monatliches Nettoeinkommen	
gleichmäßig	• bis 1000 Euro • 1000 bis unter 1100 Euro • 1100 bis unter 1200 Euro • 1200 bis unter 2000 Euro • 2000 bis unter 3000 Euro • 3000 Euro und mehr	• bis 1000 Euro • 1000 bis unter 1500 Euro • 1500 bis unter 2000 Euro • 2000 bis unter 2500 Euro • 2500 bis unter 3000 Euro • 3000 Euro und mehr
	Tägliche Fernsehdauer	
sinnvoll	• nie • bis 60 Minuten • 60 bis unter 80 Minuten • 80 bis unter 100 Minuten • 100 bis unter 120 Minuten • 120 bis unter 140 Minuten täglich • ... • 220 bis unter 240 Minuten täglich • mehr als 240 Minuten	• nie • weniger als eine Stunde täglich • ein bis unter zwei Stunden täglich • zwei bis unter drei Stunden täglich • drei bis unter vier Stunden täglich • vier Stunden und mehr

2.6 Individualdaten und Aggregatdaten

Misst man mithilfe einer Skala die Ausprägungen eines sozialen Sachverhalts an einem einzelnen Objekt oder Subjekt, so erhält man Individualdaten. Angaben zum höchsten Bildungsabschluss, zum monatlichen Nettoeinkommen oder zum Familienstand einzelner Personen stellen Individualdaten dar. In Datensätzen werden sie häufig so zusammengestellt, dass die Objekte oder Subjekte (Person A, Person B, Person C) in Zeilen stehen und die dazugehörigen Daten in Spalten. Individualdatensätze haben den höchsten Informationsgehalt, da für jedes einzelne Subjekt oder Objekt im Forschungsprozess die Ausprägungen der einzelnen Variablen sichtbar werden. Dies bietet die Möglichkeit vielfältiger Auswertungen. Man kann so beispielsweise untersuchen, wie die Ausprägungen verschiedener Variablen bei den Subjekten miteinander zusammenhängen: Haben Personen mit höherem Bildungsabschluss tatsächlich stets höhere Nettoeinkommen? Bei wie vielen Personen der Untersuchung ist das der Fall? Wenn sich herausstellt, dass entgegen der Vermutung bei einem Teil der Untersuchten trotz niedrigem Bildungsabschluss ein hohes Nettoeinkommen besteht, kann ich ggf. im Datensatz nachforschen, welche Berufe diese Personen ausüben (sofern diese Variable vorhanden ist). Ich kann also der Frage im besten Sinne »auf den Grund« gehen.

Erhebt man selbst Daten mithilfe einer Forschungsmethode, erhält man stets Individualdaten, da man die Daten der einzelnen Untersuchungssubjekte ermitteln muss. Individualdatensätze sind, vor allem wenn sie sehr viele Objekte oder Subjekte enthalten, sehr komplex und schwieriger zu verarbeiten. Deshalb erhält man viele Daten, die man aus sekundären Quellen bezieht, z. B. von statistischen Ämtern, von Behörden oder Einrichtungen, nicht in dieser Form. Man erhält dort oft Datensätze, bei denen die Forschungsobjekte schon zu größeren Einheiten zusammengefasst, also aggregiert wurden. Aggregatdaten enthalten dann nicht mehr die Angaben zu den einzelnen untersuchten Subjekten oder Objekten, sondern zu größeren, meist räumlichen, »Aggregaten«, beispielsweise zu Kommunen oder Landkreisen. Im Datensatz mit der Variablen »Erwerbstätigkeit« enthalten sind dann nicht mehr einzelne Personen, sondern nur noch Angaben zum Aggregat, also beispielsweise zur Anzahl von Vollzeiterwerbstätigen, Teilzeiterwerbstätigen, Nichterwerbstätigen in den Kommunen. Ebenso könnten Angaben zur Anzahl von Personen mit Hochschulbildung, mit Realschulbildung oder ohne Bildungsabschluss im Aggregatdatensatz vorhanden sein. Manche Aggregatdatensätze enthalten gar keine absoluten, sondern nur noch relative Angaben, beispielsweise den Anteil der Personen ohne Abschluss an allen Schulabgängerinnen und -abgängern in Prozent oder den Anteil von Personen mit nichtdeutscher Staatsangehörigkeit an allen Einwohnern. Aggregatdatensätze sind gut geeignet, um Sozialräume zu charakterisieren. Es lassen sich beispielsweise Quartiere mit hohen von solchen mit niedrigen Durchschnittseinkommen oder Quartiere mit hohem Sozialhilfebezug von solchen mit geringem Sozialhilfebezug unterscheiden. Für viele Zwecke der Sozialraumanalyse sind solche Informationen ausreichend.

Jeder Individualdatensatz lässt sich zu einem Aggregatdatensatz verarbeiten bzw. ist aus Individualdaten hervorgegangen. Umgekehrt ist dieser Weg nicht möglich. Von aggregierten Daten kann ich keine Rückschlüsse mehr auf die zugrunde liegenden Individualdaten ziehen; deren Informationsgehalt ist zum Teil verloren gegangen. Ob und wie die Ausprägungen der Aggregatdaten auf der Individualebene miteinander zusammenhängen, kann nur vermutet werden. Wenn ich beispielsweise in meinem Aggregatdatensatz feststelle, dass die Stadtteile mit hohen Migrantenanteilen zugleich die Stadtteile mit hohen Anteilen von Sozialleistungsbeziehenden sind, kann ich zwar vermuten, dass es Migranten sind, die häufig Sozialleistungen beziehen. Prüfen kann ich das aber nicht. Es könnte auch der Fall sein, dass Migranten in den Quartieren zwar geringe Erwerbseinkommen haben, aber seltener Sozialhilfe beziehen als Nichtmigranten. Der erhöhte Sozialhilfebezug könnte auf ältere Menschen ohne Migrationshintergrund zurückgehen, die ebenfalls in diesen Stadtteilen wohnen. Solche differenzierten Zusammenhänge lassen sich nur auf der Ebene von Individualdaten prüfen.

> **Das Wichtigste in Kürze**
>
> Eine Sozialraumanalyse ist die Untersuchung und Interpretation eines Sozialraums mithilfe von Methoden der empirischen Sozialforschung und von partizipativen Methoden. Die Untersuchung erfolgt stets im Hinblick auf eine Fragestellung. Neben Informationen über die Eigenschaften und Strukturen des Sozialraums können auch Bedürfnisse der Zielgruppen, Ressourcen und Veränderungspotenziale erarbeitet werden. Sozialraumanalysen werden meist mit einem Mix aus verschiedenen Methoden durchgeführt. Mithilfe von quantitativen Sozialforschungsmethoden können anhand von großen Datenmengen repräsentative Aussagen getroffen und statistische Auswertungen bezüglich sozialer Sachverhalte im Sozialraum gemacht werden. Quantitative Methoden ermöglichen auch einen Vergleich verschiedener Sozialräume im Hinblick auf bestimmte soziodemografische Indikatoren. Qualitative Methoden hingegen dienen dem vertieften, sinnverstehenden Erarbeiten von Themen und Fragestellungen mit den Zielgruppen. Als drittes Element legen partizipative Methoden zusätzlich den Fokus auf die Einbindung der Zielgruppen. Diese sollen nicht nur analysiert, sondern auch informiert, motiviert oder deren kreatives Potenzial soll geweckt werden. Forschungsmethoden, die im Rahmen von Sozialraumanalysen zur Anwendung kommen können, sind Analysen vorhandener Daten oder Dokumente, Beobachtungen, Befragungen sowie spezielle Methoden, die beobachtende und befragende Elemente miteinander kombinieren. Die eingesetzten Methoden müssen prinzipiell den Anspruch haben, objektiv, wiederholbar und valide zu sein. Validität bedeutet dabei, dass die genutzten Daten und Informationen auch tatsächlich etwas über jenen Aspekt des Sozialraums aussagen, über den Ergebnisse behauptet werden. Sozialraumanalysen sollen dem Prinzip der Methodensparsamkeit folgen. Es soll nicht so viel wie möglich, sondern lediglich so viel wie nötig geforscht werden, um die Untersuchungsfragestellung angemessen zu beantworten.

> **Weiterführende Literatur**
>
> Baur, N., Blasius, J. (Hg.) (2014): Handbuch Methoden der empirischen Sozialforschung. Wiesbaden: Springer VS.
> Früchtel, F., Cyprian, G., Budde, W. (2012): Sozialer Raum und Soziale Arbeit. Fieldbook: Methoden und Techniken (3., überarbeitete Auflage). Wiesbaden: Springer VS.
> Deinet, U. (Hg.) (2009): Methodenbuch Sozialraum. Wiesbaden: Springer VS.
> Spatschek, C., Wolf-Ostermann, K. (2023): Sozialraumanalysen. Ein Arbeitsbuch für soziale, gesundheits- und bildungsbezogene Dienste (2., durchgesehene und aktualisierte Auflage). Opladen/Toronto: UTB/Barbara Budrich.
> Unger, H. von (2014): Partizipative Forschung. Einführung in die Forschungspraxis. Wiesbaden: Springer VS.

2 Was ist Sozialraumanalyse?

Tab. 3: Beispiel für einen Individualdatensatz

Person Nr.	Geschlecht	Geburts-jahr	Familien-stand	Anzahl Kinder	Höchster Schulabschluss	Höchster beruflicher Abschluss	Haushaltsnettoeinkommen
1	weiblich	1953	geschieden	keine	Anderen	anderer Abschluss	4000 bis unter 5000 €
2	weiblich	1952	verwitwet	1	Hochschulreife	Hochschulabschluss	2000 bis unter 3000 €
3	männlich	1952	verheiratet	4	Hochschulreife	Hochschulabschluss	ohne Angabe
4	weiblich	1974	verheiratet	2	mittlere Reife	Lehre/Berufsausbildung	9000 € und mehr
5	weiblich	1965	ledig	keine	Hochschulreife	Hochschulabschluss	2000 bis unter 3000 €
6	weiblich	1958	ledig	3	Hochschulreife	anderer Abschluss	1000 bis unter 2000 €
7	männlich	1962	ledig	ohne Angabe	Hochschulreife	Hochschulabschluss	4000 bis unter 5000 €
8	weiblich	1961	verheiratet	keine	Hochschulreife	Hochschulabschluss	3000 bis unter 4000 €
9	männlich	1962	verheiratet	2	mittlere Reife	Fachschule/Meister/Techniker	4000 bis unter 5000 €
10	weiblich	1959	ledig	2	Hochschulreife	Hochschulabschluss	bis unter 2000 €

In einem Individualdatensatz stehen in der Regel Personen (Fälle) in den einzelnen Zeilen. In den Spalten sind spezifische Merkmale dieser Fälle angegeben. Im Beispieldatensatz aus einer Befragung selbstständig tätiger Menschen im höheren Lebensalter sind dies Geschlecht, Geburtsjahr, höchster Schulabschluss, höchster beruflicher Abschluss und das Haushaltsnettoeinkommen. Individualdatensätze weisen den höchsten Informationsgehalt auf, da der aus Einzelfällen bestehende Datensatz beliebig in Untergruppen aufgeteilt und auf Zusammenhänge zwischen individuellen Merkmalen untersucht werden kann.

2.6 Individualdaten und Aggregatdaten

Tab. 4: Beispiel für einen Aggregatdatensatz

Raumeinheit	Aggregat	Einwohner unter 6 Jahre (in %) 2020	Haushalte mit Kindern (in %) 2020	Gesamtwanderungssaldo (je 1000 Einwohner) 2020	Kaufkraft (Euro) 2020	Haushalte mit niedrigem Einkommen (in %) 2020	Langzeitarbeitslose (in % aller Arbeitsloser) 2020
Bendorf, Stadt	verbandsfreie Gemeinde	6	30	-1,2	23 198	29,4	19,1
Pellenz	Gemeindeverband	6,6	32,9	5,1	24 362	22,6	21,9
Andernach, Stadt	verbandsfreie Gemeinde	6	26,2	1,9	25 662	29,1	18
Maifeld	Gemeindeverband	5,9	33,9	8,8	24 462	26,7	20,4
Mayen, Stadt	verbandsfreie Gemeinde	5,8	28	5,8	24 775	27,8	25,5
Weißenthurm	Gemeindeverband	6,1	31,6	3,7	23 984	25	18,1
Mendig	Gemeindeverband	5,4	30,6	5,1	24 842	25,6	19,1
Rhein-Mosel	Gemeindeverband	5,5	30,2	-0,3	26 739	20,4	14,9
Vordereifel	Gemeindeverband	4,7	31,6	5,8	24 460	24,5	23,9
Vallendar	Gemeindeverband	4,9	28,3	11,3	28 620	16,9	17,3

In einem Aggregatdatensatz wurden die Merkmale einzelner Fälle (z. B. Personen) bereits zu größeren Einheiten, z. B. für Gemeindeverbände, zusammengefasst (aggregiert). Der Datensatz zeigt dann beispielsweise nicht, welche konkreten Personen langzeitarbeitslos sind, sondern lediglich, welcher Anteil der Arbeitslosen in der Region von Langzeitarbeitslosigkeit betroffen ist. Dies erleichtert es, die grundsätzliche sozioökonomische Lage in einer Region einzuschätzen. Ein Aggregatdatensatz liefert keine Informationen über weitere Zusammenhänge auf Ebene von Personen. So kann man etwa nicht untersuchen, ob die von Langzeitarbeitslosigkeit Betroffenen einen niedrigen Bildungsabschluss oder eine fehlende Berufsausbildung haben.

3 Konzeption einer Sozialraumanalyse

Bei der Durchführung einer Sozialraumanalyse geht es darum, sachgerecht und systematisch vorzugehen. In der Praxis sieht man mitunter Vorgehensweisen, denen diese Systematik fehlt. Das mag mit anderen Schwerpunkten in der Ausbildung der Durchführenden zu tun haben, die eher auf pädagogische Intervention oder auf Betroffenen-Anwaltschaft gerichtet war. Eine Sozialraumanalyse hat aber zuallererst das Ziel, systematisch Informationen zu gewinnen. Weder steht hier eine Parteinahme oder Unterstützung der Klientel an erster Stelle noch geht es vorrangig um pädagogische Ziele.

3.1 Berücksichtigen der relevanten Akteursgruppen

Bei einer Sozialraumanalyse in Kontext von Sozialer Arbeit oder von Orts- und Quartiersentwicklung begegnet den Forschenden kein neutraler Forschungsgegenstand, sondern verschiedene Gruppen von Akteuren, die auf unterschiedliche, aber angemessene Weise in den Forschungsprozess einbezogen werden müssen. Dies sind einerseits die Stakeholder des geplanten Forschungs- und Projektentwicklungsprozesses und andererseits die verschiedenen Gruppen der von diesen geplanten Maßnahmen betroffenen Menschen.

> **Stakeholder**
>
> Als Stakeholder sollen hier jene Institutionen oder Personen bezeichnet werden, welche die Sozialraumanalyse in Auftrag geben oder mit deren Ergebnissen weiterarbeiten wollen. Der Begriff »Stakeholder« bedeutet etwa »Teilhaber« und wird hier in Abgrenzung zu jenen Personengruppen verwendet, auf die sich die Forschungsaktivitäten und die nachfolgende Projektentwicklung unmittelbar richtet. Sozialraumanalysen haben in der Praxis häufig mehrere Stakeholder, die sich im Vorfeld zusammengetan haben, um ein bestimmtes Projekt zu initiieren. Bei einer Sozialraumanalyse zur Quartiersentwicklung kann das die Stadtverwaltung, ein Wohlfahrtsverband und eine örtliche Pfarrei sein. Im Hinblick auf die Kita-Entwicklung könnten das örtliche Jugendamt, der Kita-Träger und ein Elternbeirat Stakeholder sein.

Es ist wichtig, Sichtweisen und Ziele dieser Stakeholder im Projekt zu kennen und deren Erfahrungen und Kenntnisse über den Sozialraum zu nutzen. Nicht selten kommt es vor, dass die Stakeholder als Auftraggeber zu Beginn keine sehr klare Aufgabenstellung für eine Sozialraumanalyse formulieren können. Es soll ein bestimmtes Projekt initiiert werden, man sieht diese und jene Probleme im Sozialraum, möchte sich an einer Ausschreibung beteiligen. Es ist dann ist die Aufgabe der Forschenden oder Auftragnehmenden, die Vorstellungen der Stakeholder in eine klare Untersuchungsfragestellung zu übersetzen. In diesem Fall ist die systematische Einbeziehung der Stakeholder schon deshalb erforderlich, um die Fragestellung zu präzisieren und zu einem mit den Auftraggebenden abgestimmten Vorgehensweise zu gelangen.

Selbst wenn seitens der Stakeholder bereits eine klare Aufgabenstellung formuliert wurde, ergibt es Sinn, die Erwartungen der Stakeholder und deren Wissen über den Sozialraum systematisch in Erfahrung zu bringen. Auf der einen Seite zeigt man dadurch Wertschätzung gegenüber den Stakeholdern des Projektes, andererseits erhält man aus erster Hand Kenntnisse über den zu untersuchenden Sozialraum und über gewünschte Vorgehensweisen. Unter Umständen kann man auch blinde Flecken, die es bei der Formulierung des Auftrages gab, beleuchten und dadurch die Vorgehensweise der Untersuchung verbessern. Systematisch bedeutet in diesem Fall, dass die Einbeziehung der Stakeholder über übliche Meetings zu Projektstart hinausgehen und mit empirischen Forschungsmethoden durchgeführt werden sollte.

Das Anhören und Einbeziehen der Stakeholder bedeutet allerdings nicht, dass eine Sozialraumanalyse nur nach den Wünschen der Stakeholder gestaltet werden oder gar »gewünschte« Ergebnisse produzieren soll. Es gehört zur Ethik von Sozialforschung, sich stets den objektiven Blick der Forschenden zu bewahren und sich nicht von Erwartungen auftraggebender Institutionen abhängig zu machen.

> **Betroffene**
>
> Abgesehen von den Stakeholdern gibt es in Sozialräumen verschiedene Personengruppen, die für eine Sozialraumanalyse von besonderem Interesse sind. Diese kann man als Zielgruppen, Beteiligte oder Betroffene charakterisieren. Das sind all jene Personen, die zur Beantwortung der Untersuchungsfrage beitragen können, die von der untersuchten Fragestellung oder dem geplanten Projekt »betroffen« sind.

Es ist wichtig, sich bewusst zu machen, welche relevanten Betroffenengruppen es gibt und wie diese für die Untersuchung erreicht und einbezogen werden können. Bei einer Analyse von Kita-Sozialräumen mit dem Ziel, Kita-Sozialarbeit zu implementieren, gibt es mindestens drei Gruppen von Betroffenen, an die zu denken ist: die Kita-Fachkräfte, die Kinder und die Eltern. Schaut man genauer hin, könnte es wiederum Untergruppen der genannten Betroffenen geben, die besonders berücksichtigt werden sollten. So kann es eine Gruppe von Eltern geben, die nicht gut deutsch spricht. Diese könnten nicht mit den gleichen Methoden, etwa mit einem Fragebogen auf Deutsch, erreicht werden. Legt man also Wert darauf, dass auch

3 Konzeption einer Sozialraumanalyse

diese Gruppe in die Sozialraumanalyse einbezogen wird, muss man sie möglicherweise als besondere Betroffenengruppe (z. B. »arabisch sprechende Eltern«) identifizieren, die separat und mit geeigneten Methoden adressiert wird. Weitet man den Blick, könnte man sagen, auch Bewohner des Stadtteils, die keine Kinder in der Kita haben, sind »Betroffene« des Agierens der Einrichtung. Dabei geht es nicht darum, alle denkbaren Gruppen mit einer eigenen Methode zu erreichen – es geht aber um eine bewusste Entscheidung der Forschenden darüber.

Je nach konkreter Zielsetzung des geplanten Projekts können ganz unterschiedliche Gruppen von Betroffenen relevant sein. So könnten Menschen mit Pflegebedarf, Jugendliche, Eltern mit kleinen Kindern oder Gewerbetreibende Gruppen von Betroffenen eines Sozialraums darstellen, die separat untersucht werden sollten, da diese sich hinsichtlich ihrer Interessen, Wünsche oder Fähigkeiten unterscheiden.

Sozialraumanalysen dienen fast immer dazu, Projekte oder Maßnahmen vorzubereiten, die im Sozialraum umgesetzt werden sollen. Eine Sozialraumanalyse hat deshalb in der Regel nicht nur analytischen Charakter. Die verschiedenen Akteure des Sozialraums sollen auch informiert und motiviert werden – und sie sollen sich auch beteiligt fühlen. Dies ist Voraussetzung dafür, dass die Umsetzung später auch auf Akzeptanz und Mitwirkung stößt. Deshalb ist es wichtig, Feedback zwischen Forschenden und Akteuren des Sozialraums während der Durchführung einer Sozialraumanalyse herzustellen.

Hat man die Stakeholder und Betroffenengruppen identifiziert, kann man überlegen, welche Informationen man von diesen Gruppen benötigt. Ist dies geklärt, werden Methoden ausgewählt, mit denen diese Gruppen untersucht werden. Hierbei kann und sollte man mit einer größeren Methodenkreativität vorgehen als in der klassischen Sozialforschung. Klassischen Sozialforschungsmethoden wird mitunter eine »Mittelschicht-Verzerrung« vorgeworfen. Das heißt, die Methoden sind so gestaltet und ausgewählt, dass gut gebildete Menschen mit ausreichend Zeit und Interesse, die gut deutsch sprechen und eine klare und strukturierte Meinung zum untersuchten Thema haben, gut erreicht werden und in den Ergebnissen überrepräsentiert sind. Demgegenüber werden marginalisierte Subgruppen wie Arme, Obdachlose, nicht Deutsch Sprechende, geistig behinderte Menschen, Kinder und Jugendliche unter Umständen nicht angemessen erreicht und deren Sichtweisen kommen in den Ergebnissen dann nicht vor. Eine Sozialraumanalyse sollte versuchen, auch wenn sie das Versprechen einer statistischen Repräsentativität selten einhalten kann, solche Einseitigkeiten zu vermeiden. Jede relevante Gruppe sollte in der Sozialraumanalyse zu Wort kommen und mit geeigneten Forschungsmethoden angesprochen werden. Dazu ist es wichtig, verschiedene Sozialforschungsmethoden und Vorgehensweisen zu kennen und deren Vor- und Nachteile zu berücksichtigen.

3.2 Formulieren einer Untersuchungsfragestellung

Das Durchführen einer Sozialraumanalyse, das Beschaffen von Daten, Befragen von Menschen im Sozialraum, Beobachten oder Diskutieren macht viel Arbeit. Einerseits für die Forschenden, andererseits auch für die Teilnehmenden, die Auskunft geben oder an Methoden teilnehmen sollen. Um diesen Aufwand zu rechtfertigen, sollte von Anfang an sichergestellt werden, dass alle Elemente der Untersuchung zielführend sind. Eine Sozialraumanalyse dient nicht zur Beschäftigung der Betroffenen oder zur Legitimierung von Projekten; sie dient in allererster Linie der Beantwortung einer Untersuchungsfrage. Und über diese sollte man sich bereits zu Beginn der Konzeptionserstellung, also vor der Festlegung genauer Abläufe und Methoden, klar werden.

Eine Forschungsfrage ist in der Regel umso besser, je klarer und eindeutiger sie formuliert ist. Zwar kann die Forschungsfrage noch übergreifend formuliert sein, da sie im Prozess der Operationalisierung verfeinert und untergliedert werden kann; sie sollte aber bereits klarmachen, was das Ziel der Untersuchung ist. Die Forschungsfrage leitet sich vom Ziel des Projektes ab, auf das die Sozialraumanalyse bezogen ist. Man muss sich also zunächst fragen, welche Informationen man dafür benötigt.

Soll beispielsweise ein Sozialraumbudget für Kita-Sozialarbeit beantragt werden, so muss in einem Antrag herausgearbeitet werden, welche Herausforderungen bestimmte Kita-Sozialräume aufweisen und welche Ressourcen es dort gibt, die mittels Kita-Sozialarbeit gefördert werden könnten. Dabei sollte klar sein, dass die Formulierung von Handlungsempfehlungen selbst nicht Teil der Sozialraumanalyse ist. Diese legt lediglich eine Analyse der Gegebenheiten vor. Handlungsempfehlungen zu entwerfen ist Aufgabe der nachfolgenden Projektentwicklung.

Eine schwache Untersuchungsfragestellung wäre im vorliegenden Fall etwa: »Wie sieht der Sozialraum der Kita Pusteblume aus?« Schwach ist diese Formulierung deshalb, weil sie auf der größtmöglichen Abstraktionsebene bleibt (»wie sieht es da aus?«) und noch keinerlei konkrete Ansätze zum Vorgehen bei der Untersuchung liefert. Bessere Formulierungen wären etwa:

- Welche Kitas des Jugendamts xy liegen in besonders herausfordernden Sozialräumen?
- Welche Herausforderungen und Ressourcen weisen die Sozialräume im Hinblick auf die inklusive Förderung aller Kinder auf?

Es ist möglich, mehr als eine Forschungsfrage zu formulieren. Es sollten an dieser Stelle aber noch nicht zu viele spezifische Einzelfragen gestellt werden. Dies ist der späteren Operationalisierung überlassen.

3.3 Operationalisierung einer Forschungsfrage

Die »Operationalisierung« ist eine der wichtigsten Aufgaben in einer Forschungskonzeption und eine gute und geeignete Operationalisierung die wichtigste Qualifikation von empirisch Forschenden. Operationalisieren heißt »handhabbar machen«. Es geht darum, die übergreifende Forschungsfrage so zu präzisieren, dass sie mit konkreten Forschungsmethoden untersucht werden kann.

Schauen wir auf die oben angeführte Forschungsfrage: »Welche Kitas des Jugendamts xy liegen in besonders herausfordernden Sozialräumen?« Es liegt auf der Hand, dass man »herausfordernde Sozialräume« nicht einfach so benennen kann, sondern dass man zunächst definieren muss, was unter einem herausfordernden Sozialraum verstanden werden soll. Hier setzt der eigentliche Prozess der Operationalisierung an: Wie mache ich den Begriff »herausfordernd« forschungsmethodisch handhabbar? Man muss hier zunächst Kriterien sammeln. Wann ist ein Sozialraum herausfordernd in Bezug auf unser Forschungsthema des inklusiven Aufwachsens von Kindern? Mögliche Kriterien könnten sein:

- Es gibt dort besonders viele Familien mit geringem Einkommen,
- es gibt viele kinderreiche Familien,
- es gibt viele Alleinerziehende,
- es gibt einen hohen Anteil nicht Deutsch sprechender Eltern,
- im Quartier herrscht eine hohe Arbeitslosigkeit,
- das Quartier ist vermüllt, verschmutzt,
- es gibt gefährliche Orte mit Drogenhandel im Quartier,
- es gibt kaum Orte des Spielens für Kinder im öffentlichen Raum.

Wichtig bei der Operationalisierung ist, dass die Kriterien objektiv feststellbar bzw. prüfbar sein müssen. Auch sollten sie mit vertretbarem Aufwand feststellbar sein. Nach einer Sammlung der messbaren Kriterien eines »herausfordernden Sozialraums« kann ich eine Auswahl treffen: die Arbeitslosenquote, das durchschnittliche Haushaltseinkommen, der Anteil Alleinerziehender kann möglicherweise aus der amtlichen Statistik entnommen werden. Ob es gefährliche Orte mit Drogenhandel gibt, ist wahrscheinlich objektiv schwerer festzustellen. Möglicherweise ist auch der Anteil nicht Deutsch sprechender Eltern im Quartier nicht einfach zu erheben. Ich könnte mich also dafür entscheiden, diese Kriterien zu streichen und mich auf die drei anderen zu fokussieren, die ich der amtlichen Statistik entnehmen kann. Wichtig bei der Operationalisierung einer Forschungsfrage ist, dass man auch pragmatisch vorgehen muss. Oft hat man den idealen Indikator nicht zur Verfügung oder seine Beschaffung wäre zu aufwändig. Auf der anderen Seite muss der Indikator aber »valide« sein, d. h., er muss auch das messen, was er zu messen vorgibt. Es wäre schwach, einfach zu sagen, ein hoher Ausländeranteil im Quartier sei »sozial herausfordernd«, weil man Zuwanderungshintergrund mit geringem Einkommen assoziiert. Denn es wäre ja denkbar, dass es Sozialräume mit geringem Ausländeranteil gibt, die aber dennoch sozial herausfordernd sind. Im Rahmen der Operationalisierung sollten Indikatoren zur Beantwortung der Forschungsfrage benannt werden, die hinreichend genau und valide sind. Wann dies der Fall ist, das muss der Forschende durch seine Qualifikation oder das Forschungsteam durch Diskussion entscheiden.

Schauen wir uns Teil 2 der Forschungsfrage an: Welche konkreten Herausforderungen und Ressourcen weisen die Sozialräume im Hinblick auf die inklusive Förderung aller Kinder auf?

Was die »Herausforderungen« betrifft, kann man sich hier entweder auf bekannte oder vermutete Probleme fokussieren und diese benennen. Auch hier gilt es, zu überlegen, was denn Ressourcen eines Sozialraumes im Hinblick auf inklusive Förderung von Kindern sind. Vielleicht sind dies Unterstützungsnetzwerke, Beratungsstellen im Kiez, soziale Organisationen, Bildungseinrichtungen oder ein guter nachbarschaftlicher Zusammenhalt. Man könnte »Ressourcen« des Sozialraumes dann mit »Dichte von Unterstützungsnetzwerken«, Anzahl von Bildungseinrichtungen und von sozialen Organisationen und Einrichtungen im Quartier operationalisieren. Man kann sich an dieser Stelle auch entscheiden, nicht lediglich Herausforderungen vorzuformulieren, sondern auch Betroffene um Auskunft zu bitten. Beispielsweise, indem Eltern oder Fachkräfte, zu den Problemen und Herausforderungen, die sie sehen, befragt werden.

3.4 Auswahl von Untersuchungsmethoden

Nach dieser ersten Stufe der Operationalisierung kann mit der Auswahl von Forschungsmethoden begonnen werden. Dabei stellt sich die Frage: Mit welchen Methoden der Sozialraumanalyse kann man die operationalisierten Forschungsfragen am besten beantworten? Wichtig ist, dass die Forschenden über möglichst breite Kenntnisse an Forschungsmethoden verfügen, deren Vor- und Nachteile, den Aufwand für die Umsetzung und Auswertung kennen. Nur dann kann eine gute Entscheidung getroffen werden, welche Methoden am besten zur Untersuchung einzelner Fragestellungen geeignet sind.

Will man die Frage beantworten, in welchem Quartier besonders viele Familien mit geringem Einkommen leben, so ist möglicherweise eine Datenauswertung der amtlichen Statistik der geeignete Weg. Möchte ich wissen, ob es gefährliche Orte gibt und wo diese liegen, muss ich vielleicht Experten der Polizei befragen oder eine Ortsbegehung mit Angehörigen der Zielgruppe machen. Ist meine Forschungsfrage eine nach Wünschen und Bedürfnissen von Eltern in der Kita, so könnte ich diese befragen. Eine Befragung kann wiederum auf unterschiedliche Weise vorgenommen werden: mit einem standardisierten Fragebogen, mit Leitfadeninterviews oder in Gruppendiskussionen. Ist eine meiner Fragen, welche unterstützenden sozialen Organisationen es im Sozialraum gibt, kann man ebenfalls auf unterschiedliche Weise vorgehen. Es ist denkbar, zunächst eine Internetrecherche nach solchen Organisationen durchzuführen. Ebenso kann man Experten, die den Sozialraum kennen, befragen. Möchte ich wissen, an welchen Orten Kinder gern spielen oder wo es ihnen unheimlich ist, könnte die »Nadelmethode« helfen. Das Schöne und auch Spannende an Sozialraumanalysen ist, dass zumindest aus fachlicher Sicht kaum Grenzen für die Nutzung sehr unterschiedlicher Methoden gesetzt sind. Von statistischer Datenauswertung über die Verwendung digitaler geografischer Informationssysteme bis zu Tiefeninterviews oder Einwohnerworkshops ist vieles denkbar. Die Forschenden müssen allerdings auch vor dem Hintergrund der zur Verfügung stehenden zeitlichen und personellen Ressourcen entscheiden, welcher Aufwand geleistet werden kann. Eine Sozialraumanalyse arbeitet nicht mit so vielen Methoden wie möglich, sondern sie setzt so viele wie nötig ein, um die Forschungsfragen angemessen zu beantworten.

3.5 Operationalisierung der Forschungsmethoden

Mit der Auswahl der Forschungsmethoden ist die Operationalisierung noch nicht abgeschlossen, sondern sie geht in ihre zweite Phase. Die Forschungsfragen müssen nun an die Rahmenbedingungen der jeweiligen Methode angepasst und so konkretisiert werden, dass spezifische Erhebungsfragen entstehen. Diese Erhebungsfragen sollen so formuliert sein, dass sie im Rahmen der Umsetzung der Methode zu klaren Ergebnissen führen, sie müssen von der Zielgruppe verstanden werden und dürfen nicht schwammig sein.

Habe ich mich z. B. entschieden, die Frage nach Quartieren mit besonders vielen Familien mit geringem Einkommen durch eine Auswertung der amtlichen Statistik zu bearbeiten, so muss ich jetzt schauen, welche Daten dort überhaupt verfügbar sind. Man stellt vielleicht fest, dass es in der amtlichen Statistik keine Angabe zur Zahl der Familien mit geringem Einkommen gibt. Aber es gibt Angaben zur Haushaltsgröße und zum durchschnittlichen Haushaltseinkommen in den Quartieren. Man könnte dann weiter operationalisieren:

1. Welche Quartiere in unserer Kommune haben die höchsten Anteile an Haushalten mit drei und mehr Mitgliedern?
2. Welche Quartiere haben das geringste durchschnittliche Haushaltseinkommen?

Ich kann mich schließlich dazu entscheiden, anhand der Daten der amtlichen Statistik jene drei Quartiere mit dem prozentual höchsten Anteil an Haushalten mit drei und mehr Mitgliedern, die zugleich das geringste durchschnittliche Haushaltseinkommen (in Euro) aufweisen, als interessante Quartiere auszuwählen.

Gleiches gilt für stärker qualitativ ausgerichtete Methoden. Ich möchte wissen, an welchen Orten im Quartier sich Eltern mit Kindern gern aufhalten und welche Orte sie eher meiden. Dies möchte ich mit der Methode der »Autofotografie« untersuchen, bei der die Zielgruppe aufgefordert wird, Fotos von bestimmten Orten im Sozialraum zu machen. Der konkrete Auftrag/die konkrete Frage an die Eltern im Rahmen dieser Methode könnten lauten:

1. An welchen Orten im Quartier halten Sie sich mit ihren Kindern besonders gern auf?
2. An welchen Orten im Quartier fühlen Sie sich mit ihren Kindern unwohl oder unsicher?

Die Punkte Operationalisierung, Auswahl von Forschungsmethoden und weitere Operationalisierung der Forschungsmethoden kann man dabei durchaus auch als iterativen, sich wiederholenden Prozess verstehen. Bei der weiteren Operationalisierung fällt vielleicht auf, dass ich meine konkrete Frage mit dieser Methode gar nicht beantworten kann. Dann muss ich möglicherweise nochmals einen Schritt zurück gehen und eine andere Methode auswählen. Oder mir fällt bei der Konkretisierung auf, dass die Bearbeitung der Fragen mit dieser Methode viel zu aufwändig wäre. Dann muss ich die Frage vielleicht anders formulieren.

> **Latente und manifeste Merkmale**
>
> Eine wichtige Aufgabe im Rahmen der Operationalisierung von Forschungsfragen ist die Übersetzung latenter in manifeste Merkmale. Im Bereich der Natur und der Naturwissenschaft kann man leicht manifeste Merkmale finden, die es zu untersuchen gilt: Länge, Dichte, Feuchtigkeitsgehalt, Leitfähigkeit. Für diese Merkmale gibt es klare Definitionen und Messanleitungen. Auch im Bereich der Sozialwissenschaften gibt es solche manifesten und klar messbaren Indikatoren, etwa das monatliche Nettoeinkommen, der Familienstand, die Anzahl der Kinder oder eine Parteimitgliedschaft. Häufig interessieren sich Sozialforschende aber für latente Merkmale, sogenannte Konstrukte: Zufriedenheit, Wohlbefinden, Religiosität oder Vertrauen sind soziale Sachverhalte, die man nicht unmittelbar messen kann. Es sind gedanklich und sozial konstruierte Merkmale, unter denen wir uns zwar etwas vorstellen können, zu denen es aber keine eindeutigen Messkriterien gibt. Es kann unterschiedliche Sichtweisen und Definitionen solcher Konstrukte geben, die nicht besser oder schlechter sind, sondern gleichrangig nebeneinanderstehen können. Als Forschender muss ich zunächst definieren, wie ich selbst das Konstrukt verstehe und wie ich es zu messen bzw. zu untersuchen beabsichtige.
>
> Als Beispiel kann die Operationalisierung der »Lebenszufriedenheit« dienen, wie sie bei der »Satisfaction of Life Scale« erfolgt ist (vgl. GESIS Open Access Repositorium für Messinstrumente). Es ist klar, dass es unterschiedliche Sichtweisen auf »Lebenszufriedenheit« geben kann: etwa die Zufriedenheit mit den gegenwärtig gegebenen materiellen Lebensbedingungen. Oder die Zufriedenheit mit den von mir selbst im Lebensverlauf verwirklichten Zielen. Oder aber den Vergleich des eigenen Lebens mit dem, was ich als »ideales« Leben ansehe.
>
> Die Forschenden entschieden sich mit folgenden fünf Fragen das Konstrukt »Lebenszufriedenheit« zu operationalisieren:
>
> 1. Mein Leben entspricht in den meisten Lebensbereichen meinen Idealvorstellungen.

2. Meine Lebensbedingungen sind ausgezeichnet.
3. Ich bin zufrieden mit meinem Leben.
4. Bis jetzt habe ich die wichtigsten Dinge in meinem Leben erreicht.
5. Wenn ich mein Leben noch einmal leben könnte, würde ich kaum etwas ändern.

Diese Operationalisierung von »Lebenszufriedenheit« ist also mehrdimensional, sie berücksichtigt unterschiedliche Aspekte, z. B. den Gegenwartsbezug, den Entwicklungsbezug oder Vorstellungen von einem idealen Leben. Die Einschätzung der einzelnen Aspekte kann in Zahlenwerten ausgedrückt und zusammengefasst werden. So erhält man einen konkreten Wert der Lebenszufriedenheit für jede Person – gemäß der Operationalisierung der Forschenden. Dies ist nicht die einzig mögliche Definition von Lebenszufriedenheit, aber sie ist von den Forschenden klar beschrieben und somit nachvollziehbar und messbar.

Übung 2: Operationalisierung latenter Variablen

Als latente Variablen bezeichnet man Begriffe, die nicht unmittelbar messbar sind, sondern deren Bedeutungsgehalt erst definiert werden muss. Überlegen Sie zu den genannten latenten Variablen zunächst drei thematische Dimensionen, die für Sie zu der entsprechenden latenten Variable gehören. Finden Sie dann für jede dieser thematischen Dimensionen mindestens drei konkret messbare Indikatoren.

1. Lebensqualität eines Quartiers
2. Qualität einer Kita

Lösungsvorschlag: siehe Onlinematerial

3.6 Planung der Methodenumsetzung und Konstruktion der Erhebungsinstrumente

Die Planung der Methodenumsetzung ist der komplexeste und aufwändigste Teil der Vorbereitung einer Sozialraumanalyse. Denn hier muss nun das ganz konkrete Vorgehen bei der Durchführung der einzelnen Methoden festgelegt werden. Haben die Forschenden die Methoden, die im Rahmen der Sozialraumanalyse zum Einsatz kommen sollen, ausgewählt, so muss nun deren Anwendung im Detail geplant werden.

Längsschnitt- oder Querschnittdesign

Als Querschnittsdesign wird eine Methode bezeichnet, wenn sie nur zu einem Zeitpunkt angewendet wird. Die erhobenen Merkmale sind dann für diesen Zeitpunkt gültig, ich kann aber keine Aussage über deren Entwicklung im Zeitverlauf treffen. Dafür benötige ich ein Längsschnittdesign, was bedeutet, die Methode muss an mindestens zwei Zeitpunkten angewendet werden. Vor allem bei Evaluationsstudien, mit denen ja die Wirksamkeit bestimmter Interventionen geprüft werden soll, benötigt man in der Regel ein Längsschnittdesign, das Daten zu einem Vorher- und Nachher-Zeitpunkt erhebt. Nur auf diese Weise lassen sich Veränderungen über die Zeit, z. B. während der Laufzeit eines Projekts, dokumentieren.

Festlegung der Untersuchungsgruppe

Hier stellt sich die Frage, welche Gruppe von Subjekten (oder Objekten) mithilfe der Methode untersucht werden soll. Über welche Gruppe möchte ich eine Aussage treffen können? Dies könnten z. B. »alle Einwohner der Gemeinde«, alle Eltern der Kita, alle Eltern der Kita mit nichtdeutscher Muttersprache oder sämtliche Spielplätze der Stadt sein. Die Gruppe von Subjekten oder Objekten, über die mit der Forschungsmethode eine Aussage getroffen werden soll, bezeichnet man auch als Grundgesamtheit. Wenn man eine bestimmte Gruppe als Grundgesamtheit festgelegt hat, heißt das noch nicht, dass man alle Mitglieder der Grundgesamtheit auch tatsächlich untersucht. Bei kleinen Grundgesamtheiten (alle Eltern der Kita) ist das möglich. Bei sehr großen Grundgesamtheiten (alle Einwohner der Gemeinde) kann das problematisch sein, weil es zu aufwändig ist oder weil man gar nicht alle Personen erreichen kann. Im ersten Fall kann eine Vollerhebung gewählt werden, d. h., ich untersuche (befrage, beobachte) alle Mitglieder der Grundgesamtheit, z. B. indem ich allen Eltern der Kita einen Fragebogen zukommen lasse. Ist dies nicht möglich, weil die Grundgesamtheit zu groß ist, kann ich mich dafür entscheiden, nur eine Stichprobe der Grundgesamtheit zu untersuchen.

Eine Stichprobe ist eine Auswahl aus der Grundgesamtheit, die nach bestimmten Regeln zustande gekommen ist. Forschungstheoretisch liegt hier die Annahme zugrunde, dass die von mir untersuchten Merkmale in der Stichprobe genauso verteilt sind wie in der Grundgesamtheit. Ich befrage ein paar Eltern aus der Kita – und gehe dann davon aus, dass diese Aussagen mehr oder weniger das widerspiegeln, was auch die übrigen Eltern sagen würden. Dies ist strenggenommen nur bei Zufallsstichproben der Fall, für die bestimmte mathematische Regeln gelten. Bei Zufallsstichproben hat jedes Element der Grundgesamtheit die gleiche Chance, ausgewählt zu werden – wie bei einer Lottoziehung. Solche Zufallsstichproben müssen in der Regel durch technische, computergesteuerte Verfahren erzeugt werden. Strenggenommen gilt nur bei einer Zufallsstichprobe die statistische Regel, dass die untersuchten Merkmale in der Stichprobe genauso verteilt sind wie in der Grundgesamtheit.

Entscheidet man sich jedoch, in einer Kita nicht alle Eltern zu befragen, weil dies zu aufwändig erscheint, und stattdessen nur jene Eltern anzusprechen, die den

Forschenden persönlich gut bekannt sind, handelt es sich zwar um eine Stichprobe, aber nicht um eine Zufallsauswahl. Denn sie kennen vielleicht nur bestimmte Eltern näher. Diese sind ihnen möglicherweise sozial ähnlich oder besonders gesprächig, deshalb sind sie überhaupt mit ihnen in Kontakt gekommen. Zurückhaltende, schlecht Deutsch sprechende Eltern oder solche aus ihnen fremden Milieus befragen sie möglicherweise nicht. Es handelt sich um eine selektive Stichprobe. Man kann dann nicht davon ausgehen, dass die Aussagen dieser von ihnen ausgewählten Eltern für alle Eltern der Einrichtung gelten. Vielleicht gibt es dort noch völlig andere Meinungen.

Im Kontext von Sozialraumanalysen kann man nicht immer mit echten Zufallsstichproben arbeiten. Auch werden hier an die Frage der Repräsentativität weniger strenge Maßstäbe angelegt als bei einer Untersuchung der akademischen Sozialforschung. Dennoch gilt es, sich der Problematik der Selektivität bewusst zu sein und Methoden so anzuwenden, dass einer Selektivität entgegengewirkt wird. Lade ich z. B. alle Bürgerinnen und Bürger einer Gemeinde zu einer Bürgerversammlung ein, um sie dann dort nach ihren Zielen für die Ortsentwicklung zu befragen, handelt es sich zwar zunächst um eine Vollerhebung. Denn es sind ja alle Einwohnerinnen und Einwohner aufgefordert, teilzunehmen. Doch wer erscheint überwiegend auf solchen Bürgerversammlungen? Überdurchschnittlich häufig ältere, gut gebildete, männliche Personen, die über die entsprechende Zeit und den Freiraum verfügen. Jugendliche, Eltern mit kleinen Kindern, Wohnungslose oder Asylbewerberinnen und -bewerber wird man kaum auf einer öffentlichen Bürgerversammlung antreffen. Möchte man jedoch auch die Sichtweisen dieser Personengruppen erfahren, muss man andere Methoden wählen, um auch sie zu erreichen.

Erhebungsinstrumente

Als Erhebungsinstrumente (oder »Datenerhebungsinstrumente«) bezeichnet man Mittel, die zum konkreten Sammeln und Aufzeichnen von Informationen zum Einsatz kommen. Dies sind etwa Fragebögen, Beobachtungsbögen, Befragungsleitfäden, aber auch Begehungspläne, Karten, auf denen bestimmte Informationen eingetragen werden, oder das Protokoll einer Gruppendiskussion. Auch Inventare, Zeiterfassungsbögen oder Tagebücher können als Datenerhebungsinstrumente genutzt werden.

Als »Konstruktion« eines Erhebungsinstruments bezeichnet man die Festlegung, wie das Erhebungsinstrument im Detail aussehen soll, was dort in welcher Form festgehalten werden soll: Soll ein Kreuz gesetzt, ein freier Text formuliert, ein Punkt auf einer Karte gesetzt werden? Allgemeine Aussagen können zur Konstruktion von Datenerhebungsinstrumenten kaum getroffen werden, da diese je nach Methode sehr unterschiedlich aussehen können. Jede Forschungsmethode benötigt eigene, speziell entwickelte Erhebungsinstrumente.

Grundsätzlich gilt, dass ein Erhebungsinstrument so einfach wie möglich, aber so komplex wie zur Beantwortung der Forschungsfrage nötig erstellt werden soll. Manche Forschende neigen dazu, nach der Devise vorzugehen: »Wenn ich schon

3.6 Planung der Methodenumsetzung und Konstruktion der Erhebungsinstrumente

eine Erhebung mache, dann will ich auch so viele Informationen wie möglich erhalten«. Dies kann problematisch sein, denn es erhöht den Aufwand und die Belastung sowohl für die Forschenden als auch für die Teilnehmenden und kann zu einer reduzierten Bereitschaft zur Mitwirkung führen. Auch aus ethischen und datenschutzrechtlichen Gründen ist es nicht angemessen, Informationen exzessiv zu erheben. Forschende müssen sich also bei der Konstruktion von Erhebungsinstrumenten die Frage stellen: Welche Informationen brauche ich wirklich, um meine Fragestellung zu beantworten? Wenn ich beispielsweise Eltern zur Zufriedenheit mit Partizipationsmöglichkeiten in der Kita befrage, benötige ich dann wirklich Angaben zu deren Alter, Herkunft, Beruf und Sozialleistungsbezug? Hier ist immer eine bewusste Abwägung vorzunehmen.

Das einfachste denkbare Erhebungsinstrument ist die Strichliste – streng genommen eine Form von Beobachtungsbogen. Will man die Teilnahme und deren Entwicklung bei einer Serie von Veranstaltungen untersuchen, könnte man bei jeder Veranstaltung eine Strichliste führen, um schließlich bei der Auswertung zu ermitteln, wie hoch die Zahl der Teilnehmenden jeweils war und ob sie im Laufe der Zeit zu- oder abgenommen hat. Wenn ich ein Erhebungsinstrument konstruiere, mich also z. B. für die Strichliste entscheide, treffe ich wichtige Entscheidungen für den Untersuchungsprozess. Diese Methode ist einfach umsetzbar. Niemand wird sich dadurch beeinträchtigt fühlen. Ich entscheide mich aber gleichzeitig dagegen, weitere Merkmale der Teilnehmenden zu erheben, etwa Alter, Geschlecht, Herkunft, Beruf. Dies würde die Sache deutlich komplizierter machen. Klar ist aber auch, dass ich diese Informationen nachträglich nicht mehr erhalten kann, wenn ich nur eine Strichliste geführt habe. Ich muss also vor der Konstruktion des Erhebungsinstruments überlegen, was meine Fragestellung ist und welche Informationen ich unbedingt benötige, um diese zu beantworten.

Bei einer standardisierten Befragung ist das Datenerhebungsinstrument ein Fragebogen. Dabei ist es unerheblich, ob dieser klassisch in Form von Papier oder in Form eines dynamischen digitalen Dokuments präsentiert wird. In einem Fragebogen werden die Frageformulierungen und die Antwortvorgaben, aber auch die Reihenfolge der Fragen festgelegt. All diese Elemente sind nicht trivial, sondern entscheiden darüber, wie objektiv, valide und reliabel die Untersuchung gelingt. Zusätzlich kann ein Fragebogen einen einführenden Text enthalten, der den Forschungszweck und die Forschenden vorstellt und um Beteiligung wirbt. Dies kann sehr wichtig dafür sein, wie viele Menschen sich für eine Teilnahme an der Erhebung entscheiden und wie groß der Rücklauf letztlich ist.

Ein Erhebungsinstrument muss nicht standardisiert sein, d.h., es muss keine Checkboxen oder feste Antwortvorgaben enthalten. Auch ein Befragungsleitfaden, der aus zehn Leitfragen besteht, ist ein Erhebungsinstrument. Entwirft man ein solches Erhebungsinstrument, ist auch eine andere Form der Datenspeicherung (beispielsweise als Tonaufnahme) und der Auswertung (etwa in Form von qualitativer Datenaufwertung) damit verbunden.

Für die Forschenden ist die Festlegung und Konstruktion eines Erhebungsinstruments deshalb eine so zentrale Aufgabe, weil darin ein großer Teil der Planung des Forschungsprozesses bereits enthalten ist – die Entscheidung über die Operationalisierung der Forschungsfrage, die Methodenwahl und die Methode der Datenauswertung. Konkrete Hinweise zur Konstruktion von Erhebungsinstrumenten werden in diesem Text in den Kapiteln der jeweiligen Forschungsmethoden gegeben.

> **Das Wichtigste in Kürze**
>
>
>
> Die Planung einer Sozialraumanalyse kann man sich als zielgerichteten Griff in einen Methodenbaukasten vorstellen. Je nach Untersuchungsfragestellung und unter Kenntnis der relevanten Betroffenen- bzw. Zielgruppen werden geeignete Forschungsmethoden ausgewählt und im Sozialraum angewendet.
>
> Die erforderlichen Schritte bei der Planung einer Sozialraumanalyse sind:
>
> - Formulierung einer Untersuchungsfragestellung
> - Operationalisierung der Forschungsfragen
> - Auswahl der Zielgruppen
> - Auswahl der Untersuchungsmethoden
> - Operationalisierung der einzelnen Forschungsmethoden und Erstellen der Erhebungsinstrumente
> - Planung der Methodenumsetzung
> - Durchführung der Untersuchungsmethoden
> - Datenauswertung und Interpretation
>
> Betroffene sind Personengruppen, die für die Fragestellung der Untersuchung relevant sind. Dabei handelt es sich fast immer um mehrere Gruppen, deren Sichtweisen und Interessen unterschiedlich sein können. Auch die Auftraggebenden, meist im Sozialraum relevante Organisationen, sollten berücksichtigt werden. Relevante Betroffenengruppen werden als Zielgruppe für die Untersuchung ausgewählt. Operationalisierung bedeutet das forschungspraktische Handhabbarmanchen von Fragestellungen. Abstrakte Fragestellungen sind so zu präzisieren, dass messbare bzw. untersuchbare Forschungsfragen entstehen. Die Auswahl geeigneter Forschungsmethoden sollte vor dem Hintergrund einer breiten Methodenkenntnis erfolgen – so dass für jede Forschungsfrage und jede Zielgruppe eine geeignete Methode ausgewählt wird. Nach Auswahl der Methode erfolgt eine weitere Operationalisierung der Forschungsfrage sowie die Gestaltung des Erhebungsinstruments (Fragebogen, Befragungsleitfaden, Begehungsplan o. ä.). Es folgt eine detaillierte Planung der Methodenumsetzung. Dazu gehören der zeitliche Ablauf, Sicherstellen der Erreichbarkeit der Zielgruppen und Überlegungen zur Vermeidung von zu starker Selektivität. Nach der Durchführung der Untersuchungsmethoden werden die Ergebnisse dokumentiert und ausgewertet. Zum Schluss erfolgt eine Interpretation der Ergebnisse im Hinblick auf die Untersuchungsfragestellung.

4 Forschungsethik

Sozialraumanalysen sind keine bloßen technischen Methodenanwendungen, sondern sind Arbeit mit Menschen in deren alltäglichen Umgebungen. Und, anders als rein akademische Sozialforschung, werden Sozialraumanalysen meist speziell initiiert, um mit darauf aufbauenden Projekten gezielt auf Sozialräume einzuwirken. Aus diesem Grund haben ethische Aspekte bei der Planung des Vorgehens und beim Kontaktieren der Zielgruppen eine besondere Bedeutung.

Ethische Aspekte, also die Frage, welches Vorgehen korrekt, sozial angemessen und menschlich akzeptabel ist, beinhalten sowohl rechtliche, fachliche als auch moralische Aspekte, wobei diese nicht immer klar voneinander zu trennen sind.

Datenschutz und Vertraulichkeit

Im Forschungsprozess werden Daten über Personen und deren individuelle Lebenswelten gesammelt und verarbeitet. Dies kann einerseits einen Eingriff in die Privatsphäre bedeuten, die rechtlich geschützt ist. Andererseits können auch bei der Verarbeitung und Speicherung solcher individuellen Daten Gefahren entstehen, etwa indem diese Daten in die Öffentlichkeit oder in die Hände anderer Personen gelangen, wodurch ein Schaden für die Betroffenen entstehen kann oder deren Integrität beeinträchtigt ist.

Den Umgang mit personenbezogenen Daten regelt in Deutschland das Bundesdatenschutzgesetz (BDSG) und schützt damit die informationelle Selbstbestimmung aller Betroffenen. Landesdatenschutzgesetze ergänzen das BDSG für die Ebene der Bundesländer. Das Bundesstatistikgesetz (BstatG) regelt die Erhebung, Verarbeitung und Nutzung von Daten für statistische Zwecke. Auch im Sozialgesetzbuch (SGB) finden sich Aussagen zum Umgang mit personenbezogenen Daten im Bereich der Sozialversicherungen. Die Datenschutz-Grundverordnung (DSGVO) der Europäischen Union klärt den Umgang mit personenbezogenen Daten in der EU. Forschende, die personenbezogene Daten erheben oder verarbeiten, sind an diese Gesetze und Verordnungen gebunden.

Grundsätzlich sind im Rahmen von Sozialforschungsvorhaben zwei rechtliche Prinzipien in Einklang zu bringen: Auf der einen Seite unterstützt das deutsche Recht das Interesse an Forschung. Kunst und Wissenschaft, Lehre und Forschung sind frei (Forschungsfreiheit), sagt Artikel 5 des Grundgesetzes. Die Forschung ist frei und Forschende haben grundsätzlich das Recht, Informationen ihrer Wahl zu erheben. Auf der anderen Seite gilt das Grundrecht auf informationelle Selbstbestimmung. Zwischen beiden Grundrechten ist stets eine Abwägung nötig. Im

Rahmen von Sozialforschung müssen Betroffene ein gewisses Maß an Belastung durch Forschungsinteressen akzeptieren, Forschende sind hingegen verpflichtet, die Privatsphäre der Untersuchten so wenig wie möglich zu beeinträchtigen.

Dem Datenschutz nach BDSG unterliegen grundsätzlich nur personenbezogene Daten von Menschen (nicht Daten von Organisationen). Der Umgang mit anonymisierten, nicht personenbezogenen Daten, von Daten also, die keinen Rückschluss mehr auf eine Person zulassen, ist dagegen nicht eingeschränkt.

Personenbezogen sind zum einen Informationen, die einen Menschen direkt identifizieren, etwa wenn sie mit Namen, Adresse, Geburtsdatum oder Ausweisnummer versehen sind, aber auch alle weiteren Informationen, wenn sie sich auf eine identifizierbare natürliche Person beziehen. Weiterhin gelten sogenannte personenbeziehbare Daten als besonders schützenswert. Das sind Daten, die zwar nicht per se einer bestimmten Person zugeordnet werden können, aber eine Identifizierung in der Kombination verschiedener Informationen möglich ist. Speichert man etwa Informationen über einen Arzt mit türkischem Migrationshintergrund, der verheiratet ist und vier Kinder hat, und handelt es sich beim untersuchten Sozialraum um ein Dorf im ländlichen Raum, dann ist die Person vermutlich unter den Einwohnern klar identifizierbar. Was als »personenbeziehbar« gilt, hängt also auch vom Kontext und Umfang der Untersuchung ab.

Weiterhin gibt es besonders sensible und deshalb besonders schützenswerte personenbezogene Daten. Dies sind »ethnische Herkunft, politische Meinungen, religiöse oder weltanschauliche Überzeugungen, Gewerkschaftszugehörigkeit, genetische oder biometrische Daten, Gesundheitsdaten, Daten zum Sexualleben und zur sexuellen Orientierung.« (Art. 9 (1) DSGVO). Solche Daten dürfen nur erhoben und verarbeitet werden, wenn die Betroffenen vorab explizit zugestimmt haben. Die Zustimmung muss mit einer Erklärung eingeholt werden, die in klarer und einfacher Sprache gehalten ist und aus welcher der Sachverhalt der Verarbeitung dieser Daten klar hervorgeht. Ein »Verstecken« dieser Information in verklausuliertem Kleingedruckten, dem dann zugestimmt werden soll, ist somit nicht erlaubt und wäre ungültig. Betroffene haben das Recht, ihre Einwilligung zur Verarbeitung personenbezogener Daten jederzeit zu widerrufen.

Um den Datenschutz in der Sozialforschung angemessen zu berücksichtigen, müssen vier Ebenen beachtet werden:

1. Grundsätze des Datenschutzes bereits beim Forschungsdesign bzw. bei der Planung der Untersuchung berücksichtigen

Personenbezogene Daten sollen nur dann erhoben und verarbeitet werden, wenn sie wirklich erforderlich und wenn sie auch geeignet sind, den Forschungszweck zu erfüllen. Das bedeutet, dass vorab überlegt werden muss, ob und welche personenbezogenen Daten zur Beantwortung der Forschungsfragen überhaupt benötigt werden. Gelegentlich sieht man im Rahmen von Sozialer Arbeit Befragungen, die scheinbar unnötig sehr sensible persönliche Daten erfragen, etwa zum Sozialleistungsbezug, zu psychischen Erkrankungen oder zu persönlichen finanziellen Verhältnissen. Hier ist immer vorab zu prüfen, ob auf solche Informationen verzichtet werden kann. Gerade im Rahmen von Sozialraumanalysen, die auf Ortsentwicklungsprozesse zielen, ist es oft nicht nötig, sensible persönliche Informationen von Befragten zu erfassen. Zwar ist es verständlich, wenn manche Forschende versuchen, so viele interessante Daten wie möglich zu sammeln. Dies verstößt aber gegen den Grundsatz der Erforderlichkeit.

2. Informierte Einwilligung der Betroffenen

Grundsätzlich gilt in der Sozialforschung das Prinzip der informierten Einwilligung der Betroffenen. Das heißt, Studienteilnehmende müssen vorab über den Zweck einer Untersuchung, die Art der erhobenen Daten und die Verwendung der Ergebnisse informiert werden. Es muss ihre ausdrückliche und freiwillige Einwilligung eingeholt werden. Sie dürfen nicht zur Einwilligung gedrängt werden und eine Nichtteilnahme darf keine negativen Konsequenzen für sie haben. Möglich ist es jedoch, Anreize für eine Teilnahme zu setzen. Die Einwilligung muss der Datenerhebung vorgeschaltet sein – die Betroffenen müssen also, bereits bevor sie an einer Untersuchung teilnehmen, über die Verarbeitung ihrer personenbezogenen Daten informiert werden und ihre Einwilligung erteilen.

Das Prinzip der informierten Einwilligung kann dann begrenzt werden, wenn die Forschungsmethoden nicht sinnvoll durchführbar wären, wenn man vorab den Zweck völlig offenlegt. Auch bei Sozialraumanalysen kann es die Antworten oder das Verhalten der Zielgruppen unangemessen beeinflussen, wenn man die Ziele einer Untersuchung zu detailreich schildert, da manche Teilnehmenden sich dann strategisch verhalten. Denken wir an eine Ankündigung wie: »Die Befragung hat den Zweck, herauszufinden, wie die Parkmöglichkeiten im Ortskern reduziert werden können.« Bei manchen Befragten könnte dies emotionale Reaktionen hervorrufen, die der sachlichen Beantwortung der Fragen entgegenstehen. Es wäre deshalb besser, den Forschungszweck abstrakter zu formulieren, etwa: »Die Befragung findet im Rahmen einer Studie zur Zukunft der Mobilität in unserem Ort statt«.

3. Anonymisieren der Forschungsdaten

Erhobene personenbezogene Daten müssen bei der Speicherung anonymisiert und vertraulich behandelt werden. Anonymisieren bedeutet, dass Personen, die Auskünfte gegeben haben oder über die Informationen gesammelt wurden, nach dem Erhebungs- und Datenauswertungsprozess nicht mehr identifizierbar sein dürfen. Das kann etwa dadurch sichergestellt werden, dass bei der Dokumentation erhobener Daten keine Namen oder Adressen notiert werden, sondern lediglich Nummern oder Buchstaben. Bei standardisierten Befragungen vieler Personen ist dies leicht umzusetzen, da man bereits den Fragebogen so gestalten kann, dass dort keine Namen erscheinen, womit die Anonymität schon bei der Erhebung gesichert ist.

Schwieriger ist dies bei der Anwendung qualitativer Forschungsmethoden, da hier nur mit wenigen Personen gearbeitet wird, die zunächst auch namentlich ausgewählt und kontaktiert werden müssen. Hier muss die Anonymisierung im Auswertungsprozess erfolgen, beispielsweise indem in Transkripten von Interviews keine Namen, sondern nur anonyme Bezeichnungen wie »Person A« o. Ä. verwendet werden.

Herausforderungen für eine Anonymisierung entstehen, wenn Personen nicht aufgrund ihrer Namen, sondern aufgrund der Informationsinhalte identifizierbar sind, die über sie erhoben wurden. Bei Sozialraumanalysen ist dieser Punkt besonders wichtig, da es sich hier um Informationen über einen überschaubaren Sozialraum mit einem kleinen Kreis an Akteuren handeln kann, die sich zudem häufig untereinander kennen. Es ist also zu erwarten, dass allein aufgrund des spezifischen Wissens, das in Interviews geäußert wird, die Befragten zumindest für Insider identifizierbar sind. Es gibt in einem Ort vielleicht nur eine Schulleiterin oder Schulleiter, eine Chefin oder einen Chef der Freiwilligen Feuerwehr, eine Ladeninhaberin oder Ladeninhaber. Aus deren Antworten ist dann meist ersichtlich, wer befragt wurde. Hier müssen Forschende sehr sensibel vorgehen. Es sollte auf keinen Fall geschehen, dass kritische oder kontroverse Aussagen einer oder eines Interviewten, die im Vertrauen auf Anonymität oder auch nur im Unwissen um die Folgen gegeben wurden, dann so im Endbericht einer Sozialraumanalyse erscheinen, dass die Person von anderen Akteuren identifizierbar ist. Dies kann in einem überschaubaren Sozialraum, in dem Personen sich kennen und weiterhin miteinander arbeiten müssen, für Verstimmungen und Ärger sorgen. Auch kann das Vertrauensverhältnis zu den Forschenden nachhaltig gestört werden.

Mir ist ein Fall bekannt, in dem ein Forscher ein ausführliches Leitfadeninterview mit einem Quartiersmanager führte. Dieser äußerte sich mit zunehmender Gesprächsdauer und Vertrautheit mit dem Interviewer immer offener und auch kritischer zu bestimmten bürokratischen Verwaltungsabläufen in der Kommune. Im Endbericht konnte dann die Vorgesetzte dieses Mitarbeiters wörtlich nachlesen, wie dieser sich kritisch zu ihrem Arbeitsgebiet geäußert hatte, und aus dem Zusammenhang der abgedruckten Interviewpassagen ging eindeutig hervor, wer dies gesagt hatte. Der Quartiersmanager war verständlicherweise empört über diesen Vertrauensbruch – auch wenn sein Name im Text gar nicht erwähnt worden war. Doch der Schaden war eingetreten und nicht mehr rückgängig zu machen. So etwas ist schlechte Forschungsarbeit und darf nicht passieren.

Gerade bei kritischen oder kontroversen Äußerungen ist deshalb darauf zu achten, dass sie im Nachhinein nicht Personen zugeordnet werden können. Das kann geschehen, indem man sie ganz aus dem Zusammenhang eines Interviews hebt und die Äußerung nur für sich sprechen lässt. Oder indem Äußerungen mehrerer Befragter zusammengefasst werden.

»Mehrere der von uns befragten Personen äußerten sich ablehnend zu diesem Projekt. Kritisiert wurden vor allem folgende Aspekte: …«

»Eine Befragte kritisierte den Ortsbürgermeister und äußerte die Ansicht, die fehlende Unterstützung der lokalen politischen Verantwortlichen sei für das Scheitern des Projekts verantwortlich.«

Die Identifizierbarkeit von Befragten oder Teilnehmenden aus dem dokumentierten Material oder dem Endbericht ist allerdings bei aller Sorgfalt im Kontext überschaubarer Sozialräume nicht immer zu vermeiden. Es gibt dort eben mitunter nur eine Handvoll Expertinnen und Experten für bestimmte Themen. Es ist klar, wer die

Vereinsvorstände oder die Mitglieder des Ortschaftsrates sind, und aus dem Kontext lässt sich mitunter auf diese Personen schließen. Das ist nicht in jedem Fall problematisch, denn viele der Aussagen werden unkritisch sein. Wichtig sind hier für die Forschenden aber zwei Aspekte. Erstens: Wenn einem Befragten ausdrücklich Anonymität zugesichert wurde, dann muss diese auch gewährleistet sein. Ggf. muss man Teilnehmende darauf hinweisen, dass eine Anonymität nicht garantiert werden kann.

Und zweitens ist Sensibilität bei den Forschenden hinsichtlich Äußerungen, von denen Menschen im Sozialraum sich angegriffen, verletzt, bloßgestellt fühlen könnten, die also Schaden anrichten könnten, erforderlich. Diese Aussagen sollten dann unbedingt so dokumentiert werden, dass Urheber und Adressaten nicht zuordbar sind, oder es sollte überlegt werden, ob im Bericht ganz auf diese Äußerungen verzichtet werden kann. Gleiches gilt, wenn etwa sprachlich weniger gewandte Interviewpartnerinnen oder -partner, ohne böse Absicht, politisch nicht mehr als korrekt empfundene Begriffe oder Aussagen verwenden. Auch da wäre zu überlegen, ob eine wörtliche Wiedergabe solcher Passagen im Endbericht wirklich nötig ist oder ob eine sinngemäße sprachliche Zusammenfassung der Aussagen ausreicht. Generell sollten keine kompletten Interviewtranskripte öffentlich gemacht werden, sondern lediglich die Auswertungen und Interpretationen.

4. Zugang zu den Forschungsdaten beschränken und kontrollieren

Auch nach Abschluss der Untersuchung haben Forschende eine Verantwortung zum Schutz der Daten. Personenbezogene Daten müssen vor unbefugtem Zugriff, Manipulation oder Verlust geschützt werden. Dazu sind sowohl technische als auch organisatorische Maßnahmen zu treffen. Zu den technischen Maßnahmen kann gehören, dass die entsprechenden Ordner oder Laufwerke vor unbefugtem Zugriff geschützt werden, etwa durch Passwörter. Zu den organisatorischen Maßnahmen gehört, dass personenbezogene Daten im Forschungsprozess nur bestimmten, zur Verschwiegenheit verpflichteten und geschulten Mitarbeitenden zugänglich gemacht wird und keine Weitergabe der Daten erfolgt. Während diese Prinzipien im Rahmen von amtlichen Erhebungen oder Erhebungen großer Forschungsinstitute in der Regel akribisch geprüft und eingehalten werden, wird dies im Rahmen von Sozialraumanalysen oder kleineren Projekten oft vernachlässigt. Da bleiben die Daten mitunter einfach jahrelang in irgendwelchen Dateiordnern auf Dienstrechnern liegen. Der nächste Mitarbeitende oder die nächste Praktikantin liest dann vielleicht erstaunt, was die Vorgänger an Informationen gesammelt haben. Hier muss beachtet werden, dass die Verpflichtung zum Schutz der Daten nicht mit der Auswertung der Erhebung oder mit der Untersuchung endet.

Gute wissenschaftliche Praxis

Regeln guter wissenschaftlicher Praxis sind nicht in Gesetzestexten festgeschrieben und es ist auch nicht immer ganz eindeutig, was »gute Praxis« in einem konkreten Anwendungsfall ist. Hier sind mitunter Abwägungsprozesse nötig. Helfen kann dabei ein Blick in die Ethikrichtlinien relevanter Berufsverbände, etwa in die Ethikrichtlinien der Deutschen Gesellschaft für Soziologie (DGS 2017) oder in den Forschungsethikkodex der Deutschen Gesellschaft für Soziale Arbeit (DGSA 2020). In jedem Fall ist auch der Austausch mit anderen Forschenden hilfreich.

Zu den Regeln guter wissenschaftlicher Praxis gehören verschiedene Aspekte, die bereits etwa bei den Gütekriterien empirischer Forschung angesprochen wurden. Folgende Punkte sind zu erwähnen:

- Arbeit nach fachlichen Standards: Forschende sind verpflichtet, ihre Arbeit nach anerkannten Regeln der Wissenschaft durchzuführen, also eine angemessene Qualität der Methodenanwendung sicherzustellen. Dafür benötigen sie Fachwissen und Schulung. Die Forschung sollte sorgfältig geplant und durchgeführt werden, um die Objektivität des Vorgehens und die Gültigkeit, Zuverlässigkeit und ethische Vertretbarkeit der Ergebnisse sicherzustellen.
- Dokumentation: Der Forschungsverlauf und die Ergebnisse müssen angemessen dokumentiert werden, um die Nachvollziehbarkeit der Ergebnisse zu gewährleisten. Dazu gehört, dass alle Methoden in ihrer Durchführung und ihren Ergebnissen aufgezeichnet oder protokolliert werden und dass die so gewonnenen Informationen gespeichert werden. Andere Forschende sollten anhand dieser Aufzeichnungen und Protokolle in der Lage sein, zu ähnlichen Ergebnissen und Interpretationen zu gelangen. Forschende tragen auch nach Abschluss der Untersuchung Verantwortung für die sichere Aufbewahrung der Forschungsmaterialien.
- Reflexionsfähigkeit: Forschende sollten stets eine kritische Distanz zum eigenen Forschungsgegenstand wahren und ihre eigenen Ergebnisse kritisch reflektieren. Dies muss für Sozialraumanalysen besonders betont werden, da sich hier Forschende mitunter als »Anwälte« ihrer Projekte oder der Zielgruppen verstehen. Zweck einer Sozialraumanalyse ist es aber nicht, Öffentlichkeitsarbeit zu machen oder Legitimationshilfe zu leisten, sondern Informationen über Untersuchungsfragestellungen zu gewinnen.
- Wahrhaftigkeit und Transparenz: Die Ergebnisse sollen transparent, verständlich und wahrheitsgemäß veröffentlicht bzw. dem Auftraggeber übergeben werden. Ergebnisse sollen nicht durch Weglassen oder Beschönigen gewünschte Aussagen produzieren. Dies kann für Forschende, die im Auftrag von Institutionen des Sozialraums arbeiten, eine Herausforderung sein. Forschungsergebnisse, die Wünsche von Auftraggebenden widerspiegeln, sind auch in der Praxis nicht selten zu finden, hängt doch unter Umständen der eigene Job oder das Erhalten weiterer Aufträge von solchen »gefälligen« Ergebnissen ab. Grundsätzlich verstößt ein solcher »vorauseilender Gehorsam« aber gegen das Prinzip guter wissenschaftlicher Praxis. Die Integrität der Forschenden sollte in jedem Fall gewahrt bleiben. Auftraggebende haben nicht das Recht, Ergebnisse von Sozialraumanalysen aus eigenem Interesse zu verändern oder durch Weglassen relevanter Aspekte in ihren Aussagen zu relativieren.

Weitere forschungsethische Aspekte

Eine gute Sozialraumanalyse sollte auf eine möglichst geringe Belastung der Zielgruppen achten. Das heißt: nicht so viele Methoden, so viele Befragungen oder Beobachtungen wie möglich, sondern nur so viele wie für die Beantwortung der Fragestellung wirklich nötig sind. Dabei geht es sowohl um die zeitliche Belastung durch Forschungsprozesse als auch um die inhaltliche. Immer wieder sieht man Fragebögen, die, neben einigen interessierenden thematischen Punkten, unnötig viele weitere Informationen abfragen. Forschende sollten stets kritisch reflektieren, welche Informationen überhaupt erhoben werden müssen. Kürzere Erhebungsbögen erhöhen die Teilnahmebereitschaft und bedeuten weniger Aufwand für Forschende und Zielgruppe.

Ein ethischer Anspruch bei Sozialraumanalysen sollte weiterhin die Vermeidung von Diskriminierung sein. Dies bedeutet nicht nur im klassischen Sinn, keine Bevölkerungsgruppe aufgrund von Geschlecht, Alter, ethnischer Herkunft, Religion oder anderen Merkmalen aktiv zu benachteiligen. Dies kann auch bedeuten, solche Gruppen nicht zu vergessen. Es wurde bereits darauf hingewiesen, dass Forschungsmethoden einen »Mittelschichtsfehler« haben können. Gut gebildete, erwerbstätige Menschen mittleren oder höheren Alters mit guten deutschen Sprachkenntnissen nehmen mit höherer Wahrscheinlichkeit an einer Befragung oder Bürgerversammlung teil. Jugendliche, Mütter mit kleinen Kindern, Wohnungslose oder Menschen mit geringen deutschen Sprachkenntnissen werden auf diese Weise deutlich seltener erreicht. Umgekehrt kann das auch bedeuten, dass man berufstätige Männer bei einer Gruppendiskussion in der Sozialstation oder Rentnerinnen und Rentner bei einem Tag der Offenen Tür im Jugendzentrum kaum antreffen dürfte. Selektivitäten lassen sich in der Praxis nicht immer vermeiden, repräsentative Stichproben können im Rahmen von Sozialraumanalysen selten realisiert werden. Wichtig ist aber, dass man sich dieser Problematik bewusst ist und reflektiert, welche anderen Bevölkerungsgruppen von der Fragestellung betroffen sein könnten, und Möglichkeiten schafft, auch Angehörige dieser Gruppen in die Untersuchung einzubeziehen. Das kann bedeuten, für diese Gruppen andere Methoden oder andere Erhebungsinstrumente einzusetzen, also nochmals in den Methodenbaukasten zu greifen. Wohnungslose erreicht man durch direkte Ansprache und ggf. durch die Vermittlung einer Sozialarbeiterin. Fragebögen müssen für Kinder oder für Menschen mit geistiger Behinderung spezifisch gestaltet sein, da sie nur eine geringe Komplexität der Fragen und Antwortvorgaben aufweisen dürfen.

Ein Prinzip, welches vor allem aus der Sozialen Arbeit kommt und bei Sozialraumanalysen von besonderer Relevanz ist, ist die Forderung nach Beteiligung der Zielgruppen am Forschungsprozess im Sinne einer partizipativen Forschung. Das heißt, Personen sollten nicht als bloße Informationslieferanten benutzt werden, sondern ihre Wünsche und Ideen zum Forschungsgegenstand sollen ebenfalls gehört und einbezogen werden. Dabei muss dieses Prinzip nicht bei allen Methoden in gleichem Maß verwirklicht sein. Im Rahmen der Methodenbausteine versucht dieses Buch zu zeigen, wie eher analytische Methoden, wie standardisierte Befragungen, mit stärker partizipativen Elementen, wie Gruppendiskussionen oder partizipative Ortsbegehungen, kombiniert werden können. Sozialraumanalysen dienen meist

4 Forschungsethik

dazu, Projekte zu initiieren, die im Sozialraum wirken und diesen verändern sollen. Gerade deshalb wird erwartet, dass die Vorgehensweise immer auch Methoden enthält, in denen sich Angehörige der Zielgruppen zu den Zielen der Projektentwicklung äußern können, Vorschläge machen oder vorläufige Forschungsergebnisse und Lösungsansätze kommentieren.

Das Wichtigste in Kürze

Zu den ethischen Grundsätzen guter sozialwissenschaftlicher Forschung gehören rechtliche, fachliche und moralische Aspekte, die nicht völlig voneinander zu trennen sind. Grundsätzlich ist eine Abwägung zwischen der Forschungsfreiheit und dem Schutz der Privatsphäre zu treffen. Personenbezogene Daten sind solche, die unmittelbar oder über die Kombination verschiedener Informationen einer konkreten Person zuzuordnen sind. Für personenbezogene Daten gelten folgende Grundsätze:

- Personenbezogene Daten sollen nur erhoben werden, wenn dies zum Erreichen des Forschungszwecks unbedingt nötig ist. Dies ist bereits bei der Planung der Untersuchung zu berücksichtigen.
- Personenbezogene Daten dürfen nur erhoben werden, wenn die Betroffenen über die Verwendung informiert wurden und ihr Einverständnis erklärt haben. Die Einverständniserklärung muss vor der Datenerhebung vorliegen.
- Personenbezogene Daten müssen bei der Verarbeitung konsequent anonymisiert werden. Dies kann vor allem bei qualitativer Forschung in Sozialräumen eine Herausforderung sein. Es muss sichergestellt werden, dass Aussagen von Teilnehmenden der Untersuchung keine negativen Konsequenzen haben, weil sie diesen zugerechnet werden können.
- Auch nach Abschluss der Untersuchung sind personenbezogene Daten gegen Missbrauch zu schützen, zu sichern bzw. zu löschen.

Zu guter wissenschaftlicher Praxis gehören weiterhin die einhalten professioneller Standards bei der Untersuchung, Objektivität und kritische Reflexion der eigenen Rolle, eine nachvollziehbare Dokumentation des Forschungsprozesses sowie eine verständliche und wahrheitsgemäße Veröffentlichung der Ergebnisse.

Übung 3: Forschungsethik

Sie wollen eine Bürgerbefragung zur Zufriedenheit mit dem Leben im Ort und zu Veränderungswünschen mithilfe eines standardisierten Fragebogens durchführen. Sie erstellen dazu mithilfe einer Online-Umfragesoftware einen Fragebogen. Mittels Aushängen und einer Veröffentlichung im Gemeindeblatt werben Sie für die Teilnahme und geben dort die Internetadresse der Umfrage bekannt. Wie gehen Sie unter Beachtung der Grundsätze des Datenschutzes vor?

4 Forschungsethik

Übung 4: Forschungsethik

Ein Auftraggeber der Bürgerbefragung tritt an Sie heran und weist darauf hin, dass es wünschenswert sei, dass die Ergebnisse der Befragung möglichst positiv ausfallen. Nach der Zufriedenheit mit dem Öffentlichen Personennahverkehr solle man deshalb besser nicht fragen, weil das zuletzt immer wieder für Unmut gesorgt habe. Auch eine positive Evaluation eines durchgeführten Ortsentwicklungsprojekts wäre wichtig, damit Mittel für dessen Weiterführung zur Verfügung stehen. Der Auftraggeber bittet Sie, ihm den Ergebnisbericht vor Veröffentlichung zu übersenden, damit er ihn notfalls »entschärfen« kann.

Was sind Ihre Gedanken dazu aus forschungsethischer Perspektive? Welche Folgen könnte es haben, wenn Sie den Wünschen der Auftraggeber folgen?

Lösungsvorschläge: siehe Onlinematerial

Weiterführende Literatur

Rat für Sozial- und Wirtschaftsdaten (Hg.) (2020): Handreichung Datenschutz (2. vollständig überarbeitete Auflage). Online verfügbar unter: https://www.forschungsdaten-bildung.de/files/ratswd_output8.6_handreichungdatenschutz_2.pdf
Ethik-Kodex der Deutschen Gesellschaft für Soziologie und des Berufsverbandes Deutscher Soziologinnen und Soziologen (2017). Online verfügbar unter: https://soziologie.de/fileadmin/user_upload/dokumente/Ethik-Kodex_2017-06-10.pdf
Forschungsethikkodex der Deutschen Gesellschaft für Soziale Arbeit (2020): Online verfügbar unter: https://www.dgsa.de/fileadmin/Dokumente/Service/Forschungsethikkodex_DGSA.pdf

5 Sozialraumanalyse als Methodenbaukasten – ein Beispiel

Die Durchführung einer Sozialraumanalyse kann man sich als Griff in einen Methodenbaukasten vorstellen: Vor dem Hintergrund eines umfassenden Wissens über verschiedene Methoden der Sozialraumanalyse wählen die Forschenden vor dem Hintergrund einer konkreten Untersuchungsfrage und in Kenntnis der einzubeziehenden Zielgruppen geeignete Methoden aus und planen deren Umsetzung. In diesem Abschnitt wird eine solche Vorgehensweise am Beispiel von Kita-Sozialräumen exemplarisch vorgestellt. Das Prinzip ist jedoch auf jede Art von Sozialraumanalyse übertragbar. Nur würden bei anderen Sozialräumen und Fragestellungen eben möglicherweise Bausteine hinsichtlich Zielgruppen und Methoden anders kombiniert.[2]

Die Formulierung einer konkreten Fragestellung (oder mehrerer Fragestellungen) steht, wie bei jeder Sozialforschung, am Anfang einer Sozialraumanalyse. Je konkreter man sich darüber klar wird, welche Informationen erforderlich sind und wozu diese benötigt werden, umso zielgerichteter und effizienter kann vorgegangen werden. Kehren wir zurück zu dem Beispiel, bei dem aus einer größeren Zahl von Kita-Sozialräumen diejenigen ausgewählt und untersucht werden sollen, die für die Beantragung eines Sozialraumbudgets in Frage kommen. Die Untersuchungsfragestellungen könnten dann lauten:

- Welche Kita-Sozialräume eines Jugendamtsbezirkes sind besonders herausfordernd?
- Welche Herausforderungen und Ressourcen weisen die Sozialräume im Hinblick auf die inklusive Förderung aller Kinder auf?
- Welche Ansatzpunkte für konkrete Maßnahmen der Kita-Sozialarbeit bieten sich, um Ressourcen zu nutzen und Nachteile auszugleichen?

Als Erstes wäre zu operationalisieren: Was verstehen wir unter Herausforderungen und unter Ressourcen im Kontext dieser Untersuchung? Das muss vor der Methodenauswahl geklärt werden. Beispielsweise kann man festlegen: Ein hoher Anteil von Familien mit Sozialleistungsbezug, mit nichtdeutscher Familiensprache, mit mehr als drei Kindern und generell eine große Zahl von Kindern unter sechs Jahren im Sozialraum ist eine Herausforderung. Weiterhin bleibt man offen für alles, was

---

[2] Eine frühere Version dieses Kapitels wurde veröffentlicht in: Kröhnert, Steffen (2023): Methodische Zugänge zum Sozialraum. In: Schneider, Armin (Hg.), Nachhaltige Kita-Sozialräume – gemeinschaftlich entwickeln. Ein Wegweiser für kompetente Beteiligung (S. 121–133). Regensburg: Walhalla Fachverlag.

5 Sozialraumanalyse als Methodenbaukasten – ein Beispiel

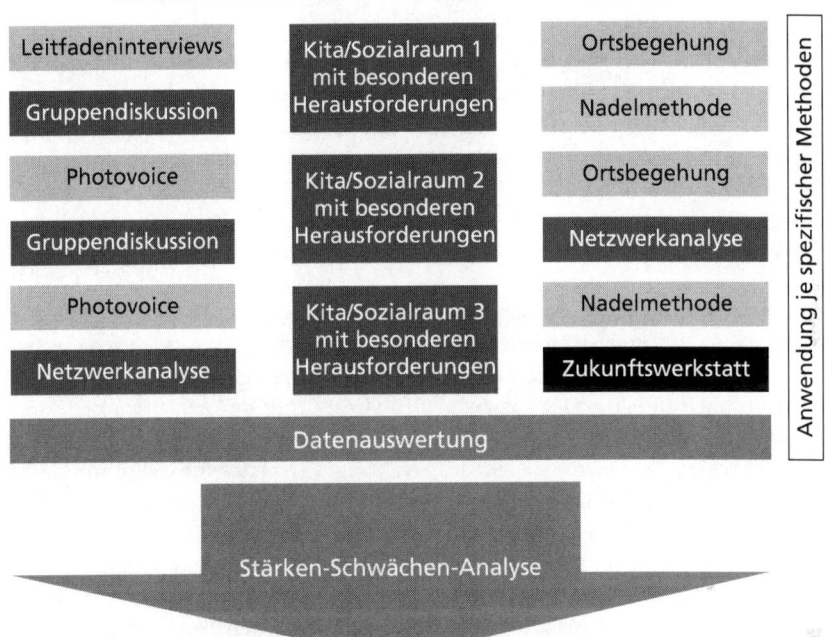

Abb. 4: Sozialraumanalyse als methodisches Baukastensystem – schematische Darstellung
Das Bild veranschaulicht das mögliche Vorgehen bei einer Sozialraumanalyse. Zunächst sollen aus einer größeren Zahl von Sozialräumen wenige mit besonderen Herausforderungen ausgewählt werden. Diese Auswahl kann zunächst mithilfe der Analyse von soziodemografischen Daten oder von Daten des Berichtswesens der Einrichtungen erfolgen und durch Befragungen sämtlicher Kita-Leitungen ergänzt werden. Schließlich werden wenige Kita-Sozialräume mit besonderen Herausforderungen für eine vertiefte Untersuchung ausgewählt. In diesen (im Beispiel drei) Sozialräumen können nun, je nach konkreter Situation, dieselben oder auch unterschiedliche Methoden der Sozialraumanalyse zur Anwendung kommen. Ziel ist es, für jeden Sozialraum Ressourcen und Herausforderungen zu analysieren sowie ggf. bereits möglichen Lösungsansätzen auf die Spur zu kommen. Die Ergebnisse können in eine Stärken-Schwächen-Analyse der Sozialräume einfließen und liefern die Grundlage für eine Konzeptentwicklung der künftigen Sozialraumarbeit.

Angehörige der Zielgruppen als Herausforderung für die Kinderbetreuung und -erziehung beschreiben.

Was sind Ressourcen des Sozialraumes? Man kann Bildungsinstitutionen, Vereine, Wohlfahrtsorganisationen, Beratungsstellen und öffentliche Sport- und Spielplätze als Ressourcen betrachten. Weiterhin bleibt man offen für alles, was im Lauf der Sozialraumanalyse von den Zielgruppen als unterstützend berichtet wird.

Bezüglich der »Ansätze« für konkrete Maßnahmen interessieren wir uns zunächst vielleicht für mögliche Kooperationen der Kita mit anderen Institutionen, für den Bedarf an Beratungs- und Unterstützungsleistungen. Wir bleiben offen für Ideen der Zielgruppen.

Weiterhin wird man sich zu Beginn einer Sozialraumanalyse über die Betroffenengruppen klar und entscheidet, welche davon in die Untersuchung einbezogen werden sollen. Dies sollen im vorliegenden Beispiel neben den Auftraggebenden (Stakeholder) die Kita-Leitungen, die Kita-Fachkräfte, die Kinder und deren Eltern sein.

Hat man diese Entscheidungen getroffen, kann man mit der Methodenauswahl beginnen.

Baustein A: Einbeziehung der Auftraggebenden

Eine Sozialraumanalyse im sozialarbeiterischen Kontext hat häufig nicht nur einen konkreten Auftraggeber, sondern oft gibt es mehrere Institutionen bzw. Personen, die ein besonderes Interesse an den Ergebnissen der Untersuchung haben, diese gemeinsam initiieren oder später an der Umsetzung des zu entwickelnden Konzeptes beteiligt sind. Im Kontext von Kita-Sozialarbeit kann dies das Jugendamt, eine Steuerungsgruppe sowie eine Stadtverwaltung sein. Für eine zielführende Sozialraumanalyse und Konzeptentwicklung ist es wichtig, die Sichtweisen und Ziele dieser Beteiligten, die mitunter auch mit dem Begriff »Stakeholder« bezeichnet werden, im Projekt zu kennen und deren Erfahrungen und Kenntnisse zu nutzen.

Hierfür könnte sich auf der einen Seite die Methode des Leitfadeninterviews eignen. Dabei wird zunächst eine Reihe von Leitfragen formuliert, die dann in Einzelinterviews gestellt werden. Die Befragten nehmen in freier Rede dazu Stellung. Die Antworten können entweder aufgezeichnet und anschließend verschriftlicht und ausgewertet werden oder sie werden unmittelbar schriftlich protokolliert.

Weiterhin denkbar wäre eine moderierte Gruppendiskussion, zu der Angehörige der drei beteiligen Institutionen eingeladen werden. Auch hier werden in der Regel Leitfragen vorgelegt, die dann von der Gruppe besprochen, aufgezeichnet oder protokolliert werden. Vorteil einer Gruppendiskussion ist der geringere Zeitaufwand gegenüber Einzelinterviews sowie ggf. aus der Gruppendynamik resultierende neue Erkenntnisse und Sichtweisen. Ein Nachteil liegt darin, dass in der Gruppe abweichende Meinungen Einzelner möglicherweise nicht frei geäußert werden.

Baustein B: Soziodemografische Analyse

Als erster Zugang zu größeren Gebieten, über die zunächst sozialstrukturelle Informationen gesammelt oder aus denen besonders interessierende kleinere räumliche Einheiten ausgewählt werden müssen, bieten sich soziodemografische Analysen auf Basis amtlicher sozialstatistischer Daten an. Möchten wir wissen, wie viele Einwohner in den Ortsteilen leben, wie groß der Anteil der unter Dreijährigen ist oder wie viele Kinder in diesem Jahr geboren wurden? Ist von Interesse, wie hoch der Ausländeranteil, die SGB-II-Quote oder der Anteil junger Erwachsener ohne Ausbildungsabschluss ist? Angaben dazu finden sich in der amtlichen Statistik. Einwohnermeldebehörden, kommunale Statistikstellen oder Statistische Landesämter stellen eine Vielzahl von Daten zur Alters- und Sozialstruktur bereit. Häufig sind diese Daten im Internet unmittelbar zugänglich. Viele statistische Ämter können zudem auf Anfrage spezifische Auswertungen ihrer Daten vornehmen, etwa für eine bestimmte Region. Auch zur Infrastruktur liegen meist amtliche Informationen vor. Art und Zahl von Sportvereinen, Schulen oder Kindertagesstätten kann man in der Regel bei Behörden in Erfahrung bringen.

Zum Vorgehen bei soziodemografischen Analysen gehört zunächst die Sichtung verfügbarer und das Auswählen geeigneter Indikatoren, das Einpflegen in einen Datensatz sowie die statistische Auswertung. Mithilfe demografischer und sozialstruktureller Indikatoren kann man beispielsweise die Situation eines Sozialraumes anhand von Indikatoren beschreiben, aber auch mehrere abgrenzbare Sozialräume, z. B. Quartiere, untereinander vergleichen. Anhand von Schwellenwerten können besonders herausfordernde Sozialräume identifiziert werden. Wurde zu Beginn festgestellt, dass ein hoher Anteil von Familien mit Sozialleistungsbezug, mit nichtdeutscher Familiensprache, Quartiere mit generell einer hohen Zahl an Kindern unter sechs Jahren als Herausforderung gesehen wird, so kann man nun genau diese Indikatoren zur Auswertung heranziehen. Ebenso lassen sich anhand dessen mehrere Quartiere eines Ortes miteinander vergleichen und jene mit besonders herausfordernden Bedingungen auswählen.

Baustein C: Dokumentenanalysen, Auswertung von Daten des Berichtswesens

Soziale Institutionen wie Jugendämter verfügen in der Regel über eine Vielzahl von Daten aus dem eigenen Berichtswesen. Dazu gehören auf der einen Seite sogenannte prozessgenerierte Daten, die bei der täglichen Arbeit dieser Institutionen allein dadurch entstehen, dass Fälle bearbeitet, Klienten betreut, Veranstaltungen durchgeführt werden und dies in Berichten festgehalten wird. Zudem führen soziale Einrichtungen immer wieder auch selbst Erhebungen durch, die für eine Sozialraumanalyse nutzbar sein können. Dazu gehören etwa Trägerbefragungen, Klientenbefragungen oder Evaluationen bestimmter Maßnahmen.

Auch hier gehört zum methodischen Vorgehen zunächst die Sichtung der verfügbaren Daten. Anschließend muss entschieden werden, welche davon zur Beantwortung der Fragestellung nutzbar sein können, und es muss ggf. ein eigener Datensatz aufgebaut werden, da Daten aus dem Berichtswesen nicht selten in heterogener und wenig systematischer Form vorliegen. Schließlich können auch diese Daten ausgewertet und mittels grafischer Darstellungen visualisiert und anschließend interpretiert werden.

Die Bausteine »Soziodemografische Analyse« und »Analyse von Daten des Berichtswesens« können im Rahmen des Vergleichs mehrerer Quartiere oder Institutionen dazu genutzt werden, die Zahl der relevanten Sozialräume zu reduzieren. Diese werden dann zur vertiefenden Untersuchung mit eigenen Erhebungen und spezifischen Methoden ausgewählt.

Baustein D: Die Sichtweise der Fachkräfte – Kita-Leitungen

Eine Sozialraumanalyse sollte sich nicht nur auf Datenauswertungen stützen. Sie sollte in der Regel auch vom Projekt Betroffene, Beteiligte, Zielgruppen im weiteren Sinne zu Wort kommen lassen. So wäre es im vorliegenden Fall denkbar, dass bestimmte Herausforderungen der Kita-Sozialräume nicht von soziodemografischen Daten und auch nicht von Daten des Berichtswesens erfasst wurden. Ergänzend dazu könnte die individuelle Sichtweise bestimmter Fachkräfte, z. B. der Kita-Leitungen eines Jugendamtsbezirkes, eingeholt werden. Mittels einer solchen Befragung ist es möglich, Herausforderungen zu identifizieren, die aus den betrachteten Daten so nicht sichtbar geworden sind. Dies können Einschätzungen bezüglich der eigenen Personalsituation, der Klientel, des Sozialraumes oder sich abzeichnender zukünftiger Herausforderungen sein.

Da es sich, je nach Gegebenheit, um mehrere Dutzend Kitas eines Jugendamtsbezirkes handeln kann, wäre eine teilstandardisierte Befragung eine ressourcensparende Methode. Dazu werden zunächst durch die Forschenden Themenkomplexe erarbeitet und diese dann operationalisiert. Das heißt, es werden konkrete Fragen formuliert, mit denen Informationen zu den relevanten Herausforderungen und Ressourcen der Sozialräume erhoben werden können. Teilstandardisierte Befragung heißt dabei, dass für den größeren Teil der Befragung standardisierte Antwortvorgaben erstellt werden. Für einen Teil der Fragen kann aber auch eine offene Beantwortung der Frage in eigenen Worten ermöglicht werden.

Standardisierte Befragungen können auf unterschiedliche Weise an die Fachkräfte gebracht werden. So ist einerseits das Zusenden/Verteilen von Fragebögen in Papierform möglich. Zweitens können die Fragen durch die Forschenden mündlich an die Fachkräfte gestellt und die Antworten direkt in den Fragebogen (oder eine digitale Maske) eingefügt werden. Schließlich ist auch die Freischaltung der Befragten zum Ausfüllen eines Online-Fragebogens möglich, eine besonders zeitsparende Form der Befragung. Allerdings muss stets überlegt werden, mit welcher Form der Befragung die Befragten am ehesten erreicht werden und auf welche Weise eine hohe Verbindlichkeit und Teilnahmebereitschaft erzielt wird.

Baustein E: Die Sichtweise der Betroffenen – Eltern

Bei der Einbeziehung von Betroffenen kann und sollte im Rahmen einer Sozialraumanalyse mit größerer Kreativität bei den Methoden vorgegangen werden als dies in der klassischen Sozialforschung üblich ist. Wichtig ist hier vor allem, die

Betroffenengruppen tatsächlich in ihrer Breite zu erreichen und ihre Stimme zu hören. Dabei können eine Reihe von Hürden entstehen. So können Menschen mit geringer formaler Bildung von einer standardisierten Befragung abgeschreckt sein oder deren Informationsgehalt bleibt gering. Zudem kann es Sprachbarrieren geben, wenn keine ausreichenden Deutschkenntnisse vorhanden sind. Es müssen also auf kreative Weise Methoden gewählt werden, die möglichst vielen Gruppen eine Beteiligung ermöglichen.

Denkbar wäre hier etwa ein »Eltern-Kummer- und Ideenkasten« als kreative Art der schriftlichen Befragung. Für einen begrenzten Zeitraum wird eine geschlossene Box mit Einwurfschlitz aufgestellt. Eltern werden per E-Mail oder im persönlichen Gespräch informiert, dass dort Bögen mit Wünschen, Problembeschreibungen oder Ideen rund um die Kita eingeworfen werden können. Vorgefertigte Bögen liegen bereit bzw. werden zugeschickt (beschriftet etwa mit: Mein Thema/ Welche Lösung kann ich mir vorstellen?). Ein Vorteil dieses Vorgehens ist es, dass Eltern auf Wunsch auch anonym Kritik, Wünsche und Ideen rund um den Kita-Alltag äußern können, ohne sich sozialem Vergleich ausgesetzt zu sehen oder sich Sorgen machen zu müssen, dass offen geäußerte Kritik von Nachteil für sie ist.

Ein weiterer Vorschlag zur Einbeziehung von Eltern können Gruppendiskussionen in Kleingruppen sein. Eltern werden in mehreren Kleingruppen (zu ca. fünf bis sieben Personen) befragt und es wird jeweils eine Diskussion über die Themen der Befragung angeregt. Kleine Gruppen sorgen dabei dafür, dass möglichst viele Personen auch gehört und weniger sprachkompetente möglichst nicht durch besonders eloquente Personen dominiert werden, wie dies häufig in großen Gruppen (z. B. bei einer Elternversammlung) der Fall ist. Zusätzlich können mithilfe der Fachkräfte unterschiedliche Zielgruppen von Eltern identifiziert und gezielt zur Teilnahme an einer Gruppendiskussion angesprochen werden. So wäre es möglich, Eltern mit unterschiedlichem sprachlichem Hintergrund zu erreichen und die Gruppendiskussionen in verschiedenen Sprachen zu führen. Für die Kommunikation mit den Forschenden könnte dann eine Sprachmittlerin bzw. ein Sprachmittler oder ein dolmetschendes Elternteil sorgen. Auf diese Weise können Gruppen mit unterschiedlichen sozialen Merkmalen gezielt einbezogen werden. Durch die Gruppendynamik können Themen und Lösungen aufkommen, die einzelnen Befragten nicht eingefallen wären.

Die Gruppendiskussion kann im direkten Kontakt durchgeführt werden, sie könnte aber auch online, mittels einer Videokonferenz-Software wie z. B. »ZOOM«, durchgeführt werden. Es ist an den Forschenden, zu entscheiden, auf welche Weise die Zielgruppe am besten erreicht und einbezogen werden kann.

Baustein F: Beobachtungen im Sozialraum – Ortsbegehungen

Beobachtungen können objektiver sein als Befragungen, weil sie tatsächliche Gegebenheiten und Verhalten erfassen und nicht nur Meinungen oder ggf. strategisch getroffene oder durch soziale Erwünschtheit beeinflusste Aussagen. Beobachtungen können in einer Sozialraumanalyse vor allem in Form einer strukturieren Ortsbegehung eine Rolle spielen. Wiederum ist zentral, sich zu Beginn klarzumachen, was man herausfinden möchte und woran man dies ggf. beobachten kann. Art und

Zustand der Bebauung und Infrastruktur kann Aufschluss über bauliche und gestalterische Herausforderungen im Sozialraum geben. Das Vorhandensein und der Zustand von Geschäften, Spielplätzen, Parkmöglichkeiten, Fußgängerüberwegen sowie die Entfernungen zu diesen lassen sich am besten durch Begehungen ermitteln.

Es kann sich anbieten, Betroffene direkt an der Begehung zu beteiligen. So kann man Ortsbegehungen mit Eltern mit Kinderwagen oder mit älteren Menschen mit Rollator durchführen. So kann man unmittelbar erfahren, wo sich diese Menschen bewegen, wo sie in ihrer Bewegungsfreiheit eingeschränkt werden oder wo Gefahrenstellen sind. Oft gelangt man so an Informationen über deren Sozialraum, die einem »Normalbürger« mittleren Alters sonst gar nicht aufgefallen wären.

Im vorliegenden Fall einer Kita-Sozialraumanalyse wären zwei Vorgehensweisen vorstellbar. Zum einen wäre eine Begehung mit Fachkräften der Kita möglich. Hierzu wäre zunächst das Festlegen eines Begehungsplanes erforderlich sowie eine Festlegung von Kriterien, die beobachtet werden sollen (strukturiertes Begehungsprotokoll). Die Begehung erfolgt dann in einer Gruppe, wobei sich die Forschenden von den Betroffenen führen lassen. Die vorher festgelegten Kriterien der Begehung werden im Protokoll notiert. Ebenso werden die verbalen Äußerungen und Erzählungen der Fachkräfte zum Sozialraum protokolliert. Auf diese Weise können etwa Informationen zu häufigen Wegen, zur baulichen Gestaltung, Barrierefreiheit, zu Gefahrenquellen, zur Verkehrssituation erfasst werden.

Auch mit Kindern kann man einen Sozialraum begehen und sich deren Lieblingsorte, Spielplätze oder Angstorte zeigen lassen. Wichtig ist, dass man sich hier tatsächlich von den Angehörigen der Zielgruppe führen lässt und diesen unvoreingenommen zuhört. Auch eine *Begehung mit Eltern und Kindern* der Kita ist denkbar. Das Vorgehen wäre ähnlich wie bei der Begehung mit den Fachkräften, nur wären nun die zu begehenden Orte und die zu protokollierenden Aspekte jene, die aus Sicht der Eltern und Kinder von besonderer Bedeutung sind. Die Forschenden öffnen sich für die Sichtweisen und Beschreibungen der Klientel und erfahren dadurch aus erster Hand deren Sozialräume.

Beobachtungen im Sozialraum können durch weitere Methoden ergänzt werden, etwa durch *partizipative Methoden*, bei der Betroffene aufgefordert werden, relevante Orte zu fotografieren oder durch die »*Nadelmethode*«, bei der bedeutsame Aspekte des Sozialraumes in Gruppenarbeit auf einem Ortsplan mittels farbiger Stecknadeln markiert werden. Dabei kann sowohl die Informationsgewinnung als auch der Gedanke der Partizipation der Betroffenen stärker in den Mittelpunkt rücken. Wichtig ist dennoch, dass eine Methode nie Selbstzweck sein darf, sondern einem konkret formulierten Ziel dienen sollte.

Baustein G: Organisations-Netzwerkanalyse

Häufig ist, neben Informationen über die Betroffenen und die örtlichen Gegebenheiten auch die Organisationsstruktur eines Sozialraumes von Bedeutung. Welche (für die Fragestellung der Sozialraumanalyse) relevanten Institutionen und Organisationen gibt es vor Ort und wie interagieren diese miteinander?

Eine Recherche solcher relevanten Institutionen kann zunächst durch eine Auswertung kommunaler Verzeichnisse, von Stadtplänen oder durch Internetrecherche ermittelt werden. Ein elaboriertes Verfahren ist auch die Nutzung Geografischer Informationssysteme (GIS). Auf diese Weise können etwa Bildungs- und Freizeiteinrichtungen, Spielplätze, Ärztinnen und Ärzte, Vereine und Sportstätten, aber auch Therapeutinnen und Therapeuten oder Beratungsstellen ermittelt werden, die im Sozialraum vorhanden sind.

Eine zweite Ebene zur Erforschung der Organisationsstruktur wäre dann eine *Netzwerkanalyse*. Hier könnte man wiederum mit Methoden der Befragung vorgehen: Welche Institutionen sind den Betroffenen bekannt? Welche Institutionen werden genutzt? Wo gibt es Zusammenarbeit, Austausch, Kooperation? Es ist hier auch denkbar, nicht nur die Betroffenen im Kontext der Kita, sondern auch Angehörige der anderen Institutionen selbst zu befragen und deren Sicht auf die Kita zu ermitteln.

Teil einer Netzwerkuntersuchung kann eine *Fremdbildanalyse* sein. Diese richtet sich stärker auf affektive Aspekte des Institutionennetzwerks: Welche Institutionen werden positiv oder negativ gesehen? Sind die Angebote oder Leistungen dieser Institutionen bekannt und werden sie für hilfreich gehalten? Sind Personen bei diesen Institutionen persönlich bekannt und an wen würde man sich mit dem Wunsch nach Unterstützung oder Kooperation wenden? Gibt es Vorbehalte, persönliche Animositäten? Die Ergebnisse einer Institutionen- und Netzwerkanalyse können mithilfe einer Netzwerkkarte dargestellt werden, in der die relevanten Institutionen eingetragen und mithilfe von Pfeilen und Symbolen die Art der Beziehungen markiert werden. Ergänzt werden kann dies durch eine beschreibende Darstellung der Netzwerkbeziehungen.

Stärken-Schwächen-Analyse

Liegen schließlich Ergebnisse aus den unterschiedlichen Forschungsmethoden vor, können diese im Zusammenhang interpretiert und so die Untersuchungsfrage(n) beantwortet werden. Denken wir an die eingangs formulierten Fragestellungen:

- Welche Kitas des Jugendamts xy liegen in besonders herausfordernden Sozialräumen?
- Welche Herausforderungen und Ressourcen weisen die Sozialräume im Hinblick auf die inklusive Förderung aller Kinder auf?

Die erste Frage kann man möglicherweise nach Abschluss der Sozialraumanalyse klar mit der Nennung bestimmter Quartiere und Kitas beantworten. Das sind dann jene Kitas, für die ein Sozialraumbudget eingesetzt werden soll. Frage 2 kann man nicht in einem Satz beantworten, hier wird nach Herausforderungen und Ressourcen gefragt, die in jedem der untersuchten Kita-Sozialräume etwas unterschiedlich ausfallen können. Da eine Sozialraumanalyse meist dazu dient, im Anschluss Handlungsempfehlungen zu formulieren oder ein Konzept mit konkreten Maßnahmen zu entwickeln, ist es sinnvoll, solche Fragen mit einer Stärken-Schwächen-Analyse auszuwerten.

In der einfachsten Form kann eine Stärken-Schwächen-Analyse eine Tabelle sein, in welcher in zwei Spalten die Stärken und die Schwächen eines Sozialraums im Hinblick auf die Fragestellung aufgelistet werden.

- Liste der Stärken: Stärken sind dabei interne Faktoren, die im Sozialraum vorteilhaft sind, etwa das Vorhandensein bestimmter Personen, Institutionen, äußerer Rahmenbedingungen, Motivationen, finanziellen Ressourcen, Netzwerken u. Ä. – all das, was (in der Beispielfragestellung) förderlich für die Inklusion der Kinder ist.
- Liste der Schwächen: Schwächen sind demnach alle in der Sozialraumanalyse identifizierten Faktoren, welche die Inklusion behindern oder negativ beeinflussen, die Inklusionsbedarf erst anwachsen lassen, fehlende Fähigkeiten, unzureichende Infrastruktur usw.

Die Stärken und Schwächen des Sozialraums können nun noch priorisiert, d. h. in ihrer Bedeutung und Auswirkung gewichtet werden. Manche der gefundenen Aspekte können in ihren Auswirkungen bedeutsamer sein als andere.

Eine darauf aufbauende Konzeptentwicklung könnte dann Maßnahmen vorschlagen, die geeignet sind, Schwächen zu kompensieren und Stärken noch besser zu nutzen.

Häufig werden in diesem Zusammenhang sogenannte SWOT-Analysen verwendet. Diese aus der Unternehmensanalyse stammende Methode wird jedoch im Rahmen von Sozialraumanalysen nicht immer sinnvoll angewendet. Inhalt einer SWOT-Analyse ist es, neben den internen Stärken und Schwächen der eigenen Organisation (Strenghts, Weaknesses), auch externe Chancen und Risiken (Opportunities, Threats) des Marktumfeldes zu analysieren. Was für ein Unternehmen auf der Hand liegt, da es sich stets auf einem Markt behauptet, ergibt bei der Analyse eines Sozialraums nicht unbedingt Sinn. Denn was wären denn, im Hinblick auf die oben genannte Fragestellung der Ressourcen und Herausforderungen für die Inklusion aller Kinder, die externen Bedingungen? Dies muss zumindest geklärt werden, denn von einer externen »Marktumgebung« kann hier nicht ohne Weiteres gesprochen werden. Bei wenig reflektierten praktischen Nutzungen des SWOT-Schemas gehen dann Stärken und Chancen oder Schwächen und Herausforderungen mitunter durcheinander oder sind nicht voneinander abgrenzbar. Dann wiederum werden unter »Chancen« bereits Handlungsvorschläge formuliert und unter »Schwächen« Negativszenarien ausgemalt. Das ist aber nicht der Sinn einer SWOT-Analyse und es wäre besser, es dann bei einer einfachen Gegenüberstellung von Stärken und Schwächen des Sozialraums zu belassen.

Eine SWOT-Analyse ergibt im Zusammenhang von Sozialraumanalysen nur dann Sinn, wenn »innere« Stärken und Schwächen klar von »äußeren« Chancen und Herausforderungen abgegrenzt werden können. So könnte beim Thema der inklusiven Erziehung von Kindern etwa die demografische Entwicklung im Land mit hoher Zuwanderung als externe »Herausforderung« gesehen werden: Anhaltend hohe Zuwanderung dürfte für steigende Zahlen von Kindern mit Inklusionsbedarf sorgen. Auch das Inkrafttreten von Gesetzen, die Inklusionsmaßnahmen vorschreiben, können als externe Herausforderungen gesehen werden. Externe

»Chancen« wiederum könnten bestimmte Fördermittel darstellen, die verfügbar sind. So könnte das vom Bundesland Rheinland-Pfalz bereitgestellte Sozialraumbudget als externe Chance gesehen werden, Schwächen bei der inklusiven Erziehung besser zu bearbeiten (▶ Tab. 5).

Tab. 5: Beispiel einer SWOT-Analyse als Ergebnis einer Sozialraumanalyse zum Thema »Attraktive Sozialräume für ältere Menschen« in der Stadt Hachenburg

Blick nach innen (Merkmale des Sozialraums)	
Strengths (Stärken)	Weaknesses (Schwächen)
Großes Angebot an sozialen Institutionen und Angeboten Offenheit gegenüber neuen Projekten und Kooperationen Netzwerk-Demenz: niedrigschwellig zugänglich, in der gesamten Verbandsgemeinde vernetzt Pflegestützpunkt: professionell, gut vernetzt, kompetente unabhängige Beratung Ehrenamtliche Nachbarschaftshilfe vorhanden Vielfältiges kulturelles Angebot, Feste, Märkte	keine zentrale Plattform, die Bürgerinnen und Bürger Auskunft zu sozialen Angeboten in der Stadt gibt Pflegestützpunkt nicht sichtbar, keine Website, wenig bekannt Mangel an Kurzzeitpflegeplätzen Wenig Vernetzung sozialer Akteure mit der Stadtverwaltung Kaum generationenübergreifende Angebote Nachbarschaftshilfe noch nicht genug ausgebaut
Kontaktängste durch Corona-Pandemie bei vulnerablen Gruppen Demografische Entwicklung sorgt für kontinuierliche Zunahme älterer Bevölkerung Krankenhausreform kann zu Wegfall des Krankenhauses führen	Demografischer Wandel sorgt für Wachstum bei potenziell ehrenamtlich Engagierten Installation eines Quartiersmanagements könnte Vernetzung fördern Wachsende Verbreitung digitaler sozialer Medien kann Erreichbarkeit älterer Menschen erleichtern
Threats (Herausforderungen)	Opportunities (Chancen)
Blick nach außen (äußere Rahmenbedingungen)	

Quelle: Überarbeitete Darstellung nach Hemicker et al. (2020)

Je nach Umfang der Sozialraumanalyse können solche Stärken-Schwächen-Analysen auch für mehrere Forschungsfragen erstellt werden. Mit dieser Bestandsaufnahme der internen Stärken und Schwächen, der Herausforderungen und Chancen bei den äußeren Rahmenbedingungen kann eine Sozialraumanalyse abschließen. Damit liefert sie die Grundlage für nachfolgende Schritte, wie z. B. die Formulierung von Handlungsempfehlungen bzw. eine Konzeptentwicklung.

> **Das Wichtigste in Kürze**
>
> Sozialraumanalysen sind stets individuell zu konzipieren – denn Fragestellungen, Betroffenengruppen, Sozialräume sind verschieden. Dabei sollte grundsätzlich

eine Vielfalt von Methoden angewendet werden. Ausgehend von einer Untersuchungsfrage und unter Kenntnis der relevanten Betroffenengruppen im Sozialraum werden geeignete Methoden ausgewählt und geplant, um diese Gruppen zu erreichen und die Fragestellungen zu bearbeiten. Wichtig ist, ein breites Spektrum von Methoden der Sozialraumanalyse sowie deren Vor- und Nachteile zu kennen, um eine gute Auswahl zu treffen. Betroffene im Rahmen einer Sozialraumanalyse zur Kita-Sozialarbeit wären neben den Auftraggebenden etwa Kita-Leitungen, Kita-Fachkräfte, Kinder und Eltern. Mit Methoden wie dem Leitfadeninterview oder der Gruppendiskussion lassen sich die Auftraggebenden einer Sozialraumanalyse einbeziehen. Die Auswertung von soziodemografischen Daten kann einen Überblick über strukturelle Herausforderungen eines Quartiers geben und Vergleiche mehrerer Sozialräume erleichtern. Daten und Dokumente aus dem Berichtswesen der Kitas bzw. des Jugendamtes können gesichtet werden, um bereits vorhandene Erkenntnisse zur Beurteilung der Sozialräume zu verwenden. Beim Einbeziehen der Zielgruppe der Eltern kommt es darauf an, Methoden auch kreativ anzuwenden, um hier auch solche zu erreichen, die in der Kita wenig präsent sind oder wenig Deutsch sprechen. Eine strukturierte Ortsbegehung kann helfen, sich ein Bild von vorhandenen Einrichtungen und Orten zu machen. Mit einer Organisations-Netzwerkanalyse kann herausgefunden werden, welche relevanten Organisationen im Sozialraum vorhanden sind, wie diese miteinander zusammenarbeiten und wie sie von den Zielgruppen gesehen werden. Eine Stärken-Schwächen-Analyse bündelt die Auswertungsergebnisse der verschiedenen Methoden und liefert die Grundlage für die spätere Entwicklung von Handlungsempfehlungen.

6 Methodenbausteine

Im vorigen Kapitel wurde die Nutzung verschiedener Methoden zur Bearbeitung einer Fragestellung im Rahmen einer Sozialraumanalyse beispielhaft erläutert. Im folgenden Teil des Buches werden nun ausgewählte Methoden ausführlich dargestellt. Die genaue Kenntnis dieser Methoden ist Voraussetzung für eine sinnvolle Auswahl und Anwendung im Rahmen einer Sozialraumanalyse.

6.1 Soziodemografische Analyse

Als soziodemografische Analyse wird die statistische Auswertung sozialstruktureller und demografischer Daten der amtlichen Statistik bezeichnet. Es handelt sich dabei um eine Sekundärauswertung quantitativer Daten. Bevor man im Rahmen einer Sozialraumanalyse über eine eigene Datenerhebung nachdenkt, ist es stets sinnvoll, sich einen Überblick über bereits vorhandene Daten zu verschaffen. Dort können dann geeignete Daten ausgewählt und dem Untersuchungsinteresse entsprechend ausgewertet werden.

Unter sozialstrukturellen und demografischen Daten versteht man Daten, wie sie bei statistischen Landesämtern, Statistikstellen oder staatlichen Forschungsinstituten zusammengetragen werden. Zu demografischen Daten im engeren Sinne gehören etwa Einwohnerzahlen nach Altersgruppen und Geschlecht, nach Nationalität oder Migrationshintergrund, jährliche Zuzüge und Fortzüge sowie jährliche Geburten- und Sterbefälle. Zu den sozialstrukturellen Daten können etwa der Grad der Erwerbstätigkeit, der Bildungsstand, der Sozialleistungsbezug, der Familienstand, die Haushaltsgröße und andere Daten gehören, die über die soziale Lage der Bevölkerung Auskunft geben. Diese Daten liegen bei Statistischen Ämtern meist in Form von Aggregatdaten vor (▶ Kap. 2.6). Das heißt, in den Datensätzen sind keine Angaben zu Individuen enthalten, sondern lediglich Angaben darüber, wie viele Personen mit bestimmten Merkmalen in bestimmten geografischen Einheiten leben.

Eine soziodemografische Analyse kann ein erster Schritt sein, um sich einen Überblick über demografische und soziale Gegebenheiten eines bestimmten Sozialraums zu verschaffen. Sie eignet sich gut dazu, einen ersten Vergleich zwischen verschiedenen Sozialräumen vorzunehmen. Wo leben besonders viele Kinder unter sechs Jahren? Wo ist Sozialhilfebezug besonders häufig? Wo leben Familien aus besonders vielen unterschiedlichen Nationen? Wo ist das Durchschnittsalter der Bevölkerung besonders hoch? Damit ist es möglich, eine größere Zahl von Quartieren oder Kommunen miteinander zu vergleichen und ggf. bestimmte Regionen auszuwählen. Will man in einer Stadt ein Projekt zur Förderung von Kindern mit Migrationshintergrund im Kiez etablieren, sollte man zunächst wissen, wo viele dieser Kids leben und wo soziale Probleme besonders ausgeprägt sind. Dies lässt sich mit einer Auswertung von soziodemografischen Daten für die unterschiedlichen Stadtteile leicht bewältigen. Man kann so aus der Vielzahl von Stadtteilen bzw. Sozialräumen wenige auswählen, die für die Untersuchungsfrage besonders relevant sind. Mit weiteren und aufwändigeren Methoden der Sozialraumanalyse kann man sich dann auf ausgewählte Sozialräume konzentrieren und dort spezifische Fragen bearbeiten.

Quellen für Soziodemografische Daten sind beispielsweise das Statistische Bundesamt[3] und dort insbesondere die Datenbank GENESIS-Online[4] sowie die Regionaldatenbank Deutschland[5]. Besonders letztere Datenbank bietet Daten bis auf die kleinräumige Ebene der Gemeinden und Gemeindeverbände. In diesen Datenbanken der Statistischen Ämter des Bundes und der Länder finden sich meist Rohdaten, d. h. Angaben in absoluten Zahlen, die dann je nach Interesse selbst in Indikatoren umgerechnet werden müssen. Gemeint ist damit, dass es für vergleichende Aussagen wenig hilfreich ist, zu wissen, wie groß die Zahl der unter Sechsjährigen in unterschiedlichen Gemeinden oder Kreisen ist. Vergleichbar wird das erst, wenn man es in eine Verhältniszahl umrechnet, also beispielsweise der Anteil unter Sechsjährigen an allen Einwohnerinnen und Einwohnern. Damit kann man Gemeinden vergleichen und feststellen, welche einen höheren oder geringeren Anteil an Kindern haben. Für konkrete Planungen können aber absolute Zahlen wichtig sein – etwa wenn man wissen möchte, wie viele Kita-Plätze benötigt werden.

Weiterhin haben alle Bundesländer eigene Statistikämter, die Ansprechpartner für lokale Daten sind. Alle Statistischen Landesämter betreiben eigene Online-Datenbanken, die der Öffentlichkeit für den Datenabruf zur Verfügung stehen. Als Beispiel kann hier das Statistische Landesamt NRW genannt werden (IT NRW), welches die Landesdatenbank NRW betreibt.[6] Die Statistischen Ämter verfügen in der Regel über deutlich mehr und spezifischere Daten, als in den Online-Datenbanken verfügbar sind. Es lohnt deshalb, sich mit Fragen nach geeigneten Daten an die jeweiligen Auskunftsdienste zu wenden. Statistische Ämter bereiten auf Wunsch von Nachfragenden auch Daten entsprechend auf und stellen diese zur Verfügung. Eine weitere interessante Datenbank, die teilweise bis auf die Ebene von Gemeindeverbänden Indikatoren zur Regionalentwicklung bereitstellt, ist die Datenbank INKAR des Bundesinstituts für Bau-, Stadt- und Raumforschung.[7] Diese Datenbank enthält bereits in Verhältniszahlen umgerechnete Indikatoren.

---

3 www.destatis.de
4 https://www-genesis.destatis.de/genesis/online
5 https://www.regionalstatistik.de/genesis/online
6 https://www.landesdatenbank.nrw.de/ldbnrw/online
7 www.inkar.de

Indexbildung

Ein einfaches, aber wirksames Instrument zum Vergleich mehrerer regionaler Einheiten anhand von sozialstrukturellen und demografischen Indikatoren ist der Index. Bei einem Index handelt es sich um eine Kennzahl, die mehrere, teils ganz unterschiedliche Indikatoren zusammenfasst, aber selbst keine Einheit aufweist. Sie fasst die unterschiedlichen Indikatoren lediglich anhand der Größe ihrer Werte zusammen. Ein Index ist, wir erinnern uns an den bereits weiter oben definierten Begriff, zunächst ein Konstrukt. Es muss also operationalisiert werden. Ein Index, von dem die meisten schon einmal etwas gehört haben, auch wenn er nicht aus den Sozialwissenschaften stammt, ist der Deutsche Aktienindex DAX. Der DAX drückt die Entwicklung der Aktien der 40 wichtigsten deutschen Unternehmen aus. Wozu braucht man hier einen Index? Wie sollte man sonst die Wertentwicklung von 40 Aktien mit völlig unterschiedlichen Preisen sinnvoll ausdrücken, ohne über die Entwicklung einzelner Aktien zu sprechen? Indem man die Preisentwicklung aller 40 Aktien mit einer bestimmten, allerdings komplexen Formel standardisiert und zusammenfasst.

Bekannt sind auch die regelmäßigen Veröffentlichungen der britischen Zeitschrift »Economist« zum sogenannten Liveability Index. Dort werden zahlreiche Indikatoren zu allen Großstädten der Welt zusammengetragen, um die »lebenswertesten« Großstädte zu ermitteln. In den Index fließen Indikatoren zur öffentlichen Sicherheit, zur Gesundheitsversorgung, zur Kultur, Bildung und Infrastruktur ein (Economist Intelligence Unit 2023). Die österreichische Hauptstadt Wien hat in den vergangenen Jahren mehrfach den Spitzenplatz eingenommen und schmückt sich daher gern mit dem Titel der »Lebenswertesten Metropole«.

Leider ist bei kommerziell erstellten Rankings oft nicht genau nachzuvollziehen, welche Indikatoren im Einzelnen in den Index eingeflossen sind und woher die Daten stammen. Ein entsprechender methodischer Anhang zu den öffentlichkeitswirksamen Publikationen wird selten erstellt. Veröffentlichungen, in denen dies hingegen gut nachvollziehbar ist, sind jene des »Berlin-Instituts für Bevölkerung und Entwicklung«. Dort wurden seit 2004 und zuletzt im Jahr 2019 mehrfach Veröffentlichungen zur »Demografischen Lage der Nation« erstellt (Berlin-Institut 2023). In den Index zur demografischen Zukunftsfähigkeit der Landkreise und kreisfreien Städte in Deutschland werden genau 20 Indikatoren einbezogen. So wird etwa die durchschnittliche Kinderzahl je Frau als Indikator für die Familienfreundlichkeit, die durchschnittliche Lebenserwartung als Indikator für die Gesundheitsversorgung und der Anteil von Arbeitslosen und Sozialhilfeempfängern als Indikator für die Situation am Arbeitsmarkt einbezogen. Die Spannweite sämtlicher Indikatoren wird mit Noten von 1 bis 6 bewertet und schließlich als Mittelwert zu einem Gesamtindex verrechnet.

Natürlich kann man darüber streiten, warum gerade diese 20 Indikatoren einbezogen wurden. Ein Index ist stets kritisierbar. Man kann immer behaupten, es sollten mehr, weniger oder andere Indikatoren einbezogen werden, um eine bestimmte Aussage zu treffen, oder die Indikatoren müssten anders gewichtet sein. Aber die Forschenden haben diese Auswahl getroffen und sie begründet. Ein Index erzeugt stets ein Ranking, mit dem sensibel umgegangen werden muss, da bestimmte Regionen, Orte oder Quartiere als die »Besten« oder »Schlechtesten« identifiziert werden. Es ist empfehlenswert, hier eher Gruppen von Regionen mit den »größten Herausforderungen« zu bilden, um Stigmatisierungen einzelner Gemeinden oder Quartiere zu vermeiden. Andererseits ist ein Index leicht zu verstehen und er bringt klare, öffentlichkeitswirksame Ergebnisse hervor. Dies macht ihn zu einem gern genutzten Werkzeug für Städte- und Regionenrankings, aber auch für Vergleiche von Institutionen. Im Rahmen einer Sozialraumanalyse kann ein Index nützlich sein (für die Vorlage ▶ Tab. 4, Indexbildung ▶ Tab. 6).

Das Wichtigste in Kürze

Eine soziodemografische Analyse ist die statistische Auswertung sozialstruktureller und demografischer Daten. Sie dient dazu, einen ersten, auf Daten basierenden Überblick über die Situation in den interessierenden Sozialräumen zu bekommen. Auch für Vergleiche zwischen mehreren Gebietseinheiten ist die Auswertung soziodemografischer Daten gut geeignet. Die soziodemografische Analyse kann dabei helfen, im Hinblick auf den Zweck der Sozialraumanalyse besonders relevante Gemeinden oder Orte zu identifizieren oder deren soziodemografische Besonderheiten herauszuarbeiten. Eine soziodemografische Analyse kann in folgenden Schritten durchgeführt werden:

- Klären der Fragestellung und Operationalisierung
- Suche nach geeigneten Daten bzw. Indikatoren der amtlichen Statistik
- Aufbau eines eigenen Datensatzes
- Datenauswertung und ggf. grafische Darstellung
- Interpretation des Ergebnisses

Grafische Darstellungen der Indikatoren können das Resultat einer soziodemografischen Analyse verdeutlichen. Die Bildung eines Index ist ein einfaches, aber informatives Werkzeug, um die Bedeutung mehrerer soziodemografischer Indikatoren für eine größere Zahl von Gebietseinheiten zu verdeutlichen.

Weiterführende Literatur

Bundesinstitut für Bau-, Stadt- und Raumforschung: Indikatoren und Karten zur Raumentwicklung. Online verfügbar unter: www.inkar.de.
Statistische Ämter des Bundes und der Länder: Regionaldatenbank Deutschland. Online verfügbar unter: https://www.regionalstatistik.de/genesis/online/.
Weitere Datenangebote der Statistischen Landesämter sowie von Statistikstellen von Städten und Gemeinden

6.1 Soziodemografische Analyse

Tab. 6: Indikatoren zur Situation von Familien und Indexbildung

Raumeinheit	Einwohner unter 6 Jahren Rang	Haushalte mit Kindern Rang	Gesamt-wande-rungssaldo Rang	Kaufkraft Rang	Haushalte mit niedrigem Einkommen Rang	Langzeit-arbeitslose Rang	Summe	Gesamt-rang
Bendorf, Stadt	3	7	1	10	1	5	27	1
Pellenz	1	2	5	8	8	3	27	2
Andernach, Stadt	3	10	3	3	2	8	29	3
Maifeld	5	1	9	6	4	4	29	4
Mayen, Stadt	6	9	7	5	3	1	31	5
Weißenthurm	2	4	4	9	6	7	32	6
Mendig	8	5	6	4	5	6	34	7
Rhein-Mosel	7	6	2	2	9	10	36	8
Vordereifel	10	3	8	7	7	2	37	9
Vallendar	9	8	10	1	10	9	47	10

Ein Index kann helfen, Rangfolgen von Gebietseinheiten nach bestimmten Kriterien zu erstellen. Am Anfang steht die Operationalisierung einer Fragestellung und die Suche nach geeigneten statistischen Indikatoren. Im Beispiel sollen innerhalb eines Landkreises Gemeindeverbände mit einer besonders herausfordernden Situation in Bezug auf Familien gefunden werden. Es wurde festgelegt, dass eine solche herausfordernde Situation der Gemeinde durch einen hohen Anteil von Kindern an der Einwohnerschaft und viele Haushalte mit Kindern, geringe Kaufkraft, viele Haushalte mit niedrigem Einkommen und einen hohen Anteil von Langzeitarbeitslosen gekennzeichnet ist. Für jeden einzelnen dieser Indikatoren wurde mithilfe eines Tabellenkalkulationsprogramms eine Rangreihe erstellt, je nachdem ob der Indikator bessere oder schlechtere Werte annimmt. Die Rangplätze für jeden Gemeindeverband werden addiert und diese Summe erneut in eine Rangreihe gebracht. Die Gemeinden mit vorderen Rangplätzen weisen also tendenziell in mehr Indikatoren herausfordernde Werte auf als jene auf den hinteren Rangplätzen und können so als Regionen mit einer herausfordernden Situation für Familien gekennzeichnet werden.

6 Methodenbausteine

> **Übung 5: Index**
>
> Erstellen Sie einen Index zur »Lebensqualität« aller Landkreise des Landes Rheinland-Pfalz!
> Operationalisieren Sie den Begriff »Lebensqualität«, indem Sie vier Indikatoren der Datenbank INKAR des Bundesamtes für Bau-, Stadt- und Raumforschung auswählen (www.inkar.de). Laden Sie die Werte dieser Indikatoren herunter und öffnen Sie diese in Excel. Erstellen Sie dann für jeden dieser Indikatoren eine Rangfolge der Landkreise, indem Sie die Funktion »Rang« nutzen. Informieren Sie sich in der Hilfe über die Anwendung dieser Funktion. Dabei sollen die im Sinne der Lebensqualität »besten« Werte jeweils die vorderen Rangplätze belegen. Achten Sie auf die Richtung der Rangfolge, bei manchen Indikatoren ist ein großer, bei anderen ein kleiner Indikatorwert als besonders »gut« zu beurteilen. Bilden Sie eine Gesamtrangfolge aller Indikatoren, indem sie einen Mittelwert aus sämtlichen Rangplätzen der Kreise bei den Einzelindikatoren bilden. Stellen Sie fest, welche drei Landkreise nach den von Ihnen ausgewählten Indikatoren an der Spitze und am Ende des Index stehen.
>
> Lösungsvorschlag: siehe Onlinematerial

6.2 Dokumentenanalysen

Bevor man über eigene Datenerhebungen, also eigene Befragungen, Begehungen oder Ähnliches, nachdenkt, ist es in jedem Fall sinnvoll zu überlegen, wie bereits verfügbare Informationen für eine Analyse des Sozialraums genutzt werden können. Als Dokumente betrachten wir dabei alle sozialen Daten (Texte, Bilder, Websites, Akten, Excel-Tabellen, Datenbanken usw.), die nicht eigens für den Zweck der Sozialraumanalyse erhoben wurden, sondern durch die Arbeit von Organisationen ohnehin angefallen sind. Dokumentenanalysen können je nach Fragestellung und Art der Dokumente sehr unterschiedlich durchgeführt werden, aus diesem Grund lässt sich hier kein konkretes Vorgehen bei einer Dokumentenanalyse beschreiben.

In der Sozialforschung kennt man Dokumentenanalysen als aufwändige qualitative Inhaltsanalysen, die beispielsweise dem Sinnverstehen bestimmter Dokumente dienen. Solch aufwändige Verfahren wird man im Rahmen einer Sozialraumanalyse kaum durchführen. Es kann aber darum gehen, die auf den Websites verschiedener Institutionen veröffentlichten Projekte oder Angebote für eine bestimmte Zielgruppe zu recherchieren. Es kann von Interesse sein, Fahrpläne zu analysieren, um festzustellen, wie es um die Taktung des Öffentlichen Personennahverkehrs bestellt ist. Oder man könnte Protokolle des Stadtrats sichten, um herauszufinden, wie oft dort ein bestimmtes Thema der Ortsentwicklung im letzten

Jahr diskutiert wurde und mit welchem Ergebnis. Bei einer durch Studierende der Hochschule Koblenz durchgeführten Sozialraumanalyse wurde beispielsweise auf Ergebnisse mehrerer »Barcamps« zur Ortsentwicklung in einem Untersuchungsort zurückgegriffen, die schon im Vorfeld der eigenen Untersuchung von der Stadtverwaltung initiiert wurde. Ein Barcamp ist eine offene Tagung mit Workshops, deren Abläufe und Themen von den Teilnehmenden während der Tagung selbst entwickelt werden. Von den Studierenden wurden die schriftlichen Protokolle dieser Bürger-Barcamps ausgewertet, um zu ermitteln, welche Befunde und Handlungsvorschläge bereits im Rahmen dieses partizipativen Verfahrens herausgearbeitet worden waren.

Beim Analysieren von Dokumenten muss stets reflektiert werden, mit welcher Absicht und in welchem Kontext diese Dokumente entstanden sind. Davon hängt ab, welche Informationen sich in den Dokumenten finden lassen und wofür sie eher ungeeignet sind (Beer o. J.). Eine der simpelsten Dokumentenanalysen ist vermutlich die Internetrecherche. Recherchiert man beispielsweise nach »Bildungsangeboten für Familien« in einem bestimmten Ort, so stößt man vermutlich auf bestimmte Institutionen und deren Angebote im Internet. Man kann davon ausgehen, dass »Angebote« mithilfe einer Internetrecherche gut erhoben werden können, da jede Institution ein Interesse daran hat, dass die eigenen Angebote von Interessierten gefunden werden. Wie stark diese Angebote aber jeweils genutzt werden, wie beliebt sie sind und wie qualitativ hochwertig, werden die Websites der Bildungsinstitutionen oder Vereine nicht verraten. Denn natürlich möchte sich jede in möglichst gutem Licht darstellen (Beer o. J.: 32 f.).

Es ist deshalb nötig, sich schon vor der Auswahl bestimmter Dokumente zu Analysezwecken Gedanken darüber zu machen, welche Dokumente die gewünschten Informationen am ehesten enthalten und welche Einschränkungen man berücksichtigen muss, also darüber, welche Aspekte in den Dokumenten vermutlich nicht oder kaum objektiv wiedergegeben werden. Nur wirklich enthaltene Informationen kann man mithilfe einer Dokumentenanalyse erschließen. Die folgende Tabelle verdeutlicht den Kommunikationszweck und die möglichen Leerstellen verschiedener Dokumente des Berichtswesens von Organisationen (▶ Tab. 7).

Tab. 7: Dokumentenarten und ihre Inhalte

Quelle	Dokumentenart	Kommunikationszweck	vermutlich keine Angaben über
Internet	Websites von Institutionen	Institutionen und deren Angebote bekannt machen	Qualität und Nutzungsintensität dieser Angebote
Lokalpolitik	Sitzungsprotokolle, Beschlüsse	Bedarfe feststellen, Entscheidungen begründen und dokumentieren	Kontroverse Meinungen, Inhalte von Aussprachen und Diskussionen

Tab. 7: Dokumentenarten und ihre Inhalte – Fortsetzung

Quelle	Dokumentenart	Kommunikationszweck	vermutlich keine Angaben über
Kommunalverwaltung	Berichte, Statistiken	Informationen zu Strukturen und Tätigkeiten in der Kommune	Qualitative Aspekte der Tätigkeit, Zufriedenheit der Bürger, Außenwahrnehmung der Verwaltung
Lokale Medien	Zeitungsartikel, Blogs	Aufmerksamkeit herstellen, Ereignisse berichten	Dinge, die gut und unspektakulär verlaufen
Organisationen	Berichte, Statistiken	Informationen zur Tätigkeit der Organisation	Stimmung in der Belegschaft, Ideen und Planungen für die Zukunft

Wichtig ist bei Dokumentenanalysen ein strukturiertes Vorgehen, um sich nicht im Wust der Informationen zu verlieren. Folgende Fragen sind der Reihe nach zu klären und dann entsprechend umzusetzen:

1. Was will ich wissen? (Ziel der Dokumentenanalyse klären)
2. Wo werde ich suchen? (relevante Dokumente eingrenzen)
3. Wie komme ich heran? (Zugang zu den Dokumenten herstellen)
4. Wie genau werte ich aus? (die Dokumente werden nach bestimmten, vorher festgelegten Inhalten abgesucht)
5. Was sagt mir das? (die Ergebnisse werden ausgewertet, zusammengefasst und interpretiert)

Versuchen wir einmal, anhand eines Beispiels, diese vier Schritte zu verdeutlichen:

1. Ziel festlegen
   Unser Ziel ist es, festzustellen, welche »Angebote für Familien« es in der Stadt Mühlberg gibt
2. Eingrenzen
   Wir entscheiden, dass nur Angebote interessieren, die in Mühlberg selbst stattfinden, nicht solche in umliegenden Orten. Es interessieren bildende, kulturelle, sozialberatende, psychosoziale und gesundheitsberatende Veranstaltungen, Seminare, Beratungsangebote. Recherchiert wird auf Websites von sämtlichen im Internet mit einer Präsentation auftretenden Institutionen mit einem oben genannten thematischen Schwerpunkt, die in Mühlberg aktiv sind.
3. Zugang
   Der Zugang zu den Websites ist unproblematisch. Ggf. werden die Veranstaltungsprogramme der Institutionen als PDF-Datei heruntergeladen und lokal auf dem PC gesichtet.

4. Festlegung von Kriterien und Indikatoren
Die Websites und Dokumente werden auf entsprechende Angebote im festgelegten Themenfeld, die sich konkret an Familien richten oder die für Familien relevant sind, abgesucht. Als »Angebote« sollen dabei sowohl Maßnahmen zählen, die Eltern mit ihren Kindern wahrnehmen können, als auch Angebote für Kinder allein. Angebote nur für Erwachsene sollen jedoch unabhängig vom Thema nicht als »Angebot für Familien« gelten.
5. Auswertung
Die Auswertung erfolgt mithilfe einer Auswertungstabelle, in die neben der Institution die entsprechenden Angebote, deren Dauer, die Häufigkeit des Angebots sowie die entstehenden Kosten vermerkt werden.

Analyse von Daten des Berichtswesens

Soziale Institutionen wie Jugendämter, Kitas oder Senioreneinrichtungen verfügen in der Regel über eine Vielzahl von Daten aus dem eigenen Berichtswesen. Dazu gehören auf der einen Seite sogenannte prozessgenerierte Daten, die bei der täglichen Arbeit dieser Institution allein dadurch entstehen, dass Fälle bearbeitet, Klientinnen und Klienten betreut oder Veranstaltungen durchgeführt werden und dies in Statistiken oder Berichten festgehalten wird. Zudem führen soziale Einrichtungen immer wieder auch selbst Erhebungen durch, die für eine Sozialraumanalyse nutzbar sein können. Dazu gehören etwa Trägerbefragungen, Klientenbefragungen oder Evaluationen bestimmter Maßnahmen. Die Auswertung solcher Daten kann man ebenfalls als Dokumentenanalyse betrachten – oder man sieht sie, sofern die Daten schon als Datensatz vorliegen, als Sekundäranalyse statistischer Daten.

Zunächst müssen die verfügbaren Daten gesichtet werden. Nicht selten existieren zwar Daten des Berichtswesens, wurden aber bisher kaum oder nicht systematisch genutzt. Auf Dienstrechnern finden sich dann mitunter eingescannte Fragebögen oder Excel-Tabellen, die keine einheitliche Struktur aufweisen. Es muss entschieden werden, welche dieser Daten für die Bearbeitung der Forschungsfrage hilfreich sein könnten. Dabei muss auch abgewogen werden, wie groß der Aufwand ist, die Daten in eine verarbeitbare Form zu bringen, also einen einheitlichen Datensatz herzustellen. Im günstigsten Fall können die Daten statistisch ausgewertet und mittels grafischer Darstellungen visualisiert und interpretiert werden.

Wie bei einer Soziodemografischen Analyse geht es darum, Indikatoren für bestimmte Untersuchungseinheiten, seien es Individuen oder Institutionen, statistisch so auszuwerten, dass sie zur Beantwortung der Forschungsfrage beitragen.

Die Abbildung zeigt die Ergebnisse einer Trägerbefragung von Kitas in Rheinland-Pfalz (Swat 2023; ▶ Abb. 5). Dabei ging es unter anderem darum, ob in den Einrichtungen ein Kita-Beirat getagt hat und welche Themen in den Kita-Beiräten besprochen wurden. Die Erhebung wurde mithilfe einer schriftlichen Online-Befragung durchgeführt. Die Auswertung dieser Trägerbefragung kann also darüber Auskunft geben, welche Themen in den Kitas von großer Relevanz sind, weil sie häufig besprochen werden, und welche eher selten zum Thema werden. Die Daten

6 Methodenbausteine

können der Trägerbefragung entnommen und dann nach eigenem Auswertungsinteresse zusammengestellt, analysiert und grafisch dargestellt werden.

Kita-Konzeption				Baumaßnahmen		Essensituation			Betreuungsangebote			
teilweise Änderung der Konzeption 13		neue Angebote 11		Gestaltung Außengelände 12		Übermittagbetreuung 15			Betreuungszeiten 7			
Beteiligung der Kinder 5	Gestaltung der Übergänge 4	grundl. Änderung der Konzeption 4		Auswirkungen Kita-Gesetz 7	Küche 6	aktuelle Essenssituationen 3			Auswirkungen Kita-Gesetz 12	sonst. 4	Sozialraumanalyse 3	
sonstiges 5	Verabschiedung der Konzeption 4	Kinderschutz 3		Erweiterungen 3	sonst. 3	Kinderperspektive 5	Frühstück 2	sonst. 2	Kooperationen			
									Partizipation/ Kooperation allgemein 9		Feste 4	
											Kommunikation 2	

Abb. 5: Auswertung einer Trägerbefragung zu Themen, mit denen sich Kita-Beiräte befassen

Informationen, die durch die Arbeits- und Berichtstätigkeit von Institutionen anfallen, können nützliche Quellen für Sozialraumanalysen sein. Im Beispiel wurde ausgewertet, mit welchen Themen sich Kita-Beiräte in Rheinland-Pfalz befasst haben, und das Ganze als sogenannte Tree-map dargestellt. Dabei wird die Häufigkeit von Nennungen in die Größe der dargestellten Rechtecke umgesetzt. Die Grafik verdeutlicht, dass sich Kita-Beiräte am häufigsten mit Themen auseinandersetzen, die die Konzeptionen ihrer Einrichtungen betreffen, an zweiter Stelle mit Baumaßnahmen, gefolgt von der Essenssituation, den Betreuungsangeboten und den Kooperationen der Kita. Das meistgenannte spezielle Thema der Kita-Beiräte war die Übermittagbetreuung (15 Nennungen).

Das Wichtigste in Kürze

Bevor man sich die Mühe eigener Datenerhebungen macht, sollten bereits vorliegende Dokumente interessierender Institutionen berücksichtigt werden. Als Dokumentenanalyse bezeichnet man eine Auswertung sozialer Daten, die nicht speziell für die Sozialraumanalyse erstellt wurden. Es kann sich um Akten, Websites, Protokolle o. Ä. handeln. Die Art der Auswertung dieser Dokumente richtet sich danach, wie die Informationen vorliegen, es kann sich um eine qualitative oder quantitative Inhaltsanalyse oder eine statistische Auswertung handeln. Bei Dokumentenanalysen ist stets zu berücksichtigen, in welchem Kontext und zu welchem Zweck die Dokumente entstanden sind. Davon hängt ab, welche Informationen daraus gewonnen werden können und welchen Einschränkungen der Inhalt unterliegt. Das Berichtswesen von Organisationen kann auch statistische Daten liefern, die für eine Sozialraumanalyse genutzt werden können. Eine Dokumentenanalyse folgt folgenden Schritten:

- Ziel der Dokumentenanalyse festlegen
- Eingrenzen, welche Dokumente analysiert werden sollen
- Zugang zu den Dokumenten klären und herstellen

- Festlegung genauer Kriterien und Indikatoren
- Auswertung, Zusammenfassung, Interpretation

Weiterführende Literatur

Hoffmann, N. (2018): Dokumentenanalyse in der Bildungs- und Sozialforschung. Überblick und Einführung. Weinheim: Beltz Juventa.

Salheiser, A. (2014): Natürliche Daten: Dokumente. In: Baur, N., Blasius, J. (Hg.), Handbuch Methoden der empirischen Sozialforschung (S. 813–827). Wiesbaden: Springer VS.

Übung 6: Dokumentenanalyse

In Ihrem Ort soll ein neues Schwimmbad gebaut werden. Seit etwa einem Jahr gibt es darüber immer wieder Diskussionen. Erläutern Sie ein mögliches Vorgehen für eine Dokumentenanalyse zu der Frage, wie das Thema »Schwimmbadbau« im Verlauf des vergangenen Jahres in lokalen Medien thematisiert wurde. Denken Sie an die konkrete Auswahl von Quellen und das Festlegen genauer Suchkriterien.

Lösungsvorschlag: siehe Onlinematerial

6.3 Die standardisierte Befragung

Die standardisierte Befragung dürfte die bekannteste Methode der empirischen Sozialforschung sein, weil wir sie alle in unserem Alltag schon erlebt haben, etwa bei telefonischen Umfragen oder beim Ausfüllen von Fragebögen der verschiedensten Art. Standardisierte Befragungen gehören zu den quantitativen Methoden der Sozialforschung. Dabei werden allen Teilnehmenden Fragen gestellt, die in Reihenfolge und Formulierung identisch sind. Die Beantwortung dieser Fragen erfolgt mittels standardisierter Antwortvorgaben. Das heißt, sie werden nicht in freier Formulierung beantwortet, sondern in der Regel durch Auswahl einer Antwort aus einer Reihe vorgegebener Möglichkeiten.

Die standardisierte Befragung zielt auf eine große Zahl von Befragten, deren Antworten dann statistisch ausgewertet werden können und möglichst quantifizierbare, also zähl- und messbare Ergebnisse produzieren sollen.

Der Vorteil einer standardisierten Befragung etwa gegenüber einem Leitfadeninterview liegt auf der Hand: Es lassen sich größere Personengruppen befragen und die Auswertung geht schneller. Durch die standardisierten Antwortvorgaben müssen die gewählten Antworten nur noch ausgezählt werden und die Verteilung der Antworten kann beispielsweise in einem Diagramm grafisch dargestellt werden.

Auf der anderen Seite ist es ein Nachteil von standardisierten Befragungen, dass sie die Möglichkeit zu antworten einschränken. In einer standardisierten Befragung kann man nichts erfahren, was nicht bereits in die Antwortvorgaben eingeschlossen ist. Sie eignet sich deshalb nur für Fragestellungen, bei der die Forschenden das mögliche Spektrum der Antworten schon gut kennen. Präsentiert man den Befragten zu einer Frage vier Antwortmöglichkeiten, vergisst aber eine Fünfte, die in der Praxis vorkommt, so gelangt man zu falschen Ergebnissen. Die Befragten werden dann vielleicht willkürlich eine der vier vorgegebenen Antworten ankreuzen, die Antwort verweigern oder gar aus der Befragung aussteigen, weil sie sich darin nicht wiederfinden. Standardisierte Befragungen sollte man also nur zu Themengebieten anwenden, die man als Forschender inhaltlich gut überblicken kann, und man sollte ausreichend Zeit und Energie in die Formulierung geeigneter Fragen und Antwortvorgaben investieren. Zum Generieren neuen Wissens, zum Abschöpfen von Expertenwissen oder zur Erforschung von noch wenig bekannten Themenbereichen eignen sich standardisierte Befragungen nicht gut.

Formen der standardisierten Befragung

Standardisierte Befragungen lassen sich auf verschiedene Weisen durchführen. Zunächst kann man schriftliche und mündliche Befragungen unterscheiden – je nachdem, auf welche Weise die Antworten der Befragten eingeholt werden. Weiterhin kann man schriftliche Befragungen auf Papier (paper and pencil) oder digital durchführen – je nachdem, auf welche Weise die Antworten gespeichert werden. Mündliche Befragungen lassen sich entweder persönlich (face to face) oder fernmündlich (telefonisch oder als Videokonferenz) durchführen.

Bei einer schriftlichen Befragung werden den Befragten Fragebögen auf Papier übergeben oder zugeschickt. Diese sind ebenfalls schriftlich zu beantworten und werden dann gesammelt oder zurückgesandt. Ein Vorteil dieser Befragungsform ist es, dass die Befragten in ihrer eigenen Geschwindigkeit Fragen durchdenken und in Ruhe beantworten können. Beliebt ist diese Form der Befragung auch, wenn eine ganze Wohnbevölkerung oder eine Stichprobe aus einer Wohnbevölkerung befragt werden soll, denn die Fragebögen lassen sich gut an amtlich registrierte Wohnadressen versenden.

Als Forschender hat man auch die Möglichkeit, durch die Einwohnermeldeämter Zufallsstichproben aus den Einwohnermelderegistern ziehen zu lassen und die Fragebögen dann an eine repräsentative Stichprobe der Bevölkerung zu versenden. Über Wohnadressen werden fast alle Gruppen der Bevölkerung erreicht, Alte und Junge, Gebildete und weniger Gebildete, Einheimische und Zugewanderte. Ein Nachteil schriftlicher Befragungen ist der meist schwache Rücklauf. In der Regel wird der weit überwiegende Teil der Befragten einen schriftlichen Fragebogen wegwerfen oder vergessen. Und damit stellt sich natürlich die Frage, wie aussagekräftig die Ergebnisse der kleinen Gruppe Antwortender dann noch sind. Ein Rücklauf von 20% der Adressaten sollte unbedingt angestrebt werden, um zu verlässlichen Aussagen über die Grundgesamtheit zu gelangen.

Man kann Maßnahmen ergreifen, um den Rücklauf von schriftlich-postalischen Befragungen zu verbessern. Von großer Bedeutung ist dabei das Anschreiben, das jedem Fragebogen vorausgeht. In diesem Anschreiben sollten sich die Forschenden vorstellen und den Sinn und Nutzen der Befragung deutlich machen. Man kann um Unterstützung bitten und sich für die Teilnahme bedanken. Es kann auch nützlich sein, auf die Bedeutsamkeit der Beteiligung für die Entwicklung der Kommune o. Ä. hinzuweisen. Auch der spätere Versand von Erinnerungsnachrichten oder der erneute Versand von Fragebögen an Personen, die bisher nicht geantwortet haben, kann helfen, den Rücklauf zu erhöhen. (Menold 2015) Relativ viel Aufwand verursachen schriftliche Befragungen auf Papier bei der Auswertung. Die Fragebögen müssen entweder von Hand zusammengefasst oder zur Auswertung in digitale Systeme eingelesen werden.

Dieses Problem hat man bei Online-Befragungen, also beim Beantworten von Fragebögen auf einer Website oder einer Smartphone-App, nicht. Der Vorteil von digitalen schriftlichen Befragungen liegt im geringen Erstellungsaufwand und in der schnellen Auswertbarkeit. Aus diesem Grund werden immer mehr Befragungen online durchgeführt. Haben die Befragten ihre Kreuzchen auf dem digitalen Fragebogen gesetzt, braucht es für die automatisierte statistische Auswertung oft nur noch wenige Klicks. Der Nachteil von Online-Befragungen liegt in der Erreichbarkeit der Zielgruppe und in der möglichen Selektivität der Teilnehmenden. Eine Website mit einem Online-Fragebogen ist schnell erstellt. Aber wie erreicht man, dass die Zielgruppe der Befragung auch dorthin gelangt und den Fragebogen ausfüllt? Bei Zusammenkünften kann man die Anwesenden direkt auffordern, auf ihrem Smartphone an der Befragung teilzunehmen, zu der sie mit einem QR-Code gelangen. Relativ leicht ist das auch, wenn man die E-Mail-Adressen der Befragten zur Verfügung hat und sie auf diese Weise anschreiben kann. Sonst muss man mit Handzetteln oder mit einem öffentlichen Aufruf versuchen, Interesse auf diese Online-Befragung zu lenken und die Zielgruppe auf die entsprechende Website locken. Doch hier zeigt sich eine weitere Herausforderung digitaler Befragungen, die Selektivität der Teilnehmenden. Jüngere, gebildete und digital affine Menschen wird man damit sehr viel leichter erreichen als ältere Menschen oder Personen aus bildungsfernen oder sozial prekären Milieus. Hier müssen Forschende gründlich reflektieren, ob die Ergebnisse der Befragung ausreichend repräsentativ für die Zielgruppe sind und ob eine Online-Befragung geeignet ist.

Mündliche Befragungen, ob persönlich oder fernmündlich, haben in der Regel einen besseren Rücklauf als schriftliche. Die soziale Verbindlichkeit ist im persönlichen Kontakt einfach größer und die Hürde, jemanden persönlich abzuweisen ist für die Befragten höher, als einfach einen Fragebogen in den Papierkorb zu werfen oder einen Link zu ignorieren. Zwar kämpfen auch die Umfrageinstitute mit sinkender Antwortbereitschaft, da viele Menschen unerwünschte Anrufe oder Haustürbesuche ablehnen. Allerdings dürfte dieses Problem im Kontext von Sozialraumanalysen geringer sein, da es hier oft einen konkreten lokalen Bezug gibt, was für größeres Interesse an der Teilnahme sorgt. Ein Nachteil mündlicher oder fernmündlicher Befragungen ist der größere Aufwand bei der Datenerhebung. Interviewende müssen von Tür zu Tür gehen oder eine Vielzahl von Anrufen tätigen, was in der Regel einen deutlich größeren Personaleinsatz erfordert als bei schriftlichen oder Online-Befragungen. Die Auswertung wiederum kann ähnlich unkompliziert sein wie bei Online-Befragungen, da man die Antworten auch bei mündlichen Befragungen direkt in digitaler Form in einen Laptop oder ein Tablet eingeben kann.

Tab. 8: Vor- und Nachteile verschiedener Formen standardisierter Befragungen

	Form der Befragung	Vorteile	Nachteile
schriftlich	Papier (z. B. postalisch)	Befragte haben genügend Zeit zum Durchdenken Auch komplexe Themen sind darstellbar	geringer Rücklauf keinen Einfluss darauf, wer den Fragebogen tatsächlich ausfüllt aufwändiges Einlesen der Fragebögen notwendig
	Digital (Online-Befragung)	leichte Erreichbarkeit vieler Befragter (etwa mit einer Website) einfache Auswertung komplexe Verzweigungen in der Befragung je nach Vor-Antwort leicht möglich	Erreichbarkeit der Zielgruppe möglicherweise schwierig Selektivität der Teilnehmenden
mündlich	persönlich (face to face)	hohe Verbindlichkeit der Teilnahme bei persönlicher Ansprache, dadurch guter Rücklauf	personeller Aufwand mögliche Beeinflussung der Antworten durch die interviewende Person
	fernmündlich (telefonisch, Videocall)	Schnelligkeit, höhere Verbindlichkeit der persönlichen Ansprache	Verfügbarkeit von Telefonnummern (vor allem bei regionalem Bezug der Befragung) schwierig personeller Aufwand

Zielgruppen der Befragung

Bevor man mit einer standardisierten Befragung beginnt, muss man zunächst entscheiden, welches die Grundgesamtheit der Untersuchung sein soll. Als Grundgesamtheit bezeichnet man die Gruppe von Personen, auf die sich die durch die Befragung gewonnenen Aussagen beziehen sollen, über deren Meinungen oder Einstellungen man etwas erfahren möchte. Das können »alle Einwohner des Ortes« oder »alle Kinder unter 6 Jahren im Quartier« oder auch »alle Eltern unserer Kita-Kinder« sein. Ist diese Frage geklärt, muss man überlegen, wie man diese Personengruppen am besten erreichen kann. Am genauesten wäre es natürlich, sämtliche Personen der Grundgesamtheit zu befragen. Diese umfassendste Vorgehensweise nennt man Vollerhebung.

Bei kleineren, überschaubaren Grundgesamtheiten ist dies leicht. So dürfte es kein Problem sein, alle Mitarbeitende einer Einrichtung oder sämtliche Kinder einer Kita-Gruppe zu befragen. Werden die Grundgesamtheiten größer, stößt man jedoch leicht an Grenzen. Möchten wir die Meinungen der Einwohner im Quartier oder im ganzen Ort in Erfahrung bringen, wird es kaum möglich sein, sämtliche Einwohnerinnen und Einwohner zu befragen. Dann muss man auf Stichproben aus der Grundgesamtheit zurückgreifen.

Will man anhand des Antwortverhaltens einer Stichprobe Aussagen über die Grundgesamtheit treffen, benötigt man genau genommen eine »repräsentative« Stichprobe. Eine repräsentative Stichprobe muss erstens eine gewisse Größe haben und zweitens durch eine Zufallsauswahl aus der Grundgesamtheit erfolgen, bei der jede Person die gleiche Chance hat, ausgewählt zu werden. Nur unter diesen Bedingungen kann man davon ausgehen, dass die Merkmale (bzw. das Antwortverhalten) der Stichprobe mit dem der Grundgesamtheit übereinstimmt.

Das Gegenteil einer repräsentativen Stichprobe ist eine selektive Stichprobe. Dabei haben nicht alle Personen der Grundgesamtheit die gleiche Chance, befragt zu werden, sondern diese Chancen sind nach persönlichen Merkmalen ungleich verteilt. Befragt man bei einer Sozialraumanalyse Passantinnen und Passanten auf dem Dorfplatz an einem Vormittag unter der Woche, haben erwerbstätige oder gehbehinderte Menschen vermutlich nicht die gleiche Chance, befragt zu werden. Lädt man zu einer Bürgerversammlung ein, um dort ein Meinungsbild einzuholen, werden Eltern mit kleinen Kindern oder Jugendliche vermutlich selten dort anzutreffen sein. Fordert man Eltern in einer Kita auf, einen Fragebogen auszufüllen, werden solche mit nichtdeutscher Muttersprache vermutlich nicht mit gleicher Wahrscheinlichkeit an der Befragung teilnehmen wie Deutsch-Muttersprachler. Ist eine Stichprobe selektiv, besteht die Gefahr, dass die Meinungen oder Einstellungen relevanter Personengruppen nicht in den Ergebnissen der Befragung enthalten sind.

Im Rahmen von Sozialraumanalysen wird man selten Gelegenheit haben, mit echten Zufallsstichproben zu arbeiten. Denn diese kann man im Prinzip nur mittels Computer aus einer vollständigen Datenbank der Grundgesamtheit ziehen. Allerdings können auch computergenerierte repräsentative Stichproben das Problem der Selektivität von Gruppen, die an Befragungen tatsächlich teilnehmen, nicht völlig beheben. Denn auch die repräsentativ ausgewählten Personen werden nicht alle an der Befragung teilnehmen. Und auch Personen, die die Teilnahme verweigern oder nicht erreichbar sind, fallen nicht »zufällig« aus der Stichprobe, sondern häufig aufgrund persönlicher Merkmale. So werden jüngere Personen oder solche mit Migrationshintergrund vermutlich häufiger umziehen und deshalb mit größerer Wahrscheinlichkeit an einer registrierten Adresse nicht mehr erreichbar sein. Und Menschen, die Sozialforschung für eine Überwachungsmethode halten oder dem Schutz ihrer Daten nicht vertrauen, werden die Teilnahme vermutlich eher verweigern. Die Meinungen und Einstellungen dieser Personen werden dann in den Befragungsergebnissen nicht adäquat vertreten sein.

Doch auch wenn es nicht möglich ist, tatsächliche statistische Repräsentativität herzustellen, ist es wichtig, sich des Problems der Selektivität bewusst zu bleiben. Man sollte der Selektivität von Stichproben so weit als möglich entgegenwirken. Dazu gehört das Bewusstsein davon, dass bestimmte soziale Gruppen (Ältere, Jüngere, Erwerbstätige, Eltern mit kleinen Kindern, Menschen mit nichtdeutscher Muttersprache) in der Regel nicht zur gleichen Zeit am gleichen Ort anzutreffen sind und dass es aufgrund von sprachlichem oder Bildungshintergrund für solche

Gruppen unterschiedliche Hürden gibt, sich an Befragungen oder anderen Methoden der Sozialraumanalyse zu beteiligen. Gerade bei Sozialraumanalysen, die oft Projekte für eine Verbesserung des lokalen Zusammenlebens einleiten sollen, muss stets überlegt werden, wie man auch Gruppen außerhalb des gesellschaftlichen Mainstreams erreichen und einbeziehen kann. Dazu kann es gehören, dass man einen Fragebogen in eine andere Sprache übersetzt, einen Dolmetscher nutzt oder die Meinung spezifischer Gruppen mit anderen Methoden, etwa mit persönlichen statt mit schriftlichen Befragungen, erhebt.

Die zeitliche Dimension der Untersuchung

Ist die Frage der Zielgruppe der Befragung geklärt, muss man sich über die zeitliche Dimension der Befragung Gedanken machen. Auf welchen Zeitpunkt oder auf welche Zeitpunkte sollen sich die Antworten beziehen? Häufig genügt eine sogenannte Querschnittserhebung. Das bedeutet, die Befragung wird einmalig zu einem bestimmten Zeitpunkt durchgeführt. Dieses Verfahren ist sehr gut geeignet, aktuelles Wissen, aktuelle Meinungen, Einstellungen oder Motive zu erfragen.

Schwieriger wird es, wenn man erfassen möchte, wie sich Wissen, Meinungen, Einstellungen oder Motive im Zeitverlauf verändern. Dann benötigt man eine Längsschnittanalyse, eine Befragung, die zu mehreren Zeitpunkten stattfindet. Am nachvollziehbarsten ist das vielleicht bei einer Projektevaluation. Möchte ich herausfinden, ob sich die Zufriedenheit der Menschen im Quartier seit Einführung des Quartiersmanagements verbessert hat, benötige ich in der Regel zumindest eine Vorher-Nachher-Befragung. Bei Längsschnitterhebungen müssen zu allen Zeitpunkten dieselben Fragebögen mit denselben Fragen vorgelegt werden. Nur so lassen sich die Äußerungen der Befragten im Zeitverlauf vergleichen und man kann prüfen, ob die Intervention in Zusammenhang mit einer Veränderung der Befragungsergebnisse gebracht werden kann.

Denkbar ist es auch, eine Befragung zu mehreren Zeitpunkten im Projektverlauf durchzuführen. So gewinnt man einen Überblick über die Veränderung von Meinungen und Einstellungen durch bestimmte Maßnahmen oder in bestimmten Abschnitten des Projekts. Ein fortlaufendes, regelmäßiges Befragen der Zielgruppe, um kontinuierlich über Veränderungen im Bilde zu sein, ist eine weitere Möglichkeit der zeitlichen Strukturierung von Datenerhebungen. Eine solche kontinuierliche Datenerfassung nennt man »Monitoring«.

Was aber tun, wenn man Informationen über einen früheren Zeitpunkt bekommen möchte, aber damals keine Befragung gemacht wurde? Ein Verfahren, das dies ermöglicht, ist die retrospektive Längsschnitterhebung. Dabei wird die Erhebung nur zu einem Zeitpunkt durchgeführt, dabei werden aber auch Fragen nach früheren Zeitpunkten gestellt. Dies funktioniert gut, wenn sich die Frage auf nachprüfbare Fakten bezieht: Wie hoch war Ihr Einkommen vor dem Stellenwechsel? Wie oft haben Sie im vorigen Monat auf der Arbeit gefehlt? Wenig Sinn macht es hingegen, nach Meinungen oder Einstellungen in der Vergangenheit zu fragen, weil die meisten Menschen dies kaum korrekt angeben können. Die Frage »Wie zufrieden waren sie mit ihrer Arbeit vor einem Jahr?« lässt sich kaum sinnvoll beantworten. Was man tun kann, wenn man dennoch Veränderungen im Zeitverlauf dokumentieren möchte, ist, direkt Veränderungen abzufragen: »Hat sich ihre Zufriedenheit mit x seit Projektbeginn verändert?« – hier können die meisten Menschen wahrscheinlich angeben, ob sich die Zufriedenheit verbessert bzw. verschlechtert hat oder ob sie gleichgeblieben ist.

Frageformulierung und Fragebogengestaltung

Die Formulierung von Fragen für standardisierte Befragungen und die Gestaltung von Fragebögen ist eine Wissenschaft für sich, über die viele Bücher geschrieben worden sind. Gleichzeitig denken viele, es sei einfach, einen Fragebogen zu erstellen, da man ja schon viele gesehen hat. Häufig begegnet man jedoch auch in der Praxis ungeeigneten Fragebögen, die Fehler in der Formulierung und Gestaltung der Antwortvorgaben aufweisen, gleichzeitig aber komplexe, anspruchsvolle Konstrukte untersuchen wollen. Dies entwertet die Ergebnisse und sollte vermieden werden, denn jede Befragung bedeutet Aufwand – für die Forschenden ebenso wie für die Befragten. Es sollte deshalb sichergestellt sein, dass eine Befragung in angemessener Qualität durchgeführt wird.

An dieser Stelle können nur einige Basics der Frageformulierung und Fragebogengestaltung erläutert werden. Es empfiehlt sich, bei größeren Befragungsprojekten spezielle Fachliteratur zu nutzen.

Klärung der Fragestellung und Operationalisierung

Das Klären der konkreten Fragestellung und die Operationalisierung sind Schritte, die bei jeder Methode der Sozialraumanalyse am Anfang stehen. Was will ich genau wissen und wie kann ich diese Information erheben?

Stellen wir uns vor, wir möchten im Rahmen einer Sozialraumanalyse auch das Thema Mobilität untersuchen. Dies wäre als Thema noch zu unkonkret für eine Befragung. In einem Brainstorming könnte man präzisieren: Unter »Mobilität« verstehen wir die Nutzung von Verkehrsmitteln, speziell das Auto, das Fahrrad und den ÖPNV. Wir entscheiden uns, die »Zufriedenheit mit dem ÖPNV« als Fragestellung unserer Untersuchung aufzunehmen.

Das Brainstorming geht weiter: Was verstehen wir unter »Zufriedenheit mit dem ÖPNV«, welche Aspekte gehören dazu? Wir kommen zu folgenden Punkten:

- Entfernung zu Haltestellen,
- Häufigkeit der Verbindungen,
- Sicherheitsgefühl in den Verkehrsmitteln,
- Sauberkeit in den Verkehrsmitteln,
- Sicherheitsgefühl an den Haltestellen,
- baulicher Zustand der Haltestellen.

Wichtig ist bei der Operationalisierung der Fragestellung, auch wirklich alle Aspekte zu berücksichtigen, die für die Untersuchung wichtig sind. Natürlich könnte man pauschal nach der »Zufriedenheit mit dem ÖPNV« fragen. Doch eine Sozialraumanalyse soll differenzierte Erkenntnisse liefern und auch die Grundlage für mögliche Handlungsempfehlungen legen. Käme also eine Befragung zu der Erkenntnis, dass viele Befragte mit dem ÖPNV unzufrieden sind, könnte man daraus nicht ableiten, worauf genau sich diese Unzufriedenheit richtet, und kann deshalb auch schlecht Veränderungen empfehlen.

Man kann selbstverständlich noch weitere Aspekte der Zufriedenheit mit dem ÖPNV finden; man kann zwischen Bus und Bahn unterscheiden. Wichtig ist, immer den Zweck der Befragung und der gesamten Sozialraumanalyse im Blick zu haben. Es geht nicht darum, so viel wie möglich abzufragen, sondern die relevanten Aspekte für die geplante Sozialraumanalyse.

Die Formulierung von Fragen

Fragen in Fragebögen können auf unterschiedliche Weise präsentiert werden: als tatsächliche Frage, auf die zu antworten ist, oder als Aussage, der dann mehr oder weniger zugestimmt werden kann. Man könnte also zum Aspekt der Häufigkeit von Verbindungen folgendermaßen formulieren:

- Wie oft fährt ein Bus an der Ihnen nächstgelegenen Haltestelle?

Diese Frage setzt voraus, dass der Befragte den Bus tatsächlich nutzt und auch weiß, wie oft dieser fährt. Über die Zufriedenheit mit der Häufigkeit der Verbindungen wissen wir dann noch nichts.

Besser wäre es hier, so zu formulieren:

- Die nächste Haltestelle ist für mich schnell erreichbar.
- Mit der Häufigkeit der Busverbindungen an meinem Wohnort bin ich zufrieden.
- Die Verkehrsmittel sind stets sauber.
- Im Bus fühle ich mich sicher.
- Die Haltestelle ist in einem guten Zustand.

Es ist offensichtlich, dass es bei dieser Art der Frageformulierung entscheidend ist, auch geeignete Antwortvorgaben zur Verfügung zu stellen. Hier sollte man mehrstufige Antwortvorgaben nutzen, die einen Bereich von »stimme überhaupt nicht zu« bis »stimme voll und ganz zu« abdecken. Zur Formulierung von Antwortvorgaben kommen wir weiter unten.

Es gibt einige Regeln, die man bei der Formulierung von Fragen beachten muss. Tut man dies nicht, kann das zu Unverständlichkeit der Fragen, zur Nichtteilnahme bzw. zum Abbruch der Beantwortung oder zu Verzerrungen bei den Ergebnissen führen (Lenzner/Menold 2015).

Einige Regeln guter Frageformulierung sind Folgende:

- *Fragen sollten kurz, einfach und allgemeinverständlich formuliert sein.*
  Abkürzungen, unbekannte Begriffe und Fachvokabular, das möglicherweise nicht alle Befragte verstehen, sollte vermieden werden. Muss man dennoch Fachbegriffe verwenden, kann es helfen, der eigentlichen Frage einen einleitenden Satz voranzustellen, in dem man den Begriff erläutert.
  – Weniger gute Formulierung: Wie ist für Sie die Erreichbarkeit der nächsten Haltestelle des ÖPNV?
  – Bessere Formulierung: Wie lange benötigen Sie für den Weg zur nächsten Haltestelle von Bus oder Bahn?
  In der ersten Frage bleibt unklar, was mit »Erreichbarkeit« gemeint ist. Zudem ist ÖPNV eine Abkürzung, die nicht jedem Befragten verständlich sein wird. Deshalb ist eine Formulierung in Begriffen der Alltagssprache sinnvoll.
- *Komplexe Sachverhalte und Fachbegriffe sollten im Text der Frage erklärt werden.*
  – Weniger gute Formulierung: In welcher Weise ist ihr Ort von den Phänomenen des demografischen Wandels betroffen?
  – Bessere Formulierung: Unter dem Begriff »demografischer Wandel« versteht man im ländlichen Raum vor allem eine immer älter werdende Bevölkerung und eine sinkende Einwohnerzahl. Wie stark ist Ihr Wohnort ihrer Meinung nach vom demografischen Wandel betroffen?
  In der zweiten Frage wird der Begriff »demografischer Wandel« erläutert, so dass es den Befragten leichter fallen dürfte, darauf zu antworten. Zwar entsteht dadurch mehr Text, dies ist aber akzeptabel, wenn die Frage dadurch verständlicher wird.
- *Fragen sollten sich stets auf konkrete Zeiträume beziehen.*
  Man sollte keine ungenauen oder relativen Bezeichnungen, wie »kürzlich«, »erheblich« »häufig«, verwenden (»Nutzen Sie häufig die Bibliothek?«). Es ist von Person zu Person verschieden, was als »häufig« und welche Menge als »erheblich« wahrgenommen wird.
  Wenn sich Fragen auf einen Zeitraum statt auf einen Zeitpunkt beziehen, muss eine sinnvolle Zeitspanne gewählt werden, an die sich die Befragten tatsächlich erinnern können, z. B.:
  – Weniger gute Formulierung: Wie oft sind Sie in den vergangenen zwölf Monaten mit dem Bus gefahren?
  – Gute Formulierung: Wie oft sind Sie in der vergangenen Woche mit dem Bus gefahren?
  Zur ersten Frage, die sich auf einen Zeitraum von zwölf Monaten bezieht, könnte man nur raten, niemand dürfte diese Zahl tatsächlich parat haben. Gleiches gilt für Fragen wie: »Wie viele Stunden sehen Sie durchschnittlich pro Woche fern?« Oder: »Wie viel Zeit verbringen Sie pro Woche im Internet?« Dies sind Fragen, die nur durch eine Zeitbudgeterhebung genau zu ermitteln wären. Einigermaßen korrekt kann man sie nur für einen sehr kurzen Zeitraum beantworten. Nach langen Zeiträumen sollte man nur fragen, wenn es sich um seltene und gut erinnerliche Ereignisse handelt. Etwa: »Wie oft sind Sie in den vergangenen zehn Jahren umgezogen?«

- Komplexe Fragestellungen sollten in konkrete Einzelfragen aufgeteilt werden. Dies ist natürlich auch Aufgabe der Operationalisierung der Fragestellung. Man kann z. B. fragen:
  – Wie zufrieden sind Sie mit dem kulturellen Leben in ihrem Ort?
  Hier müsste man zunächst klären, was mit »kulturellem Leben« gemeint ist. Dabei denken manche Befragte vielleicht an Dorffeste oder Vereinstreffen, andere eher an Theateraufführungen und Lesungen, manche an alles zusammen. Um dies verständlicher zu formulieren, sollte möglichst nach konkreten Aktivitäten gefragt werden.
  – Wie zufrieden sind Sie mit dem Vereinsleben in ihrem Ort?
  – Wie zufrieden sind Sie mit dem Angebot an kulturellen Veranstaltungen wie Theateraufführungen oder Konzerten?
  – Wie zufrieden sind Sie mit dem Angebot an Sportveranstaltungen?
  – Wie zufrieden sind Sie mit Festen, die in ihrem Ort gefeiert werden?
- *Fragen sollten sich auf Einstellungen, Meinungen, Bewertungen im Hier und Jetzt beziehen.*
  Es sollte keine Fragen formuliert werden, die hypothetisches Verhalten abfragen.
  – Wenn es in ihrem Ort ein Schwimmbad gäbe, wie häufig würden sie es nutzen?«
  – Wenn sich eine Bürgerinitiative zur Ortsverschönerung gründen würde, wie stark würden sie sich engagieren?
  Solche Fragen sind ungeeignet. Zum einen verwirren sie, da sich die Befragten erst gedanklich in eine hypothetische Situation begeben müssen. Andererseits erzielt man so kaum belastbare Ergebnisse, denn Menschen sind in der Regel nicht gut darin vorauszusagen, was sie in einer Situation tun würden, wenn diese Situation noch nicht eingetreten ist. Fragen nach der Meinung im Hier und Jetzt könnten lauten:
  – Für wie wichtig halten Sie den Bau einer Schwimmhalle?
  – Wären sie persönlich bereit, sich für die Verschönerung des Ortes zu engagieren?
- *Fragen sollten stets nur einen Aspekt abfragen.*
  Niemals sollten zwei Themen in derselben Frage zusammengefasst werden (sogenannte doppelte Stimuli):
  – Wie zufrieden sind sie mit dem Öffentlichen Personennahverkehr und der medizinischen Versorgung in ihrem Ort?
  Dadurch werden die Befragten verwirrt, da unklar ist, auf welchen der beiden Aspekte sie sich beziehen sollen, wenn sie diese unterschiedlich einschätzen. Auch bei der Auswertung der Antworten erhalten die Forschenden so keine guten Informationen. Denn es bleibt ja unklar, zu welchen Anteilen sich die Zufriedenheit oder Unzufriedenheit auf die zwei Teilaspekte der Frage bezieht. Hier sollte man sich auf einen Aspekt beschränken oder zwei Fragen bilden.
- *Fragen sollten stets neutral formuliert sein.*
  Sie dürfen nicht suggestiv oder provozierend sein. Gerade Menschen, die aus der Sozialen Arbeit kommen, haben dort häufig gelernt, in professionellen Gesprächskontexten sogenannte ressourcenorientierte oder motivierende Fragen zu stellen. Das ist im Kontext von empirischer Sozialforschung nicht angezeigt. Hier

soll möglichst vermieden werden, die Befragten in eine bestimmte Richtung zu drängen. Weniger gute, weil suggestive Formulierungen:
- Kleinere Orte im ländlichen Raum stehen nach Expertenmeinungen häufig vor dem Niedergang. Wie schlimm ist die Entwicklung in ihrem Ort?
- Wie begeistert waren Sie von dem Stadtfest?
- Sollte der klimaschädliche Individualverkehr gesetzlich eingeschränkt werden?

Solche Formulierungen drängen die Befragten bereits in eine bestimmte Richtung. Eine in der Sozialforschung gut bekannte Tendenz, die Antworten an die Erwartungen anzupassen, nennt sich »soziale Erwünschtheit«. Antworten, von denen der Befragte annimmt, dass sie vom Interviewer oder von der Gesellschaft insgesamt als negativ bewertet werden, werden seltener geäußert, unabhängig davon, wie die tatsächliche Meinung oder Einstellung des Befragten ist. Deshalb muss man gerade bei Themen, zu denen es starke öffentliche Meinungen gibt, besonders sorgfältig auf eine neutrale Formulierung achten.

Bessere Formulierungen zu den oben genannten Beispielen wären:
- Kleinere Orte im ländlichen Raum leiden nicht selten an Abwanderung und einer starken Alterung der Bevölkerung. Wie sehen Sie diese Entwicklung in ihrem Ort?
- Wie zufrieden waren Sie mit dem Stadtfest?
- Sollte der motorisierte Individualverkehr gesetzlich eingeschränkt werden?

Die richtige Formulierung von Fragen entscheidet wesentlich darüber mit, ob man zielführende Antworten erhält. Weiterhin ist eine korrekte Frageformulierung auch für die Einhaltung der Gütekriterien von Objektivität, Reliabilität und Validität wichtig. Denn suggestive Fragen sind nicht objektiv. Fragen mit unklarem und relativem Zeitbezug sind nicht reliabel, also wiederholbar, da jeder Befragte etwas anderes darunter verstehen kann. Fragen mit unverständlichen Begriffen sind nicht valide, sie messen also nicht das, was sie zu messen vorgeben.

Fragearten und Antwortvorgaben

Befragungen lassen sich mit offenen und geschlossenen Fragen durchführen. Bei offenen Fragen kann der Befragte »offen« antworten, also in freier Formulierung. Die Antwort wird dann im Wortlaut dokumentiert. Vorteil von offenen Antworten ist die umfassendere Antwortmöglichkeit des Befragten. Allerdings sind dann eine nachträgliche Kategorisierung und Auswertung der Antworten nötig. Dies macht die Auswertung der Antworten bei offenen Fragen zeitaufwändig.

Für standardisierte Interviews sind geschlossene Fragen typisch. Geschlossene Fragen sind mit Antwortvorgaben versehen, die nur noch ausgewählt, also angekreuzt oder angeklickt werden müssen. Geschlossene Fragen mit Antwortvorgaben sind zeitsparend bei der Beantwortung und leicht auszuwerten. Die Befragung mit Antwortvorgaben erleichtert auch eine objektive Interpretation der Ergebnisse, die Vergleichbarkeit zwischen Teilgruppen der Befragung und die Wiederholbarkeit der Befragung. Auf der anderen Seite muss man sich bewusst sein, dass Antworten außerhalb des Spektrums der Vorgaben nicht gegeben werden können. Geschlossene Fragen eignen sich deshalb nicht gut zur Untersuchung von sozialen Sachverhalten, über die die Forschenden wenig wissen (explorative Befragung). Um sinnvolle Ergebnisse zu erzielen, ist es wichtig, dass vor Festlegung der Antwortvorgaben das Spektrum der möglichen Antworten bekannt ist. Mängel bei der Formulierung von Antwortvorgaben können zu verzerrten und unbrauchbaren Ergebnissen führen.

Eine Sonderform, die bei standardisierten Befragungen ebenfalls häufig eingesetzt wird, ist die halboffene Frage. Zu halboffenen Fragen werden ebenso wie bei geschlossenen Fragen Antwortvorgaben präsentiert. Es gibt jedoch zusätzlich ein Feld, in das freier Text eingetragen werden kann. Durch diesen freien Text können die Befragten inhaltliche Ergänzungen vornehmen, einordnen, Meinungen äußern, also all das tun, was die Antwortvorgaben nicht erlauben. Dadurch kann ein Nachteil der geschlossenen Fragen ausgeglichen werden. Allerdings erhöht sich durch halboffene Fragen der Aufwand für die Auswertung deutlich. Möglich ist es allerdings, zunächst die Antwortvorgaben statistisch auszuwerten und den freien Text je nach Zeit und Forschungsinteresse einzubeziehen.

Antwortvorgaben auf geschlossene Fragen können mit oder ohne Ratingskalen präsentiert werden. Antwortvorgaben ohne Ratingskalen stellen eine Liste möglicher Nennungen da, die in keinem hierarchischen Verhältnis zueinander stehen. Dies entspricht dem, was weiter oben zu Nominalskalen gesagt wurde. Auf die folgende Frage könnte man beispielsweise die darunter stehenden Antwortvorgaben machen:

Welche Staatsangehörigkeit haben Sie?

☐ Deutschland
☐ Türkei
☐ Syrien
☐ Russland
☐ andere

(diese Angaben stehen gleichberechtigt nebeneinander)

Bei Ratingskalen hingegen beziehen sich die Antworten auf eine bestimmte Dimension, deren Stärke sie angeben. Die Antwortvorgaben stehen in einem hierarchischen Verhältnis: größer – kleiner bzw. besser – schlechter. Ratingskalen werden besonders bei Fragen zu Einstellungen verwendet.

Wie stark stimmen Sie der Aussage zu?
sehr stark – stark – mittel – wenig – überhaupt nicht

Die Antwortvorgaben bei standardisierten Befragungen stellen eine Skala zur Messung sozialer Sachverhalte dar. Deshalb gilt für sie, was bereits in dem Abschnitt zu

6.3 Die standardisierte Befragung

Skalen und Skalenniveaus gesagt wurde: Antwortvorgaben müssen eindeutig, erschöpfend, gleichmäßig und sinnvoll sein.

Eindeutig heißt, dass auf relative Antwortvorgaben wie manchmal, selten, gelegentlich möglichst verzichtet werden soll, da diese Begriffe subjektiv Unterschiedliches bedeuten können. Besser sind hier eindeutige Angaben.

Wie häufig tätigen Sie Einkäufe im Internet?

☐ nie	☐ nie
☐ selten	☐ seltener als einmal pro Monat
☐ manchmal	☐ ein bis vier Mal pro Monat
☐ gelegentlich	☐ mehrmals pro Woche
☐ oft	☐ täglich
(ungeeignete Antwortvorgaben)	(präzise Antwortvorgaben)

Erschöpfend bedeutet, dass das gesamte mögliche Spektrum an Antworten abgedeckt sein muss. Wenn man nach dem höchsten Schulabschluss fragt, müssen in den Antwortvorgaben auch alle möglichen Schulabschlüsse aufgeführt sein, andernfalls findet ein Teil der Befragten ihren Abschluss nicht wieder und die Frage wird möglicherweise nicht oder falsch beantwortet. Dabei muss auch daran gedacht werden, dass auch Personen die Fragen beantworten können, die gegenwärtig die Schule noch nicht abgeschlossen haben, oder solche, die über Schulabschlüsse verfügen, die früher gängig waren, die es aber jetzt nicht mehr gibt.

Tab. 9: Welchen höchsten allgemeinbildenden Schulabschluss haben Sie?

Unvollständige Antwortvorgaben	Vollständige Antwortvorgaben
• keinen • Hauptschule • Realschule • Abitur	• Schülerin, besuche eine allgemeinbildende Vollzeitschule • Schüler, besuche eine berufsorientierte Aufbau-, Fachschule o. Ä. • Von der Schule abgegangen ohne Hauptschulabschluss (Volksschulabschluss) • Hauptschulabschluss (Volksschulabschluss) • Realschulabschluss (Mittlere Reife) • Abschluss der Polytechnischen Oberschule 10. Klasse (vor 1965: 8. Klasse) • Fachhochschulreife, Abschluss Fachoberschule • Allgemeine oder fachgebundene Hochschulreife/Abitur (Gymnasium bzw. EOS, auch EOS mit Lehre) • Anderen Abschluss, bitte nennen: ...

Gleichmäßig bedeutet bei Antwortvorgaben, dass die möglichen Antworten das Spektrum zwischen positiven und negativen Einschätzungen gleichmäßig und symmetrisch abdecken müssen. Dazu muss man zunächst überlegen, was die Endpunkte der möglichen Ausprägungen sind:

- Häufigkeit: nie – immer
- Intensität: gar nicht – sehr
- Zustimmung: stimme überhaupt nicht zu – stimme voll und ganz zu

Dieses Kriterium ist insbesondere für Ratingskalen wichtig. Fehlerhaft wäre es, wenn negative Aspekte der Antwort mehr Auswahlmöglichkeiten bekommen als positive.

> Von meinen Kolleginnen fühle ich mich jederzeit unterstützt.
> Trifft zu – teils, teils – trifft kaum zu – trifft überhaupt nicht zu

Bei diesen Antwortvorgaben wäre das Spektrum einschränkender Antworten (drei Auswahlmöglichkeiten) umfangreicher als das Spektrum zustimmender, bekräftigender Antworten (eine Auswahlmöglichkeit). Besser wäre folgende Abstufung der Antwortvorgaben:

> trifft voll und ganz zu – trifft etwas zu – teils, teils – trifft kaum zu – trifft überhaupt nicht zu

Hier gibt es zwei positive, zwei negative und eine Mittelkategorie. Dies entspricht dem Kriterium der gleichmäßigen Verteilung von Antwortvorgaben.

Sinnvoll schließlich heißt, dass die Befragten auch in der Lage sein müssen, die Fragen mit hinreichender Genauigkeit zu beantworten. Antwortvorgaben, die zu detailliert sind oder sich auf zu lange Zeiträume beziehen, sind zu vermeiden. In diesen Fällen ist anzunehmen, dass die Befragten eher raten, als über eine klare Information zu verfügen.

> Wie lange sehen Sie täglich fern?
>
> ☐ bis 60 Minuten
> ☐ 60 bis unter 80 Minuten
> ☐ 80 bis unter 100 Minuten
> ☐ 100 bis unter 120 Minuten
> ☐ …

Eine so detaillierte Antwortvorgabe ist nicht sinnvoll. Niemand kann aus der Erinnerung heraus auf zehn Minuten genau sagen, wie lange er fernsieht. So genaue Informationen lassen sich mit der Methode der Befragung nicht sinnvoll erzielen. Besser wäre eine Formulierung in folgender Weise:

> Wie lange sehen Sie an einem Werktag gewöhnlich fern?
>
> ☐ Weniger als eine Stunde
> ☐ Ein bis unter zwei Stunden
> ☐ Zwei bis unter drei Stunden
> ☐ Drei bis unter vier Stunden
> ☐ Vier Stunden und mehr

In der empirischen Sozialforschung wird empfohlen, fünf bis sieben Antwortkategorien vorzugeben. Bei noch mehr Kategorien wird die Bedeutung der einzelnen und der Unterschied zur nächsten Kategorie zunehmend unklar. Bei einer geringeren Anzahl ist der Grad der Differenzierung für die meisten Fragestellungen zu gering. Empfehlenswert ist zudem, jede einzelne Antwortkategorie zu verbalisieren, also zu benennen. Antwortvorgaben bei denen nur die Endpunkte verbalisiert sind und wo die weiteren Kategorien lediglich mit Ziffern beschriftet sind oder, in Form eines Strahls, völlig ohne Beschriftungen auskommen, sind zwar möglich, führen aber zu weniger aussagekräftigen Ergebnissen.

Bei der Formulierung von Antwortkategorien muss eine Entscheidung über eine gerade oder ungerade Anzahl von Kategorien getroffen werden. Eine ungerade Anzahl bedeutet, dass es eine Mittelkategorie gibt, die genau zwischen den positiven und den negativen Ausprägungen liegt. Also etwa teils/teils bzw. weder/noch. Bei einer geraden Anzahl von Antwortvorgaben gibt es keine Mittelkategorie und die Befragten müssen sich bei der Beantwortung für eine Tendenz zu der einen oder anderen Seite entscheiden.

Studien haben ergeben, dass die Existenz einer Mittelkategorie dazu führt, dass die Antworten generell stärker zur Mitte tendieren. Viele Befragte wählen aus Motivationslosigkeit oder aus Gründen sozialer Erwünschtheit die mittlere Kategorie (»teils teils«), obwohl sie durchaus eine Tendenz zur positiven oder negativen Seite haben. Wenn man eine gerade Anzahl an Antwortvorgaben anbietet, veranlasst man diese Menschen, sich zu entscheiden, und erhält aussagekräftigere Ergebnisse. (Menold/Bogner 2015) Allerdings gilt es, die Entscheidung für oder gegen eine Mittelkategorie bewusst zu treffen. Es gibt Fragen, wo die Präsentation einer »neutralen« Mittelkategorie Sinn ergibt. Bei anderen Fragen kann man auf sie verzichten, um in den Ergebnissen eindeutigere Tendenzen zur einen oder anderen Seite der Skala zu erkennen.

Antwortvorgaben sollten in der Regel zusätzlich mit einer nicht inhaltlichen Kategorie versehen werden. Damit ist eine Angabe wie »weiß nicht«, »keine Angabe« oder »trifft nicht zu« gemeint. »Weiß nicht«-Kategorien ermöglichen es Befragten, die keine Meinung zu einer bestimmten Fragestellung haben oder nicht über entsprechendes Wissen verfügen, um sie zu beantworten, auf diese Kategorie auszuweichen. Gibt es eine solche Kategorie nicht, würden diese Personen möglicherweise die Beantwortung der Frage verweigern oder sich genötigt fühlen, eine beliebige Kategorie auszuwählen. Beides würde die Qualität und Aussagekraft der Befragung schmälern.

> Wie zufrieden waren Sie mit der Durchführung der Bürgerversammlung?
>
> ☐ völlig zufrieden   ☐ völlig zufrieden
> ☐ eher zufrieden   ☐ zufrieden
> ☐ eher unzufrieden   ☐ teils, teils
> ☐ völlig unzufrieden   ☐ unzufrieden
>   ☐ völlig unzufrieden

Bei einer Skala ohne Mittelkategorie »erzwingt« man eine Antworttendenz – im Beispiel Richtung »zufrieden« oder »unzufrieden«. Wird eine neutrale Mittelkategorie angeboten, kann das dazu führen, dass man weniger aussagekräftige Ergebnisse erhält, da ein Teil der Befragten aus mangelnder Motivation, oder weil er sozial erwünscht antworten will, »teils teils« angibt.

Andere Formen der Präsentation von Antwortvorgaben

Antwortvorgaben in Form von Ratingskalen sind die Grundlage standardisierter Befragungen. Diese müssen allerdings nicht immer in klassischer Form präsentiert werden. Es können auch Symbole verwendet werden (etwa Smileys). Dies funktioniert auch mit Zielgruppen, die nicht über ausreichende schriftliche Kompetenzen verfügen, etwa Kinder, Menschen ohne ausreichende Sprachkenntnisse oder Personen mit geistiger Behinderung.

> Wie würden Sie ihren Gesundheitszustand im Allgemeinen beschreiben?
>
>
>
> **Abb. 6:** Smileys als Antwortvorgaben

Eine weitere Möglichkeit der Antwortvorgabe stellt das »semantische Differenzial« dar. Dies ist ein Messinstrument, um die subjektive Bedeutung von Begriffen oder Objekten zu erfassen. Das semantische Differential besteht aus einer Liste von Adjektiven, die entgegengesetzte Bedeutungen haben (z. B. stark – schwach; frei – unfrei; eng – weit). Die Befragten werden gebeten, den Begriff oder das Objekt anhand dieser Begriffe zu bewerten, indem sie ihre subjektive Wahrnehmung dazu auf einer Skala zwischen den Endpunkten der Skalen angeben. Die Antworten werden zusammengefasst und interpretiert. Auf diese Weise wird ein mehrdimensionaler Eindruck davon gewonnen, wie der Begriff von den Befragten wahrgenommen wird.

Das semantische Differential wird häufig in der Marktforschung oder der politikwissenschaftlichen Forschung eingesetzt, um die unterschiedliche Wahrnehmung von Produkten, Dienstleistungen, politischen Parteien oder Persönlichkeiten zu untersuchen.

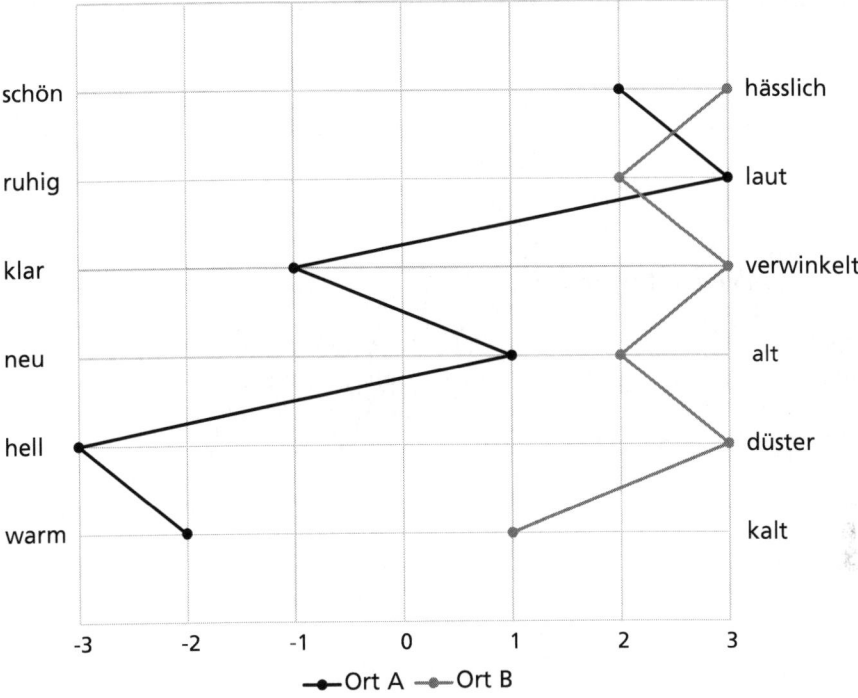

Abb. 7: Beispiel für ein semantisches Differential
Ein semantisches Differential ist ein Erhebungsinstrument zur Bewertung von Objekten anhand von gegensätzlichen Paaren von Adjektiven. Gemeinsamkeiten und Unterschiede in der Bewertung verschiedener Objekte können so gut visualisiert werden.

Auch offene Fragen lassen sich besser auswertbar machen, wenn die Möglichkeit der freien Formulierung begrenzt wird. Dies ist beispielsweise bei einer Listenvorlage der Fall, in der nur Begriffe einzutragen sind. So kann man wahrgenommene Stärken und Schwächen eines bestimmten Konzepts oder Objekts erfragen und nachher die wiederholt vorkommenden Begriffe nach der Häufigkeit ihrer Nennungen auswerten.

Tab. 10: Beispiel einer Listenvorlage

Welche Stärken und welche Schwächen hat ihrer Meinung nach das Quartier »Am Berg«?	
Stärken	Schwächen
1.	1.
2.	2.
3.	3.
4.	4.
5.	5.

Gestaltung eines Fragebogens

Ein guter Fragebogen ist keine willkürliche Zusammenstellung von Fragen. Der Aufbau eines Fragebogens sollte einer sinnvollen Dramaturgie folgen, die die Befragten zunächst in einer Einleitung höflich zur Mitwirkung auffordert und den Hintergrund der Befragung erläutert. Ein gut gestalteter Fragebogen trägt erheblich dazu bei, die Teilnahmebereitschaft der Befragten zu erhöhen und Abbrüche zu vermeiden. Gerade bei Befragungen im Rahmen von Sozialraumanalysen, die von wenig geschulten Personen durchgeführt werden, kann man mitunter feststellen, dass diese Fragebögen »mit der Tür ist Haus fallen«: Ohne Anrede und Erläuterung beginnen solche Fragebögen dann mit dem Satz: »Bitte beantworten Sie folgende Fragen!« Bei einer solch »höflichen« Einladung zur Teilnahme wäre es kaum verwunderlich, wenn einige Befragte den Fragebogen einfach in den Papierkorb werfen.

Ein Fragebogen sollte mit einer Einleitung starten. In der Einleitung stellen sich die Forschenden vor, sie erläutern, im Auftrag welcher Organisation die Befragung stattfindet. Hier kann über das Ziel der Untersuchung aufgeklärt werden, möglichst in einer Form, die bei den Befragten Interesse weckt. In der Einleitung sollte auch für die Teilnahme an der Befragung geworben werden und die Wichtigkeit der Teilnahme betont werden. Schließlich kann ein Hinweis auf die Verwendung der Daten und auf die Anonymität der Teilnehmenden gegeben werden. Ein Beispiel für eine Einleitung eines Fragebogens im Rahmen einer Sozialraumanalyse wäre folgender Text:

> Liebe Einwohnerinnen und Einwohner von X-Dorf,
>
> wir sind Studierende der Hochschule Koblenz und führen im Auftrag des Bürgermeisters in Ihrem Ort eine Sozialraumanalyse durch. Ziel dieser Befragung ist es, die Zufriedenheit der Einwohnerinnen und Einwohner mit verschiedenen Aspekten der Ortsentwicklung zu untersuchen. Die Ergebnisse der Befragung sollen in das neue Ortsentwicklungskonzept einfließen, dass derzeit vom Ortsgemeinderat erarbeitet wird. Dazu bitten wir Sie herzlich um ihre Mitwirkung. Die Beantwortung der Fragen wird ca. 10 bis 15 Minuten in Anspruch nehmen, Ihre Teilnahme ist vollständig anonym.

6.3 Die standardisierte Befragung

Im Anschluss an den Einleitungstext können Instruktionen zur Beantwortung der Fragen gegeben werden, etwa »Bitte geben Sie an, in welchem Ausmaß Sie den folgenden Aussagen zustimmen.« Thematisch unterschiedliche Teile des Fragebogens können ebenfalls erläutert und eingeleitet werden. Beispielsweise in der Form »Im folgenden Teil der Befragung geht es um Ihre Wünsche für die zukünftige Ortsentwicklung« oder »Im letzten Teil des Fragebogens bitten wir Sie um einige Angaben zu ihrer Person«.

Möglich sind auch Weichenstellungen im Text, z. B.: »Wenn Sie diese Frage mit ›nein‹ beantwortet haben, gehen Sie bitte direkt zu Frage xx.« Am Ende des Fragebogens sollte man den Dank für die Teilnahme aussprechen und ggf. den Vorgang der Rücksendung oder Abgabe des Fragebogens erläutern.

Das Wichtigste in Kürze

Standardisierte Befragungen dienen dazu, einen Überblick über Wissen, Einstellungen oder Meinungen bei einer großen Zahl von Befragten zu erhalten. Sie können statistisch oder grafisch (mithilfe von Tabellen oder Diagrammen) ausgewertet werden. Im besten Fall erfährt man damit, wie bestimmte Aussagen in der gesamten Zielgruppe verteilt sind. Standardisierte Befragungen werden für alle Befragten mit identischen Fragen mit Antwortvorgaben durchgeführt. Sie eignen sich deshalb nicht dazu, thematisch in die Tiefe zu gehen oder Themen zu untersuchen, über die den Forschenden wenig bekannt ist. Befragt wird entweder die gesamte Zielgruppe (Vollerhebung) oder eine Stichprobe der Zielgruppe. Standardisierte Befragungen können schriftlich, mündlich oder online durchgeführt werden. Jede Vorgehensweise hat Vor- und Nachteile, die je nach Fragestellung und Zielgruppe zu berücksichtigen sind. Standardisierte Befragungen können zu einem Zeitpunkt (Querschnitt) oder zu mehreren Zeitpunkten durchgeführt werden (Längsschnitt). Längsschnittuntersuchungen sind erforderlich, um Veränderungen im Zeitverlauf zu ermitteln. Eine Alternative ist die retrospektive Längsschnitterhebung, bei der zu einem Zeitpunkt nach Veränderungen in der Vergangenheit gefragt wird. Die Qualität des Fragebogens mit Fragen und Antwortvorgaben ist entscheidend für die Qualität der Ergebnisse und muss deshalb sorgfältig und nach fachlichen Kriterien durchgeführt werden. Folgende Schritte sind zu berücksichtigen:

- Klären der Fragestellung 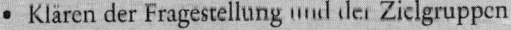 und der Zielgruppen
- Operationalisierung der Fragestellung
- Entscheidung über die Art der Befragung (schriftlich, mündlich, online)
- Erstellen eines Fragebogens mit Einleitung, Fragen, Antwortvorgaben und Erläuterungstexten
- Test des Fragebogens an wenigen Personen und ggf. Überarbeitung
- Durchführung der Befragung
- statistische Auswertung und grafische Darstellung der Ergebnisse

Weiterführende Literatur

Porst, R. (2013): Fragebogen. Ein Arbeitsbuch (4. Auflage). Wiesbaden: Springer VS
Schneider, A. (2013): Fragebogen in der Sozialen Arbeit. Praxishandbuch für ein diagnostisches, empirisches und interventives Instrument. Opladen/Toronto: UTB/Barbara Budrich.

Übung 7: Fragenformulierung und Antwortvorgaben

Die Gemeinde Blumenthal hat eine Befragung zur zukünftigen Entwicklung der Gemeinde unter den Einwohnerinnen und Einwohnern durchgeführt (siehe Fragebogen). Bewerten Sie diesen Fragebogen kritisch! Ist er geeignet, um relevante Informationen zu den Wünschen der Bürgerinnen und Bürger bezüglich der Ortsentwicklung zu erheben? Entwerfen Sie bessere Fragen!

Welche Themen finden Sie wichtig für die Zukunft in der Gemeinde Blumenthal? Mehrfachnennung ist möglich.

☐ Wohnen (z. B. zur Verfügung stehender Wohnraum, Baufläche, Mietpreise, altersübergreifendes Wohnen etc.)
☐ Infrastruktur (z. B. Straßen und Straßenführung, Fußwege, Fahrrad- und Wanderwege etc.)
☐ Bildung (z. B. (Früh-)kindliche Bildung, Lebenslanges Lernen, Volksbildung etc.)
☐ Wirtschaft (z. B. Handwerk, Gewerbe, Dienstleistungen, Energie, Solarpark etc.)
☐ Kultur und Freizeit (z. B. Veranstaltungen, Kurse in den Bereichen Kreativität, Sport etc.)
☐ Digitalisierung (z. B. Internetausbau und Anschluss, Breitbandstärke etc.)
☐ Gleichstellung (z. B. verschiedener Bevölkerungsgruppen, Menschen mit Assistenzbedarf, Gleichstellung von Frau und Mann etc.)
☐ Klima und Umwelt (z. B. Reduzierung der Flächeninanspruchnahme bzw. Versiegelung, Umweltprojekte, Klimaschutzsensibilisierung etc.)
☐ Mobilität (Verbindungen mit ÖPNV, Autoverkehr, Fahrradweg, E-Mobilität)
☐ Interkommunale Zusammenarbeit (z. B. Flintbek, Bordesholm, Nortorf)
☐ Sonstiges

Quelle: https://www.blumenthal-sh.de/fragebogen-zur-ortsentwicklung/

Lösungsvorschlag: siehe Onlinematerial

6.4 Leitfadeninterview

Der Begriff »Leitfadeninterview« leitet sich vom verwendeten Erhebungsinstrument ab, dem Leitfaden, welcher »Leitfragen« beinhaltet. Eingesetzt werden Leitfadeninterviews häufig bei Experteninterviews – also zur Befragung von Personen, denen man ein herausgehobenes Sachwissen zu einem bestimmten Thema zuschreibt. (Helfferich 2013: 559 ff.) Dabei sind mit »Experten« in diesem Zusammenhang keineswegs nur Expertinnen und Experten in wissenschaftlicher oder fachlicher Hinsicht gemeint, sondern alle Personen mit einem Überblickswissen über das interessierende Thema. Das können Erziehende ebenso wie Vereinsvorsitzende, Kita-Leitungen oder Sozialarbeitende sein.

Das Leitfadeninterview ist eine Form des qualitativen Interviews. Wie bei einem solchen Vorgehen üblich, werden den Befragten möglichst wenig Vorgaben gemacht. Sie sollen sich weitgehend frei äußern können. Die am wenigsten strukturierte Form eines qualitativen Interviews ist das sogenannte narrative Interview. Hier wird nach einem anfänglichen Erzählimpuls, etwa »Erzählen Sie doch mal von ihrem Arbeitsalltag«, praktisch überhaupt nicht mehr eingegriffen. Man kann sich vorstellen, dass auf dieses Weise sehr lange und wenig strukturierte, erzählende Texte entstehen. Was für die Erforschung von Biografien sinnvoll sein kann, ist für Interviews im Rahmen einer Sozialraumanalyse wenig praktikabel. Hier ist es meist gewünscht, das Interview stärker zu lenken und der Reihe nach auf bestimmte interessierende Fragen zu richten. Auf diese Weise kann man das Gespräch zeitlich begrenzen und die entstehende Textmenge, die ja später ausgewertet werden muss, bewältigbar halten. Auch interessieren uns Expertinnen und Experten in der Regel nicht als »ganze Person«, wie Gesprächspartner bei narrativen Interviews. Wir wollen nicht ihre Befindlichkeiten, familiären Angelegenheiten oder Schwierigkeiten mit Kolleginnen und Kollegen erfahren. Experten interessieren uns gezielt in Bezug auf die Einschätzung von Sachverhalten, für die wir ihnen eine besonders informierte Stellungnahme zutrauen. Deshalb befragt man sie am besten mit gezielten Leitfragen.

Leitfadeninterviews werden wegen des recht großen Aufwandes in der Regel mit einer kleinen, überschaubaren Zahl von Personen durchgeführt. Bei allen Befragten wird der gleiche Leitfaden verwendet. Dies ermöglicht eine Vergleichbarkeit der Antworten. So kann man später bei der Auswertung sowohl Übereinstimmungen, sich ergänzende Aspekte aber auch Unterschiede, oder gar konträre Sichtweisen der Befragten auf bestimmte Fragen herausarbeiten.

Anders als bei einem standardisierten Interview mit Antwortvorgaben will man mit einem Leitfaden nicht einfach Wissen oder Meinungen anhand vorab erstellter Kategorien »abfragen«. Ziel eines Leitfadeninterviews ist es, die subjektive Wirklichkeit einer Expertin, die persönliche Expertise im Hinblick auf eine die Forschenden interessierende Frage zu ermitteln. Dazu sollten Leitfragen offen formuliert sein, sie sollen das Interview thematisch lenken, aber nicht die Antworten von vornherein zu stark lenken. Ein Leitfaden besteht deshalb aus einer eher geringen Anzahl von Leitfragen, die das Gespräch strukturieren und gezielt auf die interes-

6 Methodenbausteine

sierenden Punkte lenken sollen, zu denen sich die Befragten dann aber umfangreich und frei äußern können.

Zwar gibt es keine festen Vorgaben über die Zahl der Leitfragen, die man verwenden sollte. Es ist jedoch empfehlenswert, fünf bis höchstens zehn Leitfragen zu formulieren, dies ermöglicht Interviews zwischen 30 und 60 Minuten. Zum einen wird die Auswertung bei längeren Interviews immer aufwändiger, zum Zweiten gilt es auch, sparsam mit den zeitlichen Ressourcen der Befragten umzugehen.

Der Leitfaden

Vor dem Erstellen eines Leitfadens gilt es zunächst, wie bei allen Methoden, eine klare Fragestellung zu formulieren und diese zu operationalisieren. Stellen wir uns vor, wir sind beauftragt, den Sozialraum eines Dorfes in einer ländlichen Gegend im Hinblick auf die Lebensbedingungen der Menschen und die Herausforderungen der Ortsentwicklung zu untersuchen.

Im Rahmen der Sozialraumanalyse sollen Experteninterviews durchgeführt werden. Man entscheidet sich dafür, als Expertinnen und Experten den Bürgermeister, den Pfarrer, einen Vereinsvorsitzenden, eine Kita-Leiterin sowie einen ansässigen Unternehmer zu befragen. Wir möchten gern herausfinden, wie die Expertinnen und Experten die Zukunftsfähigkeit ihres Dorfes einschätzen (übergreifende Fragestellung).

Als nächstes ist es erforderlich, die Fragestellung zu operationalisieren. Was heißt »Zukunftsfähigkeit eines Dorfes«? Hier kann ein Brainstorming der Forschenden helfen.

Operationalisieren: „Zukunftsfähigkeit"-Brainstorming

Abb. 8: Brainstorming zur Operationalisierung des Begriffs »Zukunftsfähiger Ort«

Nach Diskussion und Zusammenfassung der genannten Aspekte kommt man vielleicht zu folgenden vier Punkten:

- Stabile oder wachsende Einwohnerzahl, ausgewogene Altersstruktur, d. h., es gibt auch genug Kinder und Jugendliche
- Das Dorf ist »lebendig«, d. h., es gibt aktive Vereine, kulturelle Veranstaltungen, Freizeitmöglichkeiten, Engagement
- Die Bewohner haben Zugang zu sozialen und technischen Dienstleistungen/Infrastruktur (Läden, Dienste, Internet, ÖPNV)
- Das Dorf ist baulich attraktiv, es gibt wenig Leerstand oder verfallene Häuser/Höfe

Wir haben also vier Bereiche von Zukunftsfähigkeit herausgearbeitet: demografische Entwicklung, kulturelles Leben, infrastrukturelle Versorgung, bauliche Attraktivität. Auf diese Themen sollten wir unsere Leitfragen ausrichten.

Kommen wir zur Formulierung der Leitfragen. Ziel einer Leitfrage ist es nicht, Informationen wie im standardisierten Interview einfach abzufragen, sondern die Sichtweise oder Einschätzung der Expertin oder des Experten in Bezug auf ein bestimmtes Thema zu erfahren, also eine subjektive Realität. Die Frage soll also so offen formuliert sein, dass sie den Befragten Raum für eine Reflexion lässt. Man könnte fragen:

> »Wie schätzen Sie die demografische Entwicklung in Neudorf ein?«

Diese Frage wäre konkret auf ein Thema gerichtet (demografische Entwicklung), ist aber offen genug, um die Experten ihre Sichtweisen darstellen zu lassen. Es wird hier nach der Einschätzung der Expertin oder des Experten gefragt, nicht nach Daten. Zum einen kann man nicht davon ausgehen, dass lokale Unternehmerinnen und Unternehmer oder selbst Bürgermeisterinnen und Bürgermeister demografische Daten im Kopf haben. Zudem kann man die Datenlage selbst durch eine Auswertung der Einwohnerstatistik herausfinden. So könnte man die Einschätzung der lokalen Experten zudem noch mit der tatsächlichen demografischen Entwicklung kontrastieren und bei der Interpretation der Interviews darauf eingehen, inwieweit beides übereinstimmt.

Denkbar wäre als Leitfrage aber auch eine Formulierung, die zunächst kurz klar macht, worauf die Forschenden eigentlich hinauswollen, eine Art »Intro«.

> Einleitung: Wir sind Studierende der Hochschule Koblenz und führen ein Forschungsseminar zu der Frage durch, was ein Dorf zukunftsfähig macht. Wir würden Ihnen gern dazu ein paar Fragen stellen.
>
> 1. In vielen Dörfern macht man sich Sorgen, dass die Einwohnerzahl weiter sinkt oder dass es irgendwann keine Kinder und Jugendlichen mehr im Ort gibt. Wie sehen Sie diese Entwicklung in Neudorf?

> 2. Würden Sie sagen, Neudorf ist ein »lebendiges Dorf«? Gibt es auch außerhalb nachbarschaftlicher Kontakte ein Vereinsleben und kulturelle Veranstaltungen im Ort?
> 3. Man hört ja häufig, dass es im ländlichen Raum immer schwieriger wird, sich mit Waren und Dienstleistungen zu versorgen, dass es wenig Einkaufsmöglichkeiten und Gaststätten gibt und die Wege zu Ärzten immer länger werden. Wie schätzen Sie die Situation für die Einwohnerinnen und Einwohner in ihrem Ort ein?
> 4. Wie sehen Sie die bauliche Attraktivität von Neudorf? Was finden Sie im Ort gelungen? Und wo sehen Sie Veränderungsbedarf?
> 5. Insgesamt betrachtet, was denken Sie, ist für ein Dorf heute wichtig, um »zukunftsfähig« zu bleiben? Wo steht Neudorf da, ihrer Meinung nach?

Mit diesen fünf Leitfragen, die auf die vier festgelegten Themen gerichtet sind, sowie einer weiteren, übergreifenden Frage, kann man ein Gespräch gut strukturieren und lenken. Bei durchschnittlich auskunftsfreudigen Expertinnen und Experten wird damit ein Gespräch angemessener Länge und Komplexität zustande kommen.

Wichtig ist bei einer solchen, kontextualisierenden Fragestellung, dass die Einleitung neutral bleibt und keinesfalls suggestiv wird. Zu vermeiden sind Formulierungen wie »Wie problematisch ist die demografische Entwicklung in Neudorf?« Oder »In Neudorf sieht man ja Unmengen leerstehender Häuser. Kann man da noch von einem attraktiven Ort sprechen?« Hier wird den Befragten bereits eine Antworttendenz vorgegeben oder sie werden in eine bestimmte Richtung gedrängt.

Nun ist es denkbar, dass man an Personen gerät, die nicht sehr gesprächig sind und nur recht kurz antworten. Oder man hat Punkte im Kopf, zu denen man unbedingt konkrete Einschätzungen der Befragten hören möchte, die aber vielleicht bei einer so übergreifenden Frage nicht zur Sprache kommen. Hier ist es hilfreich, sich Unterpunkte zu den Leitfragen zu notieren. Auf diese Unterpunkte geht man aber nur dann konkret ein, wenn die Befragten nicht von sich aus ausführlich genug antworten. Andernfalls kann man sie einfach überspringen.

Dies könnte so aussehen:

> »Wie sehen Sie die bauliche Attraktivität von Neudorf? Was finden Sie im Ort gelungen? Und wo sehen Sie Veränderungsbedarf?«
>
> - Leerstand?
> - Bauruine neben der Kirche
> - Umgehungsstraße
> - unattraktiver Dorfplatz
> - Bauflächen für Eigenheime

Hier ist es hilfreich, wenn die Forschenden sich im Ort bereits etwas auskennen und den Ort begangen haben. Sie haben also bereits bei einigen Punkten eine eigene Wahrnehmung, aber bei den Interviews geht es ja um die Einschätzung der Experten. Sprechen diese die Punkte im Interview ohnehin an, braucht die Interviewerin oder der Interviewer sie nicht zu erwähnen. Falls nicht, kann man nachfragen.

6.4 Leitfadeninterview

Erarbeiten wir noch Unterpunkte für die folgende Leitfrage. Hier werden in der Frage bereits verschiedene Aspekte angesprochen. Damit nichts vergessen wird, kann man diese nochmals als Unterpunkte formulieren:

> »Man hört ja häufig, dass es im ländlichen Raum immer schwieriger wird, sich mit Waren und Dienstleistungen zu versorgen, dass es wenig Einkaufsmöglichkeiten und Gaststätten gibt und die Wege zu Ärzten immer länger werden. Wie schätzen Sie die Situation für die Einwohnerinnen und Einwohner in ihrem Ort ein?
>
> - Gastronomie
> - Einzelhandel
> - Bistro am Ortseingang noch geöffnet?
> - Medizinische Versorgung

Sinn des Leitfadeninterviews ist es, dass die Expertinnen und Experten möglichst auf alle interessierenden Aspekte eingehen, aber das Gespräch dennoch offenbleibt.

Haltung der Interviewenden – der »interessierte Laie«

Bei einer Befragung mit standardisierten Fragebögen ist es normal, dass der Interviewer die Fragen und Antwortvorgaben lediglich abliest und dann die Antworten notiert. Häufig haben die Interviewenden bei standardisierten Interviews auch keine tiefere Kenntnis über das Thema der Befragung. Sie haben von vornherein eine rein dokumentierende Funktion.

Beim Leitfadeninterview hingegen gibt es mehr Freiräume im Frage-Antwort-Verhalten, der Gesprächscharakter des Interviews ist größer. Deshalb sollte die Haltung des Interviewers zu den Befragten besonders reflektiert werden. Forschende, die Leitfadeninterviews durchführen, haben sich mitunter im Verlauf der Sozialraumanalyse bereits ein großes Wissen über das Thema des Interviews angeeignet. Zu manchen Punkten wissen sie vielleicht Genaueres als die Befragten selbst. Prinzipiell ist es von großem Nutzen, wenn Interviewende beim Leitfadeninterview gut in das Thema eingearbeitet sind. Sie können so bessere Nachfragen stellen und die Befragten geben inhaltsreichere Antworten, wenn sie merken, dass die oder der Fragende kompetent ist. Dies darf Interviewende aber nicht dazu verleiten, selbst eine Expertenposition einzunehmen. Es sollte nicht mit eigenem Wissen geprahlt, die Befragten belehrt oder korrigiert werden. Denn es geht in einem Interview nicht darum, ein Kreuzverhör zu führen, sondern darum, die Sichtweisen der Befragten kennenzulernen. Dazu kann die Haltung eines »interessierten Laien« hilfreich sein. Dies bedeutet Zurückhaltung, das Nichtkommentieren von Aussagen, auch wenn diese nicht den eigenen Sichtweisen oder dem eigenen Wissen entsprechen, und die Offenheit, nachzufragen, sich Fachbegriffe erklären zu lassen oder auch scheinbar Bekanntes noch einmal aus der Sichtweise eben dieser Expertin oder dieses Experten schildern zu lassen.

Auswertung der Leitfadeninterviews: Verschriftlichung und Kategorienbildung

Leitfadeninterviews werden in der Regel aufgezeichnet und nachher verschriftlicht (transkribiert). Zur Aufzeichnung genügt ein Diktiergerät oder ein Smartphone. Denkbar sind auch Interviews per Videokonferenzsystem, diese bieten dann in der Regel ebenfalls die Möglichkeit einer Aufzeichnung an. Das Diktiergerät ist die einfachste und sicherste Möglichkeit einer Interviewaufzeichnung. Da Smartphones zwar alle einen Audiorecorder enthalten, in erster Linie aber für andere Funktionen gemacht sind, sollte man hier besonders aufpassen. Wohin wird die Audiodatei gespeichert, wie lässt sie sich exportieren? Hat die Tonaufnahme eine ausreichende Qualität? Ist auf dem Gerät genügend Speicherplatz verfügbar? Erst wenn man diese Punkte geprüft hat, sollte man ein Smartphone zur Aufzeichnung verwenden. Gleiches gilt auch für die Nutzung von Videokonferenzsystemen. Andernfalls läuft man Gefahr, dass Aufzeichnungen verloren gehen oder wiederholt werden müssen.

Transkriptionen, also Verschriftlichungen von Interviews, können auf unterschiedliche Weise erfolgen. Die genaueste Form ist die lautgetreue Transkription, wo exakt genauso transkribiert wird, wie gesprochen wurde, und zusätzlich auch Pausen, Räuspern, Lachen und Ähnliches notiert werden. Lautgetreue Transkriptionen sind nicht nur in der Herstellung sehr aufwändig, sondern auch oft schwer lesbar, da die wenigsten Menschen so sprechen, wie man schreiben würde, und sie sind im Kontext der Sozialraumanalyse auch nicht erforderlich. Hier genügt eine geglättete Transkription. »Geglättet« heißt, dass das Gesprochene in korrekte Schriftsprache umgewandelt werden kann, ohne dass jedoch der Sinn des Gesagten verändert werden darf. Das folgende Beispiel zeigt diese beiden Formen der Verschriftlichung anhand eines Experteninterviews zum Fachkräftesituation in der Pflege.

Tab. 11: Beispiel für lautgetreue Transkription: Interview Schulleitung Pflegeschule (Quelle: eigenes Material Hochschule Koblenz)

Interviewer:	(..) Prima. ((Geräusche)) Ehm ja, zum Einstieg würde ich gerne mit Ihnen → über die Auszubildenden sprechen [ja] Ihrer Pflegeschule. Wie zufrieden Sie → sin-sind Sie mit den Bewerbern und Bewerberinnen? #00:00:13-0#
Interviewpartner:	(..) Jetzt ist die Frage unklar. Was heißt ehh: »Wie zufrieden sind se mit dem ((lacht))«. Mit der Anzahl, mit der Qualität oder worauf möchten Sie hinaus? #00:00:26-3#
Interviewer:	Auf alles ((beide lachen)). [Auf alles.] Sie dürfen da gerne einfach so antworten, wie's Ihnen grade g.. #00:00:31-8#
Interviewpartner:	Gut. Generell die ehh die Anzahl der Bewerber nimmt ab [mhm]. Aber das iss im Bereich der Pflege eigentlich seit Jahrzehnten immer ein Auf und ab → [okay]. Ehhm (.), die Qualität nimmt derzeit (.) auch ab [mhm]. Qualität insofern, also was eh zum Beispiel die Vornoten angeht [mhm (..) okay]. #00:00:57-5#

Tab. 11: Beispiel für lautgetreue Transkription: Interview Schulleitung Pflegeschule (Quelle: eigenes Material Hochschule Koblenz) – Fortsetzung

Interviewer:	Wenden Sie Strategien an, um Nachwuchs zu gewinnen? #00:01:02-1#
Interviewpartner:	((holt tief Luft)) Strategien insofern also wir eh sind einmal im Jahr auf der Ausbildungsbörse im eh (..) in der Conlog-Arena [mhm]. Und eh gut, unsere Website. [Ja]. #00:01:15-1#

Tab. 12: Beispiel für geglättete Transkription: Interview Schulleitung Pflegeschule (Quelle: eigenes Material Hochschule Koblenz)

Interviewer:	Zum Einstieg würde ich gerne mit Ihnen über die Auszubildenden Ihrer Pflegeschule sprechen. Wie zufrieden Sie sind Sie mit den Bewerbern und Bewerberinnen?
Interviewpartner:	Jetzt ist die Frage unklar. Mit der Anzahl, mit der Qualität oder worauf möchten Sie hinaus?
Interviewer:	Auf alles. Sie dürfen da gerne einfach so antworten, wie's Ihnen wichtig erscheint.
Interviewpartner:	Gut. Generell, die Anzahl der Bewerber nimmt ab. Aber das ist im Bereich der Pflege eigentlich seit Jahrzehnten immer ein Auf und Ab. Die Qualität → nimmt derzeit auch ab. Qualität insofern, also was eh zum Beispiel die → Vornoten angeht.
Interviewer:	Wenden Sie Strategien an, um Nachwuchs zu gewinnen?
Interviewpartner:	Strategien insofern, also wir sind einmal im Jahr auf der Ausbildungsbörse in der Conlog-Arena. Und gut, unsere Website.

Die Transkription ist der zeitaufwändigste Teil einer qualitativen Befragung. Überschlagsweise geht man davon aus, dass eine selbst durchgeführte Transkription eines einstündigen Interviews einen Arbeitstag benötigen kann. Schon aus diesem Grund sollte man qualitative Interviews sparsam und mit konkretem Ziel durchführen. Man kann sich die Transkriptionsarbeit erleichtern, indem man diese Tätigkeit gegen Bezahlung an spezielle Transkriptionsdienstleister auslagert oder indem man spezielle Software zur Transkription verwendet. Transkriptionssoftware verlangt in der Regel noch Nacharbeit »von Hand«. Aber die Software erleichtert die Arbeit bereits erheblich und sie dürfte im Rahmen der technischen Entwicklung stetig besser werden. Neueste Programme nutzen künstliche Intelligenz, hier ist eine ständige Weiterentwicklung zu erwarten. Ein Beispiel dafür ist etwa das Programm »No Scribe«.

In der Praxis der Sozialraumanalyse wird aus Zeitgründen nicht immer eine Aufzeichnung und Transkription möglich sein. Als Alternative bleibt das unmittelbare schriftliche Protokollieren des Gesagten. Hier ist es hilfreich, wenn die Forschenden zu zweit arbeiten, so dass eine Person das Gespräch führt und die andere protokolliert. Ein schriftliches Protokoll kann jedoch niemals so ausführlich sein wie eine Audioaufzeichnung. Man muss sich bewusst sein, dass alle Aussagen, die nicht sofort protokolliert werden, für die Auswertung verloren sind. Ein Protokoll wird immer wesentlich ungenauer sein als eine Transkription und deutliche Lücken enthalten.

In jedem Fall erfolgt die Auswertung eines Leitfadeninterviews auf Grundlage eines Textes. Die Textauswertung erfolgt mithilfe einer qualitativen Inhaltsanalyse, die hier, angelehnt an das in der qualitativen Sozialforschung klassische Vorgehen von Mayring, auf die praxisnahe Situation einer Sozialraumanalyse angewendet werden soll.

Eine Inhaltsanalyse ist keine Nacherzählung oder Zusammenfassung eines Interviews. Der Kern der qualitativen Inhaltsanalyse ist die Bildung von thematischen Kategorien des Gesagten, anhand derer die Aussagen der verschiedenen Befragten verglichen, ausgewertet und interpretiert werden.

Bei narrativen Interviews werden solche Kategorien in der Regel frei aus dem Text heraus gebildet. Das heißt, man muss beim Durchgehen des Textes entscheiden, unter welchen übergeordneten Themen diese oder jene Aussagen der Befragten zusammengefasst werden könnten, was ein sehr zeitaufwändiges Verfahren ist. So könnte jemand, der aufgefordert ist, über seine Berufsbiografie zu berichten, mehrfach über Konflikte oder Krisen am Arbeitsplatz berichten. Die Forschenden würden dann die Kategorie »Konflikte und Krisen« bilden und alle Gesprächsabschnitte, die sich darauf beziehen, als solche markieren und kategorisieren.

Bei Leitfadeninterviews ist das etwas einfacher. Denn die Leitfragen stellen bereits thematische Kategorien dar, die für die Auswertung genutzt werden können. Wir hatten bei der Leitfadenformulierung im Beispiel weiter oben festgelegt, zu welchen Themenbereichen im Hinblick auf die Zukunftsfähigkeit des Ortes befragt werden soll:

- Demografische Entwicklung
- Kulturelles Leben
- Soziale und technische Infrastruktur
- Bauliche Attraktivität

Dies können Grundkategorien der Auswertung sein. Allerdings heißt das nicht, dass es bei diesen bleiben muss. Es ist auch möglich, weitere, zusätzliche inhaltliche Kategorien zu bilden oder Kategorien aufzuteilen. Das hängt in erster Linie vom Umfang und vom Bedeutungsgehalt des Gesagten ab.

Nach der Bildung von Kategorien ist es sinnvoll, zunächst sämtliche Textpassagen zu markieren, die inhaltlich diesen Kategorien zuzuordnen sind. Hat man beispielsweise die Kategorie »demografische Entwicklung« gebildet, markiert man in allen Interviews jene Textpassagen, die sich darauf beziehen. Nun wäre es denkbar, dass man beim Sichten der Texte feststellt, dass die Befragten sehr viel zu diesem Thema gesagt haben und sich dabei einerseits auf die geringe Geburtenzahl und die relativ geringe Zahl von Kindern und Jugendlichen im Ort bezogen haben. Es kann aber sein, dass andererseits viel ausführlicher auf Zuwanderer aus dem Ausland eingegangen wird. Man könnte sich dann entscheiden, die ursprüngliche Kategorie »demografische Entwicklung« in zwei Kategorien zu unterteilen, »Kinder und Jugendliche« sowie »Zuwanderung«.

Ebenso wäre es denkbar, dass die Befragten Äußerungen machen, die in keine der anfänglich gebildeten thematischen Kategorien so richtig hineinpassen. Beispielsweise könnten sich mehrere Interviewte, ohne dass sie konkret danach gefragt wurden, über ungeeignete Lokalpolitikerinnen beklagen, die Probleme nicht angehen und untereinander im Streit liegen. Hier sollte man als Forschender erkennen, dass der Zustand der Kommunalpolitik aus Sicht der Befragten ein relevantes, zusätzliches Thema darstellt, das auch für die Zukunftsfähigkeit des Ortes bedeutsam ist. Man kann deshalb eine neue Kategorie bilden, etwa »Rolle der Kommunalpolitik«.

Die Kategorienbildung beim Leitfadeninterview folgt also zum Teil den Themen, die bereits durch die Leitfragen festgelegt sind. Sie muss sich aber dennoch flexibel auf die Inhalte der Interviews einstellen und neue Kategorien schaffen, wenn Dinge zur Sprache kommen, die es verdienen, neu kategorisiert zu werden. In der Regel bildet man neue Kategorien nur dann, wenn sich dies anhand mehrerer Interviews aufdrängt. Wenn nur einzelne Befragte bestimmte Themen vertiefen, kann es sich um eine Einzelmeinung bzw. individuelle Einschätzung handeln, die von den anderen Befragten nicht bestätigt wird.

Tab. 13: Beispiel für Kategorien: Qualität der Bewerber, Strategien der Nachwuchsgewinnung (Quelle: eigenes Material Hochschule Koblenz)
Interview Nummer 6 Schulleitung Pflegeschule

Interviewer:	Zum Einstieg würde ich gerne mit Ihnen über die Auszubildenden Ihrer Pflegeschule sprechen. Wie zufrieden Sie sind Sie mit den Bewerbern und Bewerberinnen?
Interviewpartner:	Jetzt ist die Frage unklar. Mit der Anzahl, mit der Qualität oder worauf möchten Sie hinaus?
Interviewpartner:	Auf alles. Sie dürfen da gerne einfach so antworten, wie's Ihnen wichtig erscheint.
Interviewpartner:	Gut. Generell, die Anzahl der Bewerber nimmt ab. Aber das ist im Bereich der Pflege eigentlich seit Jahrzehnten immer ein Auf und Ab. Die Qualität nimmt derzeit auch ab. Qualität insofern, also was eh zum Beispiel die Vornoten angeht.
Interviewpartner:	Wenden Sie Strategien an, um Nachwuchs zu gewinnen?
Interviewpartner:	Strategien insofern, also wir sind einmal im Jahr auf der Ausbildungsbörse in der Conlog-Arena. Und gut, unsere Website.

In dem kurzen Beispiel des Interviews zur Fachkräftesituation in der Pflege kann man beispielsweise zwei thematische Kategorien finden: zum einen die Kategorie »Qualität der Bewerber«, zum anderen die Kategorie »Strategien der Fachkräftegewinnung«. Alle Äußerungen der Befragten zu diesen thematischen Kategorien können nun im Text mit der gleichen Farbe markiert werden. Im Beispiel werden die Äußerungen zur Qualität der Bewerberinnen und Bewerber rot markiert, die zu Strategien der Fachkräftegewinnung blau (hier hell- bzw. dunkelgrau). Dies geschieht dann in gleicher Weise für sämtliche gebildete Kategorien und in allen geführten Interviews. Zur Auswertung qualitativer Interviews gibt es spezialisierte

Software, die den Umgang mit den Texten erleichtern, wie etwa die Programme MaxQDA oder Atlas.ti. Allerdings helfen diese Programme nur bei der Organisation der Transkripte und Kategorien. Das Kategorisieren und Zuordnen selbst geht nicht automatisch, dies bleibt Aufgabe der Forschenden. Für die Auswertung weniger Leitfadeninterviews kann deshalb eine farbliche Markierung der Kategorien im Textverarbeitungsprogramm und eine Zusammenstellung der Textteile in einer Tabelle ausreichend sein.

Schließlich werden die Äußerungen aller interviewten Personen nach inhaltlichen Kategorien geordnet und zusammengeführt. In einer Auswertungstabelle stehen dann die Aussagen aller befragten Personen zu der jeweiligen Kategorie nebeneinander. Jetzt hat man als Forschende oder Forscher einen guten Überblick darüber, was die einzelnen Expertinnen und Experten bzw. Schlüsselpersonen zu den thematischen Kategorien gesagt haben.

Tab. 14: Äußerungen der Interviewpartner geordnet nach Kategorien

Auswertungskategorie	Textpassagen	Kommentar
Qualität der Bewerberinnen und Bewerber	Interview A: Generell, die Anzahl der Bewerber nimmt ab. Aber das ist im Bereich der Pflege eigentlich seit Jahrzehnten immer ein Auf und Ab. Die Qualität nimmt derzeit auch ab. Qualität insofern, also was eh zum Beispiel die Vornoten angeht. Interview B: Wir haben keine Probleme. Die Zahl der Bewerber ist ausreichend. Und sie sind hoch motiviert. Immer dieses Gerede, »früher waren die besser«, das kann ich nicht bestätigen. Interview C: …….	
Strategien der Nachwuchsgewinnung	Interview A: Strategien insofern, also wir sind einmal im Jahr auf der Ausbildungsbörse in der Conlog-Arena. Und gut, unsere Website. Interview B: Jedes Jahr schicken wir einen Vertreter in die örtliche Realschule und auch ins Gymnasium nach Koblenz. Die stellen dort vor, welche Berufe bei uns ausgebildet werden	
…		

Erst wenn diese Auswertungstabelle erstellt ist, kann das eigentliche Kerngeschäft der Forschenden, die Interpretation der Interviews, erfolgen. In einer zusammenfassenden Interpretation kann nun dargestellt werden, welche Einschätzungen von den Befragten zu den verschiedenen Themen gegeben wurden, worin alle Befragten übereinstimmen, wo sie sich ergänzen oder wo sie vielleicht völlig gegensätzlicher Ansicht waren. Bei einer Interpretation der Interviews steht es den Forschenden frei, das Gesagte anhand von eigenem Kontextwissen einzuordnen. Machen die Befragten Aussagen, die objektiv unrichtig sind, sollte das in der Interpretation stehen. Ebenso kann hier die Funktion der Befragten reflektiert werden. Befragt man etwa einen Bürgermeister zur Entwicklung in seinem Ort, so könnte er ein Interesse daran haben, vorwiegend positive Entwicklungen zu betonen. Gewerbetreibende oder Kita-Leitungen könnten bestrebt sein, eigene Interessen hervorzuheben. All dies kann im Rahmen der Interpretation eingeordnet werden.

Das Wichtigste in Kürze

Die Methode Leitfadeninterview ist eine qualitative Befragungsmethode, die eingesetzt werden kann, um eine begrenzte Zahl von Personen, die aufgrund Ihres spezifischen Wissens für die Untersuchung relevant sind, zu befragen. Sie wird häufig als Experteninterview eingesetzt. Expertinnen und Experten sind dabei Personen mit einem Überblickswissen über das interessierende Thema. Die Gespräche erfolgen anhand eines Leitfadens, der aus etwa fünf bis zehn Leitfragen bestehen sollte, mit denen das Gespräch gelenkt wird. Die Leitfragen gehen aus einer Operationalisierung der Fragestellung hervor und sind offen und neutral formuliert. Es handelt sich nicht um ein »Abfragen«, sondern die Leitfragen sollen den Interviewpartnern Gelegenheit geben, ihre subjektive Sichtweise auf die verschiedenen Fragestellungen offen und ausführlich zu schildern. Leitfadeninterviews werden aufgezeichnet und mittels qualitativer Inhaltsanalyse auf Grundlage der Transkripte oder Protokolle ausgewertet. Die Gegenüberstellung der Gesprächspassagen, die von verschiedenen Gesprächspartnern zu den jeweiligen Aspekten geäußert wurden, ermöglicht eine Interpretation der Leitfadeninterviews.

Weiterführende Literatur

Bogner, A. (2014): Interviews mit Experten. Eine Praxisorientierte Einführung. Wiesbaden: Springer VS.
Helfferich, C. (2014): Leitfaden- und Experteninterviews. In: Baur, N., Blasius, J. (Hg.), Handbuch Methoden der empirischen Sozialforschung (S. 559–574). Wiesbaden: Springer VS.

Übung 8: Leitfaden

Entwerfen Sie einen Gesprächsleitfaden mit fünf Leitfragen für Experteninterviews zum Thema »Seniorenfreundlichkeit einer Gemeinde«. Befragt werden sollen fünf Personen, die selbst mit Seniorinnen und Senioren arbeiten oder in kommunalpolitischer Verantwortung stehen. Überlegen Sie zunächst, welche für Sie die wichtigsten thematischen Dimensionen des Begriffs »Seniorenfreundlichkeit« sind. Entwerfen Sie dann Leitfragen zu mehreren dieser Dimensionen.

Lösungsvorschlag: siehe Onlinematerial

6.5 Gruppendiskussion

Interviews können nicht nur mit einzelnen Personen, sondern auch mit Gruppen durchgeführt werden. Der Vorteil von Interviews mit Gruppen ist einerseits die zeitsparende Befragung von mehreren Personen, vor allem aber das Nutzen von Interaktionen, die innerhalb der Gruppe entstehen. Dadurch ist es möglich, dass im Gruppengespräch Aspekte des Interviewthemas zur Sprache kommen oder weiterführende Ideen entwickelt werden, die beim Gespräch mit einer Einzelperson nicht aufgetaucht wären. Die Gruppendynamik kann, da die Teilnehmenden aufeinander reagieren, zu umfangreicheren und tiefergehenden Analysen der Thematik als das Gespräch mit Einzelpersonen führen. Der Begriff »Fokusgruppe« wird meist synonym für »Gruppendiskussion« verwendet (Bär et al. 2020).

Ein Nachteil von Gruppendiskussionen kann auf der anderen Seite darin liegen, dass einzelne Personen ihre Meinung nicht frei äußern, weil Gruppensituationen als soziale Kontrollinstanz wirken. Gruppen können deshalb zur Konformität neigen, weil Einzelne nicht bereit sind, sich gegen die Mehrheitsmeinung oder gegen die Meinung bestimmter statushoher Gesprächsteilnehmerinnen und -teilnehmer zu stellen. Ein weiteres Risiko von Gruppendiskussionen besteht darin, dass einzelne, eloquente Personen das Gruppengespräch dominieren und deren Äußerungen von den Forschenden fälschlicherweise als Mehrheitsmeinung gedeutet werden (Vogel 2014).

Gruppendiskussionen können mit Realgruppen und mit künstlichen Gruppen durchgeführt werden. Realgruppen sind Personen, die auch im realen Leben eine Gruppe darstellen, etwa die Erzieherinnen und Erzieher einer Kita oder die Eltern einer Schulklasse. Bei künstlichen Gruppen können sich die Personen völlig fremd sein, sie werden nur für die Befragung zu einer Gruppe zusammengeführt, beispielsweise indem man die Leitungspersonen verschiedener im Sozialraum agierender Organisationen zur Gruppendiskussion bittet.

Gruppendiskussionen können im Rahmen von Sozialraumanalysen eingesetzt werden für:

- Verstehen von Bedürfnissen, Emotionen, Werten, Erwartungen, Konflikten
- Ideensammlung zur Entwicklung von Lösungen oder Konzeptionen
- Abschätzen der Akzeptanz neuer Angebote oder Handlungsabläufe

Gruppendiskussionen eignen sich gut dazu, die Einstellungen, die Motivation oder die Bedürfnisse von Menschen mit bestimmten sozialen Rollen (Eltern, Fachkräfte, Projektauftraggebende) oder aus bestimmten sozialen Milieus in Erfahrung zu bringen. Auch über die von den Forschenden gewünschte Informationsgewinnung hinaus kann eine Gruppendiskussion für die Befragten eine Gelegenheit sein, ihre Erfahrungen und Meinungen zum Ausdruck zu bringen und dafür Wertschätzung zu erfahren. Die Teilnehmenden erleben sich als ernst genommen und können mit einer professionellen Moderation ihre Sichtweisen mit anderen teilen. Auf diese Weise hat die Gruppendiskussion als Forschungsmethode auch Elemente eines Partizipationsverfahrens.

Ablauf einer Gruppendiskussion

Die Diskussion sollte in einem Raum stattfinden, der eine angenehme Atmosphäre bietet. Es sollte zu Beginn ein zeitlicher Rahmen festgelegt werden, der sich zwischen 60 und 120 Minuten bewegt. In diesem Zeitrahmen lässt sich ein Thema in der Gruppe konzentriert und vertieft besprechen. Außerdem hält sich der Aufwand, gemeinsame Termine zu finden und die Gruppendiskussion zu dokumentieren und auszuwerten, dann in Grenzen.

Gruppendiskussionen werden durch einen Leitfaden strukturiert und von einem Moderator oder einer Moderatorin geleitet. Ganz ähnlich wie beim Leitfaden-Interview soll der Leitfaden sicherstellen, dass alle von den Forschenden als relevant erachteten Fragestellungen und Themen zur Sprache kommen. Allerdings soll er nur einen Rahmen vorgeben, der dann vom Moderator flexibel gehandhabt werden kann. Grundsätzlich sollte die Moderatorin oder der Moderator der Gruppendynamik der Diskussion folgen, also Diskussionen nicht vorschnell abbrechen oder das Thema wechseln. Dennoch muss sie oder er die Diskussion lenken und dafür sorgen, dass das Gespräch auf die interessierenden Fragen gerichtet bleibt.

Bei einer Gruppendiskussion sollten drei Phasen berücksichtigt werden, die auch im Leitfaden berücksichtigt werden können (Kühn/Koschel 2011):

- Einführungsphase
- Warm-up-Phase
- Hauptteil
- Abschluss

In der Einführungsphase kann sich die Moderatorin oder der Moderator selbst bzw. die Institution vorstellen, welche die Sozialraumanalyse durchführt. Der Sinn und Zweck der Untersuchung werden erläutert. Die Erläuterung zum Ziel der Untersuchung kann bewusst allgemein gehalten sein, wenn eine zu starke Konkretisierung die Diskussion beeinflussen könnte (»Diese Diskussionsrunde ist Teil einer Sozialraumanalyse, die wir in Ihrem Ort durchführen, um die Ausrichtung des zukünftigen Quartiersmanagements zu bestimmen.«). Der Rahmen der Gruppendiskussion kann darauf hingewiesen werden, dass es nicht um die Herstellung einer übereinstimmenden Gruppenmeinung geht und dass es sich auch nicht um einen Wissenstest handelt. Sondern dass jede Meinung, jede Sichtweise auf das Thema interessant ist und den Forschungsprozess bereichert.

Auf die Einführungsphase folgt eine Warm-up-Phase, in der eine möglichst vertrauensvolle Gesprächsatmosphäre hergestellt werden sollte. Man kann mit der Bitte starten, dass sich die teilnehmenden Personen vorstellen oder ihren Bezug zum Thema der Diskussion erläutern. Zu bedenken ist, dass dabei Statusunterschiede zwischen den Teilnehmenden deutlich werden können. Dies kann für den weiteren Verlauf der Diskussion schwierig sein, wenn sich Personen als unterlegen oder weniger kompetent als andere wahrnehmen. Man kann dem entgegenwirken, indem man hier keine sensiblen Daten etwa zu Bildungsstand, Beruf oder materieller Lage »abfragt«. Die Einstiegsfrage könnte so formuliert sein, dass die Befragten Bezüge des

Themas der Gruppendiskussion zu ihrem eigenen Leben herstellen und eigene Erfahrungen damit schildern können.

In der Warm-up-Phase können dann zunächst allgemeinere Aspekte des Themas zur Diskussion gestellt werden, die vermutlich keine großen Kontroversen auslösen. Jedoch sollten sie thematisch bereits relevant sein. Reine »Eisbrecherfragen« zu stellen, die nur dem Kennenlernen dienen, aber keine inhaltliche Relevanz haben, wären im Sinne eines sparsamen Umgangs mit der Zeit aller Beteiligten nicht sinnvoll.

Im Hauptteil der Gruppendiskussion werden schließlich der Reihe nach die Themen des Leitfadens angesprochen. Empfohlen wird, in Form eines Trichtermodells vorzugehen: Einstieg mit übergreifenden, allgemeineren Fragen oder Diskussionsanregungen, dann allmählich zu spezifischeren oder auch heikleren Fragen kommen. Wichtig ist es, die Teilnehmenden stets zu einem wechselseitigen Eingehen auf die Diskussionsbeiträge anderer zu ermuntern. Im Zentrum sollte der Austausch der Teilnehmenden über die Themen des Leitfadens stehen. Dafür muss genügend Raum gegeben werden, der Leitfaden darf nicht zu detailliert sein. Fünf bis zehn Leitfragen oder Diskussionsanregungen reichen für einen ein- bis zweistündigen Diskussionsprozess, wobei die oder der Moderierende nach zehn bis zwanzig Minuten die Diskussion auf die nächste Frage lenken kann.

Zum Abschluss kann die bzw. der Moderierende nochmals die verschiedenen Perspektiven oder geäußerten Argumente zusammenfassen. Hier können die Teilnehmenden nochmals nach der Gewichtung der besprochenen Aspekte gefragt werden. Eine abschließende Frage könnte auch sein, welchen Rat oder Auftrag die Befragten den Auftraggebern der Untersuchung oder dem im Zentrum der Untersuchung stehenden Projekt geben würden.

Auswertung von Gruppendiskussionen

Gruppendiskussionen müssen, genau wie Leitfadeninterviews, dokumentiert werden. Empfehlenswert ist eine Aufzeichnung der Diskussion mittels Diktiergerät. Eine Videoaufnahme bietet zusätzlich die bessere Möglichkeit, bestimmte Äußerungen zu konkreten Personen zuzuordnen – dürfte aber für Anwendungen im Rahmen von Sozialraumanalysen in der Regel zu aufwändig sein. Eine weitere Möglichkeit ist die der unmittelbaren schriftlichen Protokollierung, die aber aufgrund der möglichen Dichte des gesprochenen Textes in Gruppendiskussionen schwierig ist und mit Verlusten von Inhalten einhergehen dürfte. Hierzu sind in jedem Fall ein oder gar mehrere Protokollierende erforderlich.

Die Audioaufzeichnung muss in schriftliche Form transkribiert werden. Dies kann manuell oder mit der Hilfe von Software erfolgen. Dadurch ist man in der Lage, die Diskussion genau zu verfolgen und auszuwerten. Bei der Transkription einer Tonaufzeichnung hat man allerdings Spielräume, wie man das Gesagte verschriftlicht. Es kann ein wortwörtliches Transkript erstellt werden, es kann aber auch bereits bei der Transkription selektiert oder es können Aussagen zusammengefasst werden. Im Rahmen einer Sozialraumanalyse sollte ein pragmatisches Vorgehen gefunden werden, welches auf der einen Seite den Arbeitsaufwand in Grenzen hält, auf der anderen Seite aber keinen zu großen Informationsverlust durch selektive Transkription zulässt. Man muss sich bewusst sein, dass ein selektives Transkribieren stets einen Informationsverlust darstellt. Fehler, die hier gemacht werden – relevante Aussagen, die nicht transkribiert werden – sind später kaum noch auszugleichen. Denn jeder weitere Auswertungsschritt bezieht sich in der Regel nur noch auf das Transkript und nicht mehr auf die Audioaufnahme.

Bei der Auswertung des transkribierten Texts der Gruppendiskussion können Themen und Muster identifiziert werden. Bestimmte thematische Grundkategorien werden bereits durch den Leitfaden vorgegeben, weitere Themen können frei anhand des Materials erstellt werden. Dies erfolgt durch die Suche nach bestimmten Wörtern oder Phrasen oder durch das Zusammenfassen von Aussagen der Teilnehmenden (siehe auch: Auswertung von Leitfadeninterviews).

Es folgt eine Zusammenfassung der Äußerungen zu relevanten Themen in der Gruppendiskussion. Dies kann in Form von Stichpunkten oder in einer ausführlichen Beschreibung erfolgen.

Schließlich kann die Zusammenfassung des Gesagten analysiert werden. Hier geht es darum, die Inhalte der Gruppendiskussion im Hinblick auf die Fragestellung zu interpretieren und Schlussfolgerungen in Bezug auf das Projekt zu ziehen.

Varianten der Gruppendiskussion

Sozialraumanalysen in der Praxis der Orts- und Sozialraumentwicklung sind in der Regel keine akademischen Forschungsprojekte, die in Seminarräumen stattfinden. Sie können es mit den unterschiedlichsten Zielgruppen und Bedingungen zu tun haben: Eltern mit diversen kulturellen Herkünften, Bürgerinnen und Bürger ohne ausreichende Deutschkenntnisse, Wohnungslose, Menschen mit geringer formaler Bildung. Hier gilt es, nicht einfach zu versuchen, die Menschen in eine Methode zu pressen, sondern die Methode so anzupassen, dass die Zielgruppe auch erreicht und die gewünschten Informationen erhalten werden können. Gruppendiskussionen können auch in Abwandlung des Grundkonzepts durchgeführt werden (Kühn/Koschel 2011: 278 ff.).

Minigruppen: Man kann die Gruppengröße variieren und kleinere Gruppen von drei bis sechs Teilnehmenden bilden, wenn zu befürchten ist, dass die Befragten in größeren Gruppen »untergehen« oder sich dort aufgrund einer gewissen rhetorischen Konkurrenz nicht zu Wort melden. Auch bei heiklen Themen (schwierige persönliche Situation, Armut, besonderer Unterstützungsbedarf) eigenen sich Minigruppen, da die Gruppe intimer ist und mehr Redezeit pro Person zur Verfügung steht. Auch Expertinnen und Experten, denen Zeit für ausführlichere Einlassungen zum Thema eingeräumt werden soll, können besser in Minigruppen befragt werden.

Workshops: Von einem Workshop spricht man, wenn in einer Gruppe neben der thematischen Diskussion kleinere Aufträge oder Fragestellungen zu bearbeiten sind. Meist geht es darum, das kreative Potenzial der Gruppe zur Entwicklung von Lösungsvorschlägen oder Ideen zu nutzen. Dazu können kreative Methoden, wie Mindmapping, Rollenspiele oder Collagen, zum Einsatz kommen. In Workshops steht in der Regel nicht die das gesprochene Wort, sondern die produzierten Resultate im Mittelpunkt der Auswertung. Eine Aufzeichnung und eine Transkription finden hier in der Regel nicht statt. Die Methode des Workshops stellt einen Grenzbereich zwischen Methoden der Sozialforschung, partizipativen Methoden und kreativen Methoden dar. Sollte ein Workshop im Kontext einer Sozialraumanalyse zur Anwendung kommen, sollte stets das Element der Informationsgewinnung im Vordergrund stehen.

Online-Gruppendiskussion: Spätestens seit der Corona-Pandemie sind Online-Gruppengespräche per Videokonferenz vielen vertraut. Die Nutzung einer Videokonferenz-Software stellt somit für die meisten eine geringe Hürde dar. Der größte Vorteil der Online-Gruppendiskussion ist die Möglichkeit, Menschen zusammenzubringen, die über große Distanzen verstreut sind. Die Teilnahmevoraussetzungen sind – abgesehen von den technischen Voraussetzungen – niedrigschwelliger als bei Gruppen in Präsenz. Man benötigt weniger Zeit, muss nicht fahren und auch die Konfrontation mit den anderen Teilnehmenden ist weniger intensiv. Online-Gruppendiskussionen können genutzt werden, wenn es aus praktischen Gründen schwierig erscheint, die Personen der Zielgruppe physisch an einem Ort zu versammeln. Ein Nachteil von Online-Gruppendiskussionen ist es, dass die Gruppendynamik weniger gut in Gang kommt als in Präsenzgruppen. Die Meinungsäußerungen sind, schon bedingt durch die Software, die gleichzeitiges, sich überschneidendes Sprechen nicht ermöglicht, eher aufeinanderfolgende Statements. Erforderlich ist hier eine besonders aufmerksame Moderation, die das aufeinanderfolgende Abgeben von Statements immer wieder aufbricht, indem sie etwa dazu auffordert, das von einem Teilnehmenden Gesagte zu kommentieren und so ein interaktives Geschehen fördert. Ein Vorteil von Online-Gruppendiskussionen ist die einfache Aufzeichnung, da alle Videokonferenzsysteme die Möglichkeit bieten, Gespräche in Audio oder Video aufzuzeichnen. Hierzu muss vorab die Erlaubnis aller Teilnehmenden eingeholt und dokumentiert werden.

Die Rolle der Moderierenden

Die Rolle einer Moderatorin oder eines Moderators ist etwas anders als die einer Interviewerin, die Einzelinterviews führt. Während Letztere in der Regel einfach Fragen entsprechend eines Leitfadens oder eines standardisierten Fragebogens stellt, soll die Moderatorin oder der Moderator den Gruppenprozess gestalten, sie ist maßgeblich für das Gelingen der Gruppendiskussion und die Bedeutsamkeit der Ergebnisse verantwortlich (Kühn/Koschel 2011). Dies erfordert eine gute sprachliche und auch inhaltliche Kompetenz.

Die Moderatorin bzw. der Moderator bleibt allparteilich und bemüht sich um ein Verstehen der geäußerten Positionen. Sprachliche Techniken der Moderation, die genutzt werden können sind:

- aktives Zuhören und Spiegeln des Gesagten (Paraphrasieren)
- Präzisierung, Visualisierung des Gesagten in sprachlichen Bildern
- Aufdecken von Emotionen

- (vorsichtige) Konfrontation oder Provokation, vor allem wenn zu viel Konformität in der Gruppendiskussion herrscht
- thematisches Weiterführen der Diskussion, wenn diese sich bei einer bestimmten Frage im Kreis dreht

Die Moderatorin bzw. der Moderator sollte über ein gutes Hintergrundwissen zu den zur Diskussion gestellten Themen verfügen. Sie begibt sich jedoch in die Rolle der »interessierten Unwissenden«. Auf keinen Fall sollte sie selbst mit Gruppenteilnehmenden diskutieren, das eigene Wissen herausstellen oder Diskussionsteilnehmende belehren. Die moderierende Person sollte genug Erfahrung und Selbstvertrauen haben, um stets frei sprechen zu können. Das Ablesen von Begrüßungen oder eines Einleitungsteil vom Blatt trägt nicht zu einer lockeren Gesprächsatmosphäre bei, sondern macht den Einstieg förmlich und verkrampft.

Fehler der Moderation sind eine zu strenge Orientierung am Leitfaden, eine Verwicklung in Einzelgespräche mit Teilnehmenden, zu schneller Themenwechsel und damit das »Abwürgen« des Diskussionsprozesses, suggestives oder dominantes Auftreten genauso wie eine zu schwache, »unsichtbare« Moderation.

Gesprächsleitfaden für eine Gruppendiskussion mit Vertreterinnen vulnerabler Gruppen im Rahmen einer Sozialraumanalyse zur Konzeption eines Wohnraumcoachings in der Stadt Lahnstein

A: Einführung

Wir führen im Auftrag der Caritas eine Untersuchung in Ihrem Ort durch, die sich damit befasst, aus welchen Gründen es trotz offenbar leerstehender Wohnungen auf der einen Seite einen ungedeckten Bedarf an Wohnraum auf der anderen Seite gibt. Wir möchten dazu gern einige Fragen in die Gruppe stellen.

B: Allgemeine Wohnsituation Lahnstein

1. Wie schätzen Sie die aktuelle Wohnsituation in Lahnstein ein?
   – Wie ist das Verhältnis von Angebot und Nachfrage im Bereich Wohnraum?

C: Vulnerable Gruppen

2. Würden Sie sagen, dass sich die Probleme beim Beschaffen und Behalten von Wohnraum bei speziellen Gruppen besonders zeigen?
   – Welche Gruppen sind das?
3. Welche Wohnbedarfe haben diesen Gruppen?
4. Gibt es diesen bedarfsgerechten Wohnraum für die verschiedenen Gruppen aktuell in Lahnstein?

D: Hindernisse in der Wohnraumbeschaffung und -erhaltung auf der Seite der Betroffenen

5. Welche Hindernisse bzw. Barrieren haben diese Gruppen im Einzelnen beim Beschaffen von Wohnraum?
6. Welche Probleme treten beim Aufrechterhalten des Mietvertrages bzw. der Wohnung auf?

E: Hindernisse auf Seiten der Vermieterinnen und Vermieter

7. Können sie sich vorstellen, dass es Vorbehalte auf Seiten der Vermieterinnen und Vermieter gibt, Wohnraum an vulnerable Gruppen zu vermieten?
   – Welche Vorbehalte sind dies konkret?

F: Unterstützungsmöglichkeiten

8. Welche Unterstützungsleistungen halten Sie im Allgemeinen für sinnvoll?
   – Welche Möglichkeiten gibt es, mehr bedarfsgerechten Wohnraum zur Verfügung zu stellen?
9. Was würden Sie sagen, würde an konkreten Maßnahmen den Betroffenen helfen?
10. Was wären mögliche Strategien, um Vermieterinnen und Vermieter bei der Bereitstellung von Wohnraum für vulnerable Gruppen zu unterstützen?

Quelle: eigene Unterlagen, Kaiser/Kröhnert, Hochschule Koblenz

---

Das Wichtigste in Kürze

Die Gruppendiskussion, auch Gruppeninterview oder »Fokusgruppe« genannt, ist eine Methode der qualitativen Befragung mehrerer Personen. Die Methode eignet sich, um Einstellungen, Bedürfnisse und Meinungen zu erfragen, aber auch um Ideen zu Lösungen oder Konzeptionen zu generieren. Der Vorteil gegenüber Einzelinterviews ist, dass, neben der Zeitersparnis, vor allem die Gruppendynamik produktivere, kreativere oder vielfältigere Ergebnisse hervorbringen kann als Einzelgespräche. Ein Nachteil von Gruppendiskussionen kann sein, dass bestimmte Meinungen in der Gruppe nicht frei geäußert werden oder eloquente Gruppenteilnehmende das Gespräch dominieren. Gruppendiskussionen benötigen deshalb eine versierte Moderatorin bzw. einen versierten Moderator, die oder der in der Lage ist, Grenzen zu setzen und alle Teilnehmenden einzubeziehen. Die Gruppen sollten in der Regel nicht größer als acht Personen sein, doch auch Diskussionen mit lediglich drei Teilnehmenden sind möglich (Minigruppen). Gruppendiskussionen werden anhand von Leitfragen geführt, ähnlich wie bei Leitfadeninterviews. Auch Aufzeichnung und Auswertung folgen dem Vorgehen bei Interviews mit Einzelpersonen.

Weiterführende Literatur

Kühn, T., Koschel, K.-V. (2011): Gruppendiskussionen. Wiesbaden: VS Verlag.
Vogel, S. (2014): Gruppendiskussion. In: Baur, N., Blasius, J. (Hg.), Handbuch Methoden der empirischen Sozialforschung (S. 581–586). Wiesbaden: Springer VS.

Übung 9: Moderation einer Gruppendiskussion

Führen Sie eine Übung zur Entwicklung von Fähigkeiten für die Moderation einer Gruppendiskussion durch. Besprechen Sie zunächst die grundlegenden Prinzipien der Moderation wie Neutralität, Zeitmanagement, Förderung der Beteiligung aller Teilnehmenden sowie Sicherstellen, dass die Ziele der Gruppendiskussion erreicht werden.

Wählen Sie dann ein relevantes Thema für die Gruppendiskussion aus (z. B. »Zukunft der Mobilität in unserer Stadt«). Gliedern Sie das Thema in die wichtigsten thematischen Dimensionen (z. B. Automobilität, Öffentlicher Personennahverkehr, Fahrradverkehr, Fußgänger, Tourismus) und formulieren Sie je eine konkrete Leitfrage (wie in der Übung »Gesprächsleitfaden«).

Weisen Sie einzelnen Teilnehmenden der Gruppe Rollen zu, z. B. eine bestimmte Perspektive auf Verkehrsmittel (z. B. Befürworter des Radverkehrs, autofahrender Berufspendler, Vertreterin mobilitätseingeschränkter Personen, Vertreterin der Verkehrsbetriebe).

Die eigentliche Übung beginnt mit der Eröffnung der Gruppendiskussion durch die übende Person (Moderation). Die Moderatorin oder der Moderator eröffnet die Diskussion und erläutert den Zweck des Austauschs. Dann führt sie bzw. er durch die Leitfragen der Diskussion. Sie oder er fördert die Interaktion zwischen den Teilnehmenden, beruhigt Konflikte, sorgt dafür, dass alle Gelegenheit haben, sich zu beteiligen. Vor allem achten Moderierende darauf, dass zu allen Leitfragen Standpunkte ausgetauscht werden und konkrete Ergebnisse erzielt werden. Die Moderatorin oder der Moderator schließt die Diskussion ab.

Zum Schluss erhalten die Übenden Feedback dazu, wie die Rolle der Moderation ausgeübt wurde.

6.6 Soziale Netzwerkanalyse

Unter einem sozialen Netzwerk versteht man eine durch soziale Beziehungen verbundene Menge von Akteuren. Die betrachteten Akteure können dabei Individuen sein, aber auch Organisationen. Im Fokus der Netzwerkanalyse stehen dabei weniger die sozialen Einheiten des Netzwerks selbst als vielmehr die Qualität und Quantität der Beziehungen zwischen ihnen.

Beziehungen stellen Ressourcen dar, die dabei helfen können, eigene Ansprüche zu verfolgen und durchzusetzen. Das ist mit der Umschreibung »Vitamin B« auch in die Alltagssprache eingegangen. Beziehungen zu Menschen vermitteln Wissen, Hilfe, Geld, emotionale Unterstützung, Anerkennung oder Erlebnisse. Beziehungen zwischen Organisationen vermitteln Informationen, Kundschaft, Kredite, Projektförderungen, Aufträge, Fachkräfte. Netzwerkbeziehungen können allerdings auch negative Folgen haben, etwa wenn sie durch Verpflichtungen oder Erwartungen Menschen oder Organisationen an einer freien Entfaltung und am Eingehen neuer Beziehungen hindern. Oder wenn sie demokratische oder fachliche Entscheidungswege umgehen. Im Rahmen einer Sozialraumanalyse kann deshalb eine soziale Netzwerkanalyse eine spannende Forschungsmethode sein.

Merkmale von Beziehungen in sozialen Netzwerken

Netzwerke sind charakterisiert durch ihre Akteure (Personen oder Organisationen) und die Beziehungen zwischen ihnen. Man kann zwei Perspektiven auf Netzwerke unterscheiden. Aus der Perspektive eines einzelnen Akteurs oder Netzwerkelements spricht man von einem egozentrierten Netzwerk: Wie sieht das persönliche soziale Netzwerk des Klienten X aus? Wie gestaltet sich das Organisationsnetzwerk der Kita Rasselbande?

Ein anderer Blick ist der auf das Gesamtnetzwerk. Hier schaut man aus einer übergeordneten, themenbezogenen Perspektive auf Netzwerke und analysiert deren Knoten und Beziehungen: Wie ist das Netzwerk ehrenamtlicher Helfer im Ort? Wie sieht das Netzwerk der medizinischen Dienstleister im Quartier aus?

Die soziale Netzwerkanalyse hat eine Reihe von Indikatoren entwickelt, um Qualität und Struktur von Beziehungen in Netzwerken differenziert zu beschreiben. Dies sind etwa:

- Dichte – die Dichte gibt an, wie viele Beziehungen im Netzwerk im Verhältnis zur maximal möglichen Anzahl an Beziehungen zu finden sind. Hat man etwa zehn direkte Nachbarn, pflegt Kontakte aber nur zu zweien davon, läge die Dichte des Nachbarschaftsnetzwerkes bei 20 %.
- Reziprozität – Beziehungen zwischen den Akteuren des Netzwerks können eindirektional sein, etwa im Sinne einer Weisung oder im Sinne eines »Followers«. Man kann die eigene Vorgesetzte oder den eigenen Vorgesetzten zu seinem Netzwerk zählen, da man von ihm Weisungen und Arbeitsaufträge erhält. Das bedeutet aber nicht unbedingt, dass die bzw. der Vorgesetzte seinerseits Informationen von jedem Mitarbeitenden empfängt – anders bei reziproken Beziehungen, die stets in beide Richtungen wirken.
- Nähe – die durchschnittliche Zahl der Stationen zwischen einem Akteur und allen anderen Akteuren. Menschen, die landläufig als »gut vernetzt« bezeichnet werden, erreichen Ansprechpartnerinnen und Ansprechpartner für viele ihrer Anliegen direkt, weil sie diese selbst kennen oder über nur wenige Stationen (weil sie jemanden kennen, der jemanden kennt). Dies charakterisiert ein dichtes soziales Netzwerk.

- Zentralität – wie oft liegt ein Akteur auf dem kürzesten Kommunikationsweg zwischen zwei anderen Akteuren? Personen, die sich durch hohe Zentralität auszeichnen, stellen gute Vermittler dar. Sie stellen nicht unbedingt selbst Ressourcen oder Informationen für andere bereit, sie sind aber hilfreich, um Kontakte zu vermitteln.

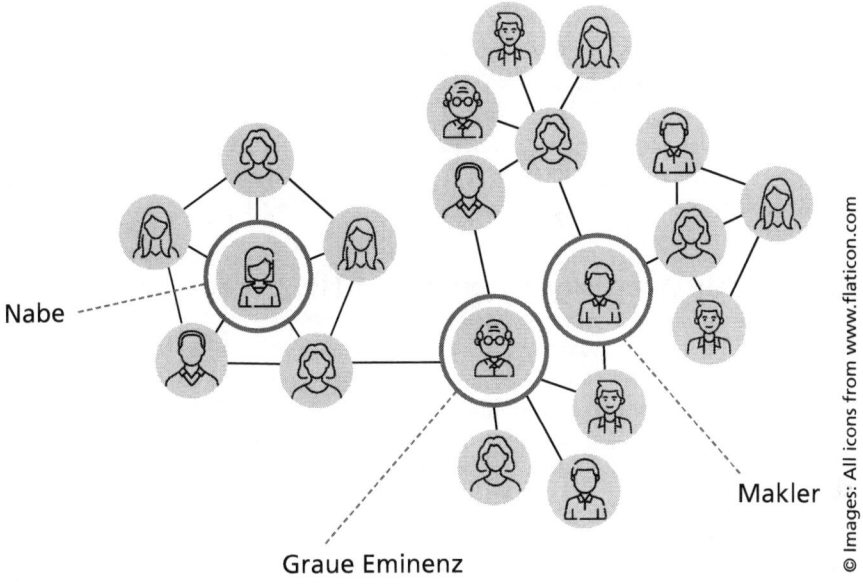

Abb. 9: Nabe, Graue Eminenz und Makler in Netzwerken

Weiterhin kann man bestimmte Einheiten innerhalb eines Netzwerks identifizieren:

- Nabe – eine Person, die zu vielen anderen Personen Beziehungen unterhält, diese anderen Personen aber nicht alle untereinander Beziehungen pflegen
- Makler – eine Person, die ein Verbindungselement zwischen mehreren kleineren Netzwerken hoher Dichte darstellt. Kontakte zwischen diesen Netzwerken laufen folglich bevorzugt über diese »Makler«.
- Graue Eminenz – als »Graue Eminenz« kann man eine Person bezeichnen, die selbst zwar in keinem Netzwerk eine zentrale Position einnimmt, die aber zu verschiedenen Netzwerken über indirekte Beziehungen Kontakt hat. Eine »Graue Eminenz« ist hervorragend geeignet, um Stimmungen oder Aktivitäten in anderen Netzwerkteilen in Erfahrung zu bringen (Thiel 2010: 80, ▶ Abb. 9).
- Clique – eine Gruppe von Elementen innerhalb eines Netzwerks, die vollständig reziprok miteinander vernetzt sind, also sehr eng miteinander im Austausch stehen (Thiel 2010: 81).

Man muss zwischen sozialen Netzwerkanalysen ihm Rahmen akademischer sozialwissenschaftlicher Forschung und einer Netzwerkanalyse im Kontext der Arbeit im

Sozialraum unterscheiden. In der sozialwissenschaftlichen Forschung wird Netzwerkanalyse mit großem Aufwand bei der Datenerhebung betrieben. Eine große Zahl von Personen wird nach ihren Netzwerkbeziehungen befragt und dies wird dann mit spezieller Software ausgewertet. Dabei entstehen aufgrund der Vielzahl von Beziehungen häufig große Datenmengen, die dann nur mittels statistischer Kennzahlen sinnvoll interpretiert werden können.

Im Kontext von Sozialer Arbeit und Sozialraumentwicklung kann Netzwerkanalyse in der Regel nicht mit diesem Aufwand betrieben werden. Hier geht es im Rahmen von individuenzentrierten Netzwerkanalysen eher um die Herausarbeitung von genutzten und ungenutzten Ressourcen und Unterstützungsmöglichkeiten oder, bei der Untersuchung von Organisationsnetzwerken, um das Ermitteln von genutzten oder ungenutzten Möglichkeiten der Zusammenarbeit zur Deckung von Bedarfen in den entsprechenden Sozialräumen.

Untersuchung individuenzentrierter Netzwerke

Netzwerke einzelner Personen, auch egozentrierte Netzwerke genannt, lassen sich auf unterschiedliche Weisen analysieren. Grundlage kann eine Befragung mit sogenannten »Netzwerkfragen« sein. Eine der ursprünglichsten Netzwerkfragen ist der sogenannte Burt-Namens-Generator, benannt nach dem Erfinder dieser Methode, Ronald Burt. Hier wird nur eine einzige Frage gestellt:

»Hin und wieder besprechen die meisten Leute wichtige Angelegenheiten mit anderen. Wenn Sie an die letzten sechs Monate zurückdenken: Mit wem haben Sie über Dinge gesprochen, die Ihnen wichtig waren?«

Mithilfe dieser Frage werden dann alle Personen identifiziert, mit dem die Befragte in enger Beziehung steht. Zu dieser Frage sind, je nach Forschungsauftrag, die unterschiedlichsten Abwandlungen und Ergänzungen möglich: »Bei wem haben Sie sich Hilfe geholt?«; »Bei wem haben Sie sich Geld geliehen?«, »Mit wem haben Sie Ihre Freizeit verbracht?«. Es ist möglich, mehrere solcher Fragen zu stellen und diese, jeweils nach themenzentrierten Beziehungen, zu unterscheiden. Zentral ist bei dieser Frageformulierung der konkrete Themenbezug, der konkrete Zeitrahmen und der Vergangenheitsbezug. Es wird gefragt, mit wem man tatsächlich in dem genannten Zeitraum in Beziehung getreten ist. Dadurch erhält man belastbarere Ergebnisse, als wenn man den Zeitraum oder das Thema offenlässt. Dann würden möglicherweise Personen genannt, mit denen in jüngerer Vergangenheit gar keine Beziehung mehr bestand. Die Frage ist auch genauer als eine nach der bloßen Möglichkeit (»Mit wem würden Sie …?«). Hier würden ggf. Personen als Beziehungspartner genannt, bei denen unklar ist, ob die angedeutete Beziehung in der Realität tatsächlich vorhanden ist. Möglichkeitsfragen sind zudem sehr anfällig für eine Beeinträchtigung durch soziale Erwünschtheit. Es fällt schwer zuzugeben, dass einem niemand einfällt, bei dem man sich Hilfe holen kann. Dann wird möglicherweise eine Person genannt, die im Ernstfall nicht angesprochen würde. Dennoch haben auch Möglichkeitsfragen bei Netzwerkanalysen ihren Platz.

- Wen können Sie anrufen, wenn es Ihnen schlecht geht? (emotionale Unterstützung)
- Wer würde Ihnen bei einem Umzug helfen? (instrumentelle Unterstützung)
- Wen würden Sie fragen, wenn Sie wissen möchten, wo...? (informationelle Unterstützung)

Verbreitet ist bei Netzwerkanalysen die grafische Visualisierung der Ergebnisse. Dazu werden neben einem Fragebogen auch grafische Darstellungs- und Auswertungsinstrumente eingesetzt. Es gibt verschiedene Vorlagen, in die solche Netzwerkbeziehungen eingetragen werden können. So z. B. eine aus vier Feldern bestehende Netzwerkkarte, welche die Beziehungen nochmals in Freundschaftsbeziehungen, Familienbeziehungen, Beziehungen zu Arbeitskolleginnen und -kollegen sowie Beziehungen zu professionell Helfenden einteilt (▶ Abb. 10). Die Personen im Netzwerk können dort nach subjektiver Wahrnehmung als »näher« oder »ferner« zum Individuum eingetragen werden. Weiterhin wird eingetragen, ob diese Personen ihrerseits miteinander in Kontakt stehen.

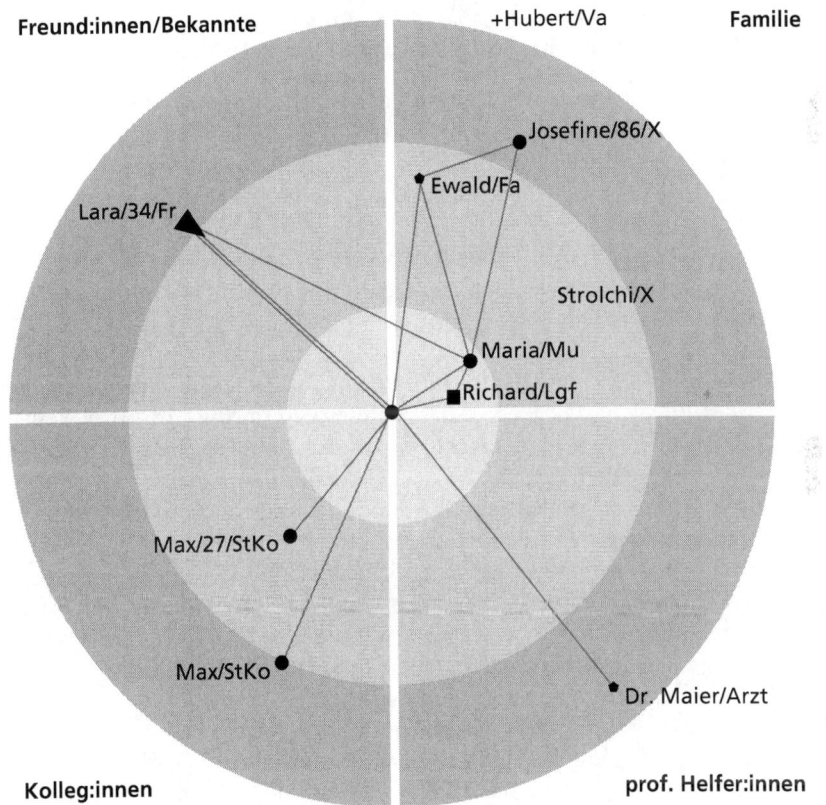

Abb. 10: Netzwerkkarte mit vier Bereichen: Freudinnen und Freunde, Familie, professionell Helfende und Kolleginnen und Kollegen (Quelle: easyNWK)

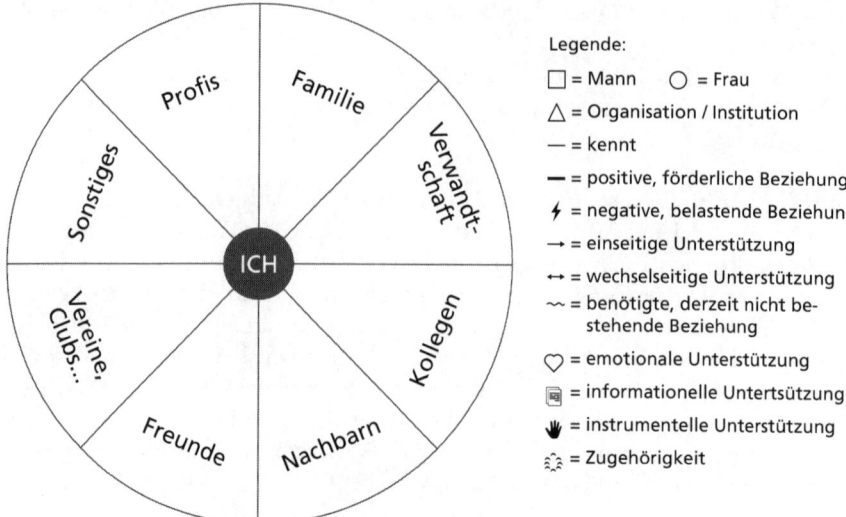

Abb. 11: Netzwerkkarte mit acht Bereichen (Quelle: Röh, Dieter (2015): Analyse Sozialer Netzwerke im Rahmen Sozialer Diagnostik und Hilfeplanung. In: Pauls, Helmut/Lohner, Johannes/Viehhauser, Ralph (Hg.), Didaktische Bausteine und Übungen zur Klinischen Sozialarbeit in der Lehre, Baustein 8. Coburg: ZKS Verlag)

Es gibt auch Netzwerkkarten mit einer weitergehenden Differenzierung bezüglich der Art der Beziehungen (▶ Abb. 11).

Folgende Netzwerkfragen wurden im »Alters-Survey« 1996 verwendet. In den aktuellen Alterssurveys werden diese Fragen in ähnlicher, stärker differenzierter Form weiterhin gestellt.

1. »Es geht um Personen, die Ihnen persönlich wichtig sind und mit denen Sie regelmäßig Kontakt haben. Dabei kann es sich sowohl um Arbeitskollegen, Nachbarn, Freunde und Bekannte, als auch um Haushaltsmitglieder und Verwandte handeln. Welche Personen sind für Sie wichtig?«
2. »Bei den nun folgenden Fragen können Sie sowohl die bislang von Ihnen genannten Personen als auch ganz andere Personen nennen. Wenn Sie wichtige Entscheidungen zu treffen haben: Hätten Sie da jemanden, den Sie um Rat fragen könnten? Welche Person oder welche Personen sind das?«
3. »An wen könnten Sie sich wenden, wenn Sie einmal Trost oder Aufmunterung bräuchten, z. B. wenn Sie traurig sind: Hätten Sie da jemanden? Welche Person oder welche Personen sind das?«
4. »Einmal abgesehen von bereits genannten Pflegetätigkeiten und unabhängig von Tätigkeiten, die Sie als Teil einer Erwerbstätigkeit oder Nebenerwerbstätigkeit ausüben: Haben Sie während der letzten 12 Monate jemandem, der nicht hier im Haushalt lebt, bei Arbeiten im Haushalt, z. B. beim Saubermachen, bei kleineren Reparaturen oder beim Einkaufen geholfen? Welche Person oder welche Personen sind das?«

5. »Und wie ist das umgekehrt bei Ihnen? Hat Ihnen in den letzten 12 Monaten jemand, der nicht hier im Haushalt lebt, bei Arbeiten im Haushalt, z. B. beim Saubermachen, bei kleineren Reparaturen oder beim Einkaufen geholfen? Welche Person oder welche Personen sind das?«
6. »Viele Menschen machen anderen Menschen Geld- oder Sachgeschenke oder unterstützen diese finanziell. Dabei kann es sich z. B. um Eltern, Kinder, Enkel oder andere Verwandte, aber auch um Freunde oder Bekannte handeln. Wie ist das bei Ihnen? Haben Sie in den vergangenen 12 Monaten jemandem Geld geschenkt, größere Sachgeschenke gemacht, oder jemanden regelmäßig finanziell unterstützt? Welche Person war das?«
7. »Und umgekehrt: Haben Sie selber in den vergangenen 12 Monaten Geld geschenkt bekommen, größere Sachgeschenke erhalten oder hat Sie jemand regelmäßig finanziell unterstützt? Welche Person war das?«

(zit. nach Forschungsgruppe Altern und Lebenslauf 1997)

Die Methode Sozialraumgenerator

Als Erweiterung der sehr auf individuelle Beziehungen fokussierten Methoden der Egozentrierten Netzwerkanalyse wurde von Schubert und Veil (2014) die Methode »Sozialraumgenerator« entwickelt. Diese Methode ist im Rahmen von Sozialraumanalysen besser geeignet, räumliche und soziale Beziehungen bestimmter Zielgruppen zu erheben. Erfasst wird hier nicht nur die Qualität der Beziehungen, sondern auch deren räumliche Verankerung. Dabei werden auch Beziehungen zu Institutionen und Organisationen stärker einbezogen. Entwickelt und genutzt wurde das Instrument zur Erhebung von sozialen Kontakt- und Unterstützungsnetzwerken älterer Bürgerinnen und Bürger in Köln-Ehrenfeld.

Sozialraumgenerator (Fragebogen nach Schubert/Veil 2014)

Welche Läden, Angebote, Praxen oder Einrichtungen nutzen Sie in ihrer Wohnumgebung (d. h. Stadtteil Ehrenfeld) mehrmals im Jahr?
Erfassen von Namen der Angebote/Einrichtungen
Wie häufig besuchen Sie (Name Angebot)?
Was für ein Laden oder Angebot ist das? (Funktion)
Unterhalten Sie sich dort mit anderen über persönliche Angelegenheiten?
Wenn ja: Mit wem unterhalten Sie sich dort?

- Namen der Kontaktpersonen, Geschlecht
- Wie lange kennen Sie die Person?
- Wie häufig sprechen Sie mit der Person?
- Wie lange dauern diese Gespräche?
- Über welche persönlichen Themen und Angelegenheiten sprechen Sie?

Untersuchung des Gesamtnetzwerks

Gesamtnetzwerke bestehen aus individuenzentrierten Netzwerken bzw. stellen deren Überschneidungen dar. Zur Untersuchung von Gesamtnetzwerken, etwa das Unterstützungsnetzwerk älterer Menschen in Köln-Ehrenfeld, wie im oben genannten Beispiel, muss man also prinzipiell eine Vielzahl von individuellen Netzwerken untersuchen und deren Schnittpunkte analysieren. Bei der Auswertung der Befragungen durch Schubert und Veil wurden durch etwa 500 Befragte ca. 400 unterschiedliche Kontaktorte genannt. Die Bedeutung dieser Kontaktorte wurde dann anhand der Häufigkeit der Nennungen sowie der Besuchs- und Gesprächshäufigkeiten ermittelt. Aus dem Produkt der Häufigkeit der Nennungen einzelner Orte mit der durchschnittlichen Besuchshäufigkeit wurde eine Besuchsfrequenz ermittelt. Aus den Besuchsfrequenzen der genannten Orte und Institutionen lässt sich schließlich ableiten, welche Einrichtungen für den sozialen Kontakt der älteren Bewohnerinnen und Bewohner besonders relevant sind. Eine weitere Auswertung der Häufigkeit von Gesprächen mit Kontaktpersonen an diesen Orten lässt eine Rangfolge von Einrichtungen erstellen, die zur Erreichbarkeit und Unterstützung Älterer im Quartier besonders wichtig sind. Die folgende Tabelle stellt die Auswertung dieser Netzwerkanalyse dar.

Tab. 16: Rankingtabelle der Infrastrukturtypen nach der Wichtigkeit für sozialen Kontakt (häufigste Nennungen)

Ranking	Nennungen	Gesprächsfrequenz	Gesprächsfrequenz Mitarbeiter	Gesprächsgelegenheit Mitarbeiter
1	Supermarkt	Supermarkt	Gaststätte	Gaststätte
2	Gaststätte	Gaststätte	Hausarzt	Hausarzt
3	Bäcker	Bäcker	Supermarkt	Freizeitstätte
4	Hausarzt	Kirche/Moschee	Moschee	Moschee
5	Apotheke	Gemüsehandel	Kiosk	Einzelhandel

Quelle: Schubert et al. (2019): 122

Auf diese Weise erhält man einen Überblick über ein Gesamtnetzwerk – nämlich jener Schnittpunkte, die für sozialen Kontakt und Unterstützung älterer Menschen besonders relevant sind. In der Tabelle wurden die Infrastruktureinrichtungen nach ihrer Wichtigkeit aufgereiht: In der ersten Spalte nach der Häufigkeit ihrer Nennungen insgesamt, in der zweiten Spalte nach der Häufigkeit von Gesprächen, die dort stattfinden. In beiden Fällen hatte der Supermarkt die größte Bedeutung für die Vernetzung älterer Einwohnerinnen und Einwohner, es folgt jeweils die Gaststätte und die Bäckerei. Auch Hausarztpraxen und religiöse Einrichtungen haben eine große Bedeutung als Kontakt- und Gesprächsorte.

Untersuchung von Organisationsnetzwerken mittels einer Institutionenbefragung

Mitunter ist die Vorgehensweise, über individuenzentrierte Netzwerke auf Organisationsnetzwerke zu schließen, wie bei der Methode Sozialraumgenerator, zu aufwändig. Beispielsweise wenn man untersuchen möchte, mit welchen anderen Institutionen eine bestimmte Einrichtung in welcher Weise zusammenarbeitet. Hier ist es sinnvoll, gleich die Organisation als Akteur bzw. Element des Netzwerks zu betrachten.

Die Analyse von Organisationsnetzwerken kann ohne Befragungen auskommen – dann nämlich, wenn die Organisationen-Beziehungen anhand von Dokumentenanalysen untersucht werden können, beispielsweise durch die Analyse des E-Mail-Verkehrs oder durch die Analyse von Dokumenten, die Kooperationen oder Kontakte zwischen den Organisationen dokumentieren, etwa Sitzungsprotokolle oder Lieferscheine. Auch Überweisungen von Klienten, Empfehlungen von Kunden oder andere Interaktionen können ausgewertet werden.

In der Literatur zu Methoden der Sozialraumanalyse im Kontext der Sozialen Arbeit wird häufig auf die Methode »Institutionenbefragung« hingewiesen (Deinet 2009; Krisch 2009; Spatschek 2016). Dieser Begriff soll deshalb auch hier verwendet werden, obwohl es sich im Kern nicht um eine eigenständige Untersuchungsmethode handelt, sondern um Leitfadeninterviews, die dazu genutzt werden, Organisationsnetzwerke zu untersuchen. Der Begriff »Institutionenbefragung« bedeutet lediglich, dass speziell nach Institutionen und deren Bedeutung und Beziehungen gefragt wird.

Schlüsselpersonen in Einrichtungen und Organisationen, also etwa Einrichtungsleiterinnen und -leiter, haben durch ihre Tätigkeit einen guten Überblick über die Kooperationsbeziehungen ihrer Organisation. Als Schlüsselpersonen für eine Institutionenbefragung können Schul- oder Kitaleitungen ebenso wie Pfarrerinnen und Pfarrer, Heimleitungen oder Beschäftigte an Pflegestützpunkten dienen. Diese Personen können mithilfe von Leitfragen gezielt nach Kooperationen, gemeinsamen Projekten, Austausch und Vermittlung zu anderen Organisationen oder zu zivilgesellschaftlichen Akteuren gefragt werden.

Beispielfragen:

- Welche (für das Thema) relevanten Institutionen gibt es vor Ort?
- Was ist die Aufgabe dieser Institutionen?
- Mit wem tauschen Sie Informationen, Dokumente oder Ressourcen aus?
- Wer verweist Kundinnen und Kunden/Klientinnen und Klienten an Ihre Organisation?
- An wen verweist Ihre Organisation Kundinnen und Kunden/Klientinnen und Klienten?
- Mit wem führen Sie gemeinsam Veranstaltungen durch?
- Welche Veränderungen in der Zusammenarbeit haben sich im vergangenen Jahr ergeben?

Wichtig ist, dass, wie bei Leitfadeninterviews üblich, nicht nur eine einzelne Schlüsselperson befragt wird, sondern eine gewisse Anzahl. Denn nicht alle Schlüsselpersonen dürften tatsächlich das gesamten Organisationen-Netzwerk vor Ort kennen oder es in gleicher Weise beurteilen. Erst indem man die Befragungsergebnisse zusammenführt und vergleicht, erhält man ein vollständigeres Bild des Organisationsnetzwerks.

Zum Finden von Schlüsselpersonen kann am Anfang eine Internet- oder Dokumentenrecherche stehen, um einen Überblick zu erhalten, welche interessierenden Einrichtungen es im Sozialraum gibt. Zu diesen kann dann Kontakt aufgenommen werden, um geeignete und gesprächsbereite Schlüsselpersonen zu finden. Denkbar ist auch eine Vorgehensweise im »Schneeballsystem«: Zunächst wird eine Schlüsselperson befragt und aus deren Antworten zu Arbeits- und Kooperationsbeziehungen werden dann weitere zu befragende Organisationen bzw. Schlüsselpersonen im Sozialraum abgeleitet. Beide Vorgehensweisen (Internetrecherche und Schneeballsystem) können selbstverständlich auch kombiniert werden.

Die Ergebnisse einer Organisations-Netzwerkanalyse können, neben einer interpretierenden schriftlichen Auswertung der Leitfadeninterviews, grafisch als Netzwerk-Karte visualisiert werden. Hier hat man die Möglichkeit, mittels unterschiedlicher Symbole und unterschiedlicher Liniengestaltung sowohl den Charakter bestimmter Akteure als auch die Qualität bestimmter Beziehungen zu visualisieren.

Fremdbilderkundung

Die Vorgehensweise der Fremdbilderkundung kann man als das Gegenstück der Institutionenbefragung sehen. Dabei geht es nicht um die Sichtweisen der Schlüsselpersonen in den Institutionen selbst, sondern um das Wissen und die Bewertung von Institutionen und deren Tätigkeit von außen, durch potenzielle Nutzerinnen und Nutzer oder auch unbeteiligten Personen im Sozialraum.

Bei der Fremdbilderkundung werden Bewohnerinnen und Bewohner eines Sozialraums befragt, ob sie bestimmte Einrichtungen, deren Angebote oder Mitarbeitende dieser Institutionen kennen, und was sie über diese wissen. Sie werden weiterhin gebeten, ihre Meinung zu diesen Angeboten und Mitarbeitenden zu äußern. Ziel ist es, zu ermitteln, ob bestimmte Einrichtungen und ihre Angebote in der Öffentlichkeit bekannt sind und wie diese von außen wahrgenommen werden.

Die Methode der Fremdbilderkundung wurde erstmals von Krisch (2002) beschrieben, der die Außenwahrnehmung von Einrichtungen der offenen Jugendarbeit in Wien untersuchen wollte. Dabei wurden an verschiedenen Orten Jugendliche befragt, ob sie die Jugendeinrichtung des Sozialraums kennen, was ihrer Meinung nach dort passiert und ob sie selbst hingehen würden. Ergebnis dieser Fremdbilderkundung war, dass die Jugendlichen erhebliche Vorurteile und auch falsche Informationen hatten, was in diesen Jugendeinrichtungen passierte und wer dort hinging. Die Einrichtungen wurden als Orte gesehen, in denen sich meist »problematische« Jugendliche aufhalten. Diese Außenwahrnehmung der Einrichtung hielt Jugendliche davon ab, selbst in die Jugendeinrichtung zu kommen und dort an Veranstaltungen teilzunehmen (Krisch 2002). Eine Fremdbildanalyse kann also

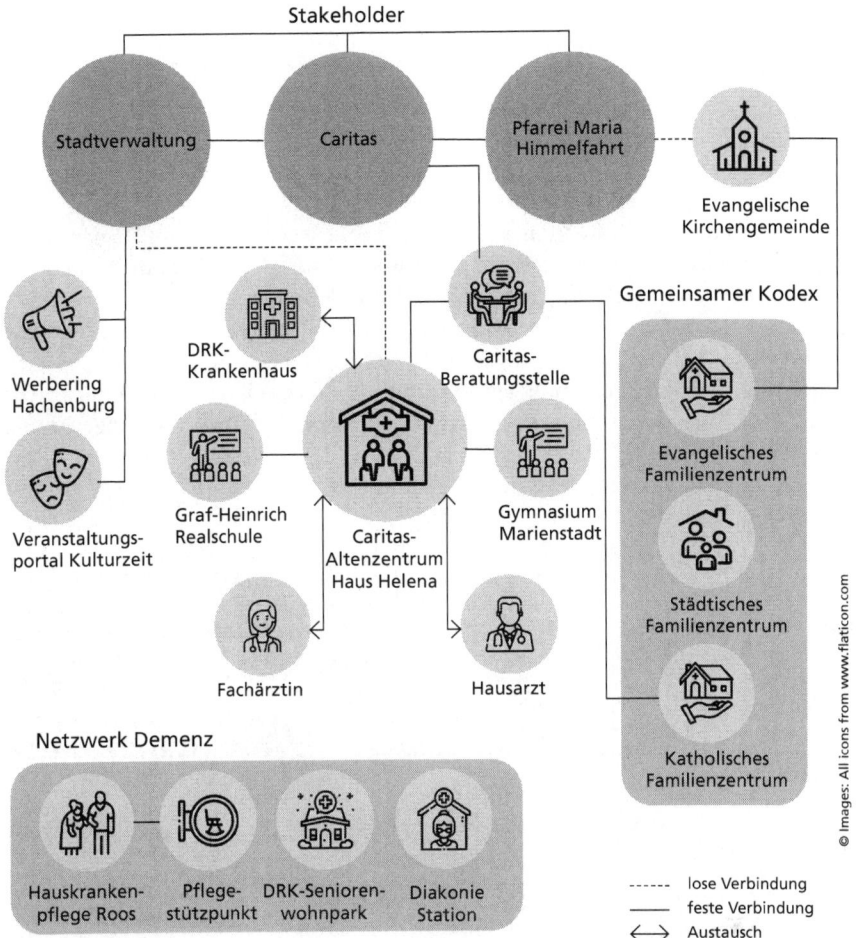

Abb. 12: Beispiel einer Organisationen-Netzwerk-Karte (Quelle: nach Hemicker et al. 2020: 93; überarbeitete Grafik)

unter anderem wichtige Hinweise liefern, wie Institutionen in der Öffentlichkeit und bei den potenziellen Zielgruppen ankommen und was dabei hinsichtlich der Angebote oder des Images verbessert werden kann.

Als Befragungsorte lassen sich belebte Orte im Sozialraum wählen – je nach Fragestellung auch solche, an denen die gewünschte Zielgruppe (z. B. ältere Menschen, Jugendliche, Eltern mit kleinen Kindern) anzutreffen ist. Das kann ein Supermarkt, ein öffentlicher Platz oder eine Haltestelle sein.

Passanten können dann mit Bitte um ein kurzes Interview angesprochen werden, etwa mit: »Entschuldigung, wohnen Sie hier in der Nähe?« Anschließend können die Leitfragen gestellt werden (Beispielfragen nach Krisch 2006):

6 Methodenbausteine

- Wissen Sie, wo Einrichtung xy ist?
- Wer geht dort hin?
- Was geschieht dort?
- Wer sind die Mitarbeiterinnen und Mitarbeiter dort?
- Kennen Sie jemanden, der in Einrichtung xy geht?

Um gleich zu Beginn nur Personen herauszufiltern, die eine bestimmte Einrichtung überhaupt kennen, könnte man auch mit der Einstiegsfrage beginnen: »Entschuldigen Sie, wissen Sie vielleicht, wo Einrichtung xy ist?« Dann muss man die Befragung nur bei einer positiven Antwort fortsetzen. Personen, denen die Einrichtung unbekannt ist, können gleich übergangen werden. Als Aufzeichnungsmethode bietet sich hier die direkte Protokollierung an, da eine Tonaufzeichnung eine zu große Hürde bei einer Befragung auf der Straße darstellen dürfte. Als übersichtliche Form der Dokumentation schlägt Krisch (2002) eine Tabelle als sogenanntes Fremdbildraster vor (▶ Tab. 17).

Tab. 17: Fremdbildraster

Angaben zur befragten Person (Alter, Geschlecht, ggf. Wohnort)	1. Wissen über den Standort der Einrichtung	2. Wissen über Besucherinnen und Besucher der Einrichtung	3. Wissen über Angebote der Einrichtung	4. Aussagen über Mitarbeiterinnen und Mitarbeiter der Einrichtung	5. Aussagen über Besucherinnen und Besucher der Einrichtung

Selbstverständlich kann dieses Vorgehen, je nach Fragestellung und Zielgruppe, abgewandelt werden. Die Erkundung des Fremdbildes muss nicht auf der Straße, sondern kann ebenso an anderen relevanten Orten stattfinden, wo die Zielgruppe anzutreffen ist. Es lassen sich so auch unterschiedliche Wahrnehmungen abgrenzen. So könnten im Umfeld von Schulen Jugendliche nach ihrer Sicht auf eine Jugendeinrichtung befragt werden, bei einem Elternabend oder einem Seniorentreff die Sichtweise von Eltern schulpflichtiger Kinder oder älterer Bürgerinnen und Bürger auf die Jugendeinrichtung. Diese Sichtweisen können sich aufgrund unterschiedlicher Bedürfnisse und Erfahrungen deutlich unterscheiden.

Das Wichtigste in Kürze

Die soziale Netzwerkanalyse dient dazu, die Beziehungen zwischen Akteuren im Sozialraum zu untersuchen. Akteure können dabei sowohl Einzelpersonen als auch Organisationen sein. Interessant ist dabei neben der Untersuchung der

Größe des Netzwerks auch die Häufigkeit und Qualität der Interaktionen zwischen den Netzwerkpartnern. Soziale Netzwerke können aus zwei unterschiedlichen Perspektiven analysiert werden. Bei der Egozentrierten Netzwerkanalyse stehen die Netzwerkbeziehungen eines einzelnen Akteurs im Mittelpunkt. Bei der Analyse eines Gesamtnetzwerkes sind die Beziehungen zwischen allen Akteuren eines Netzwerks im Sozialraum relevant. Netzwerkanalysen können themenzentriert durchgeführt werden, beispielsweise im Hinblick auf Unterstützernetzwerke, berufliche Netzwerke, Informationsnetzwerke usw. Im Rahmen von Sozialraumanalysen werden soziale Netzwerke in der Regel durch Befragungen mithilfe sogenannter Netzwerkfragen erhoben. Bei der Untersuchung von Organisationsnetzwerken dient die Befragung von Schlüsselpersonen der jeweiligen Organisationen zur Ermittlung der Netzwerkbeziehungen (Institutionenbefragung). Netzwerkbefragungen können quantitativ und qualitativ ausgewertet und Ergebnisse können mithilfe von Netzwerkkarten grafisch dargestellt werden. Die Methode der Fremdbilderkundung dient der Untersuchung der Außenperspektive von Organisationen. Mit ihrer Hilfe wird ermittelt, wie Organisationen von den Menschen im Sozialraum wahrgenommen werden.

Weiterführende Literatur

Weyer, J. (Hg.) (2014): Soziale Netzwerke. Konzepte und Methoden der sozialwissenschaftlichen Netzwerkforschung. München: De Gruyter Oldenbourg.
Schönig, W., Motzke, K. (2016): Netzwerkorientierung in der Sozialen Arbeit. Stuttgart: Kohlhammer.

Übung 10: Netzwerkanalyse

Eine Mittelstadt möchte sich zum »seniorenfreundlichen« Ort entwickeln. Sie werden beauftragt, zu untersuchen, welche Institutionen oder Einrichtungen es im Ort gibt, die für Ältere relevant sind, welche Leistungen diese anbieten und wie diese Institutionen bereits zusammenarbeiten.
Erstellen Sie ein Konzept zur Analyse des entsprechenden Organisationsnetzwerks! Wie würden Sie vorgehen?

Lösungsvorschlag: siehe Onlinematerial

6.7 Ortsbegehung

Beobachtungen

Ortsbegehungen sind im Kern Beobachtungen. Mithilfe von Beobachtungen können Abläufe und Resultate menschlichen Verhaltens erfasst werden. Auch Aspekte des Handelns, die von den Betroffenen nicht verbalisiert werden können oder die nicht abgefragt werden können, sind mittels der Beobachtung zugänglich, weil die Forschenden direkt mit ihren fünf Sinnen in der Situation anwesend sind. Auch liegt, anders als bei der Befragung, kein Reflexionsprozess, kein Filter der sozialen Erwünschtheit zwischen Fragestellung und Information, sondern das tatsächliche Verhalten ist mit der Beobachtung unmittelbar zugänglich.

Man unterscheidet verschiedene Herangehensweisen, so z. B. nach verschiedenen Aspekten der Offenheit der Beobachtungssituation und der Beteiligung der Forschenden:

- Offene Beobachtung – den Beobachteten ist bekannt, dass sie beobachtet werden.
- Verdeckte Beobachtung – die Beobachteten wissen nicht, dass sie beobachtet werden.
- Teilnehmende Beobachtung – die Forschenden agieren in der Beobachtungssituation ähnlich wie die Personen, die beobachtet werden.
- Nichtteilnehmende Beobachtung – die Forschenden sind präsent, nehmen aber nicht an der Interaktion teil.

Möchte ich beobachten, wie sich eine Gruppe von Kindern auf dem Spielplatz verhält und miteinander interagiert, könnte ich mich für eine teilnehmende Beobachtung entscheiden, indem ich als Beobachtender selbst mit den Kindern spiele. Ich könnte mich aber auch dazu entscheiden, das Spiel der Kinder lediglich vom Rand aus zu beobachten, ohne dass ich selbst daran teilnehme. Ebenso könnte ich die spielende Gruppe entweder vom Rand aus beobachten, so dass jeder sehen kann, dass ich dastehe (offen). Oder ich könnte das ungesehen vom Fenster eines Gebäudes tun (verdeckt). Bei der Auswahl der Art und Weise der Beobachtung muss man sich darüber im Klaren sein, dass eine Teilnahme des Forschenden die Interaktion der Beobachteten verändern kann. Die Kinder spielen wahrscheinlich anders, wenn ich mich selbst beteilige, als wenn sie nur unter sich sind. Ebenfalls kann es das Verhalten von Menschen verändern, wenn sie wissen, dass sie beobachtet werden. Bei kleinen Kindern spielt das in der Regel noch keine Rolle. Bei Jugendlichen oder Erwachsenen könnte es schon einen Unterschied machen, ob sie sich beobachtet fühlen oder nicht.

Die Beobachtung in Sozialräumen hat den Vorteil, dass man nicht nur menschliches Verhalten selbst beobachten kann, sondern auch bereits eingetretene Resultate dieses Verhaltens. So kann man untersuchen, wo Müll herumliegt und welche Teile eines Quartiers verwahrlost oder beschädigt wirken; ob zahlreiche Zigarettenkippen oder leere Flaschen an einer Parkbank oder einem Bushäuschen darauf hindeuten, dass dies ein Treffpunkt von Jugendlichen ist. Die Beobachtung von Verhaltensresultaten ist objektiv – denn das Verhalten der Zielgruppe wird im Nachhinein nicht mehr durch die Beobachtung beeinflusst.

Beobachtungen können, wie Befragungen, stärker auf qualitative oder auf quantitative Aspekte zielen. Dies schlägt sich im Grad der Standardisierung des Vorgehens nieder. Standardisierung bedeutet, wie konkret zu beobachtende Aspekte vorgegeben werden und ob diese anhand von Antwortvorgaben dokumentiert werden sollen oder in Form von offenen Äußerungen:

- stark strukturiert/standardisiert – detaillierter Beobachtungsbogen mit Antwortvorgaben
  - nur für sehr konkret beschriebene Phänomene (z. B. Leerstandserhebung)
- mäßig strukturiert
  - Beobachtungskategorien und -kriterien sind hinreichend genau beschrieben (z. B. Barrieren beim Zugang zu öffentlichen Einrichtungen, Sitzmöglichkeiten, Bushaltestellen...)
  - Gebiete sind abgrenzbar, um die Zuordnung der Beobachtungen zu erleichtern
- wenig strukturiert
  - es wird nur nach Auffälligkeiten geschaut, was protokolliert wird, obliegt weitgehend der Entscheidung des Beobachters (z. B. Begehung mit der Aufgabe, die »Seniorenfreundlichkeit« des Sozialraums zu untersuchen)

Ein Beispiel für einen stark strukturierten Beobachtungsbogen aus dem Bereich der Kindheitsforschung zur Entwicklungsbeurteilung ist der KOMPIK-Beobachtungsbogen (Mayr/Bauer/Martin 2012). Der Kompik-Beobachtungsbogen ist ein Entwicklungs-Beobachtungsinstrument für Kindertageseinrichtungen. Es dient einerseits dazu, die allgemeine Entwicklung von Kindern zu verfolgen und andererseits auch Entwicklungsprobleme frühzeitig zu erkennen. Zu den Entwicklungsbereichen, die beobachtet werden können, gehören motorische, soziale und emotionale Kompetenzen, Motivation, Sprache, aber auch naturwissenschaftliche, musikalische und gestalterische Kompetenzen der Kinder.

Die Beobachtung bezieht sich dabei immer auf ein einzelnes Kind, das anhand konkret formulierter Entwicklungsaufgaben mithilfe einer Skala von 1 bis 5 eingeschätzt werden soll. Zu den Beobachtungsaufgaben gehört es beispielsweise, zu ermitteln, in welcher Weise das Kind in der Lage ist, »einen Hampelmannsprung koordiniert auszuführen« (motorische Kompetenz), »sich selbst zu beruhigen, wenn es aufgeregt ist« (emotionale Kompetenz) oder »nur schwer für neue Spiele und Aktivitäten zu begeistern ist« (motivationale Kompetenz). Mithilfe der Skala ist es möglich, numerische Durchschnittswerte für den Entwicklungsstand in einzelnen Bereichen zu ermitteln. Zusammengefasst für ganze Gruppen, Einrichtungen oder Sozialräume ist es auch möglich, den durchschnittlichen Entwicklungsstand vieler Kinder zahlenmäßig auszudrücken und ggf. auch zwischen Sozialräumen zu vergleichen. Es liegt allerdings auf der Hand, dass ein solches Vorgehen zur Untersuchung oder zum Vergleich von Sozialräumen sehr aufwändig wäre und deshalb bisher kaum durchgeführt wurde.

Im Gegensatz zu einer so stark standardisierten Form kann man Verhalten auch in offener Form dokumentieren. Bei einer offenen Beobachtung müssen ebenfalls

1 Motorische Kompetenzen

① = sehr selten / nie   ① = trifft nicht zu
② = selten   ② = trifft wenig zu
③ = manchmal   ③ = trifft teilweise zu
④ = häufig   ④ = trifft überwiegend zu
⑤ = sehr häufig   ⑤ = trifft völlig zu

Grobmotorische Kompetenzen

Das Kind ...

A1	kann einen „Hampelmannsprung" koordiniert ausführen	1 2 3 4 5
A2	landet beim Springen sicher auf beiden Beinen und behält das Gleichgewicht	1 2 3 4 5
A3	kann einen zugeworfenen Ball sicher fangen	1 2 3 4 5
A4	kann einen Ball sicher und gezielt werfen	1 2 3 4 5
A5	kann sich für längere Zeit mit beiden Armen an einem Klettergerüst (o.ä.) hängen lassen.	1 2 3 4 5
A6	kann Bewegungen auf ein Signal hin stoppen und wieder aufnehmen (z.B. bei „Stop and Go"-Spielen)	1 2 3 4 5
A7	kann sicher über einen Balken (o.ä.) balancieren	1 2 3 4 5

Summe „Grobmotorische Kompetenzen" [ ] : 7

Mittelwert „Grobmotorische Kompetenzen" [ ]

Abb. 13: Ausschnitt Beobachtungsbogen KOMPIK zum Bereich »Grobmotorische Kompetenzen« (Quelle: Mayr, Toni/Bauer, Christina/Krause, Martin (2012): KOMPIK. Kompetenzen und Interessen von Kindern. Beobachtungs- und Einschätzbogen für Kinder von 3,5 bis 6 Jahren. München: Staatsinstitut für Frühpädagogik/Bertelsmann Stiftung: 3)

Anlass und Gegenstand der Beobachtung vorher genau festgelegt werden. Die Art und Weise der Protokollierung ist jedoch frei und weitgehend der beobachtenden Fachkraft überlassen. Beim Vergleich der standardisierten und der offenen Protokollführung wird deutlich, dass man mit dem offenen Protokoll genauer auf Besonderheiten der Situation eingehen kann. Eine offene Protokollführung eignet sich auch eher zur Beobachtung von Gruppen, da hier nicht Merkmale für jedes einzelne Individuum erhoben werden müssen, sondern man sich auf Auffälligkeiten konzentrieren kann. Allerdings entsteht dadurch die Gefahr der Subjektivität oder des Auslassens relevanter Aspekte. Die Qualität eines offenen Protokolls hängt also stärker von der Qualifikation und Erfahrung des Forschenden ab.

> Beobachtete Person: Mareike 4 J.
> Beobachter: Praktikantin
> Beobachtungsort: Kindergarten, Gruppenraum

Beobachtungsanlass: Vorher wahrgenommene Kontaktschwierigkeiten des Kindes
Gegenstand der Beobachtung: Überprüfung des Kontakt- und Sozialverhaltens bei M.

Protokoll

Beobachtungstag: Di, 22.6.99
Beginn der Beobachtung: 9.56 Uhr
Ende: 10.19 Uhr

- 9.56 / Mareike steht am Maltisch im Gruppenraum und bemalt mit großen schnellen Bewegungen ein Blatt Papier. (So wie ich aus 3 m Entfernung sehen kann, sind es bunte Linien, Kreise, diverse andere Formen.)
- 9.58 / Sie faltet das Blatt einmal zusammen, geht zu Petra (Erzieherin), gibt ihr das Blatt und sagt: »Ein Brief für dich, lies!« Petra liest (den imaginären Text): »Liebe Petra, viele Grüße von Mareike.« Sie gibt den Brief an Mareike zurück. Mareike lächelt (zufrieden). Sie geht zurück an den Tisch.
- 10.01 / Mareike geht (langsam) zurück in die Malecke, beugt sich über den Tisch und faltet den »Brief« erneut (diesmal etwas kleiner). Sie geht mit dem Papier zur Praktikantin, (die mit im Raum ist), und sagt: »Ich hab einen Brief«. Sie faltet das Papier nochmals zusammen und gibt es der Praktikantin. Dann dreht Mareike sich um, geht zum Spielteppich, wo andere Kinder im Moment spielen.
- 10.03 / Sie bleibt in ca. 1 m Abstand einige Sekunden stehen, kommt zum Maltisch und faltet (hastig) ein weiteres Blatt. Sie schaut zur Erzieherin herüber und ruft: »Ich geh jetzt frühstücken.« Mareike lässt das Blatt fallen und verlässt kurz den Raum. (Sie will zu ihrer Tasche im Flur.)
- ……..

Quelle: Stangl, Werner (o.J.). Beispiel für eine nicht teilnehmende Beobachtung. [werner stangl]s arbeitsblätter. https://arbeitsblaetter.stangl-taller.at/FORSCHUNGSMETHODEN/BeobachtungBeispiel.shtml, Zugriff am 14.05.2024

Ortsbegehung als Methodenmix

Reine Beobachtungen, fokussiert auf einen konkreten Ort und konkrete Individuen, werden im Rahmen von Sozialraumanalysen eher selten durchgeführt. Dies bleibt eher spezifischeren Forschungsprojekten vorbehalten.

Bei Ortsbegehungen hingegen bezieht sich die Methode der Beobachtung auf einen größeren Teil eines Sozialraums, durch den man sich hindurchbewegt. Diese werden im Rahmen von Sozialraum- und Ortsanalyseprozessen häufig eingesetzt: als Inaugenscheinnahme bestimmter Orte oder Wege, als Exkursion zu Beispielen guter Praxis oder als »get together« mit Bürgerinnen und Bürgern bei einem Spaziergang durch das Viertel. Dabei interessieren auf der einen Seite die Qualität der gebauten

Umwelt, das menschliche Verhalten in diesem Sozialraum und die Wechselwirkung zwischen beidem. Zum anderen kann hier die Beobachtung mit anderen Methoden, etwa einer Befragung oder einem Gruppeninterview, verbunden werden.

Bei einer Ortsbegehung im Rahmen einer Sozialraumanalyse sollte die Erhebung von Informationen im Mittelpunkt stehen. Erst in zweiter Linie sollten Elemente der Partizipation der Zielgruppen dabei eine Rolle spielen.

Es gelten dann jene Kriterien, die für alle empirischen Forschungsmethoden von Bedeutung sind:

- die Methode hat ein vorab definiertes Ziel
- das Vorgehen ist systematisch und wird nachvollziehbar dokumentiert
- das Beobachtete wird protokolliert

Go Along – Offene Form der Begehung

Sogenannte »Go Alongs« (»Nebeneinander gehen«) sind eine Verknüpfung der Methoden teilnehmende Beobachtung und narratives Interview (Sommer/Töppel 2021). Beim Go Along begehen die Forschenden mit Angehörigen der Zielgruppe den Sozialraum und lassen diese dabei über den Ort und das jeweils Gesehene sprechen. Das Go Along versucht die Nachteile beider Methoden zu vermeiden: Bei bloßen Beobachtungen kann man die Deutungen und Erfahrungen der Teilnehmenden nicht erschließen. Bei reinen Befragungen würden jedoch viele konkrete räumliche Gegebenheiten des Sozialraums unter den Tisch fallen. Denn die Erfahrung des Sozialraums ist nur zum Teil dem diskursiven Bewusstsein zugänglich. Würde man Personen in einem Zimmer nach konkreten Merkmalen ihres Quartiers befragen, käme mit Sicherheit nur ein viel kleinerer Teil dieser Aspekte zum Vorschein, als wenn man sich mit den Teilnehmenden durch den Sozialraum bewegt und sie währenddessen ihre Deutungen liefern.

Beim Go Along gibt es keinen konkreten Gesprächsleitfaden oder Fragebogen, sondern lediglich eine Themenstellung für die Begehung. Sommer und Töppel (2021) beschreiben die Methode anhand der Themenstellung »Sicherheitsgefühl im öffentlichen Raum«. Die Gesprächsanregung für die Teilnehmenden lautete: »Wir sind auf der Suche nach Orten mit strukturellen oder baulichen Gegebenheiten, die zu einem Unsicherheitsgefühl und Unbehagen beitragen, oder nach Orten, an denen Sie sich sicher und wohl fühlen« (nach Sommer/Töppel 2021: 202).

Die Route der Begehung ist beim Go Along nicht vorgegeben, sondern die Teilnehmenden können ihre eigene Route wählen, beispielsweise eine, die ihren alltäglichen oder häufig gegangenen Wegen entspricht. Während des Gehens werden die Teilnehmenden aufgefordert, mittels »lauten Denkens« ihre Wahrnehmungen im Hinblick auf die Fragestellung auszusprechen. Die Teilnehmenden haben so Gelegenheit, sich frei zu äußern. Im zitierten Beispiel wurden Bauwerke, Straßen, Plätze, die Situation parkender Autos, Grünanlagen und Pflanzen kommentiert und dabei etwa die Einsehbarkeit, die Beleuchtung, die Entfernungen oder die Lärmentwicklung thematisiert. Gleichzeitig können bestimmte Erlebnisse, die mit diesen Orten verbunden sind, erzählt werden.

Die Dokumentation der Go Alongs erfolgt mittels Audioaufzeichnung, also mithilfe eines Rekorders oder Diktiergeräts. Dabei wurden gute Erfahrungen damit gemacht, den Teilnehmenden das Aufnahmegerät selbst in die Hand zu geben und sie praktisch zu »Reportern« in eigener Sache zu machen. Dies führt zu einer Verringerung der Distanz zwischen Forschenden und Teilnehmenden sowie zu mehr und besseren Redebeiträgen.

Go Alongs können sowohl mit einzelnen als auch mit mehreren Teilnehmenden durchgeführt werden. Ebenso können sowohl »normale Bürgerinnen und Bürger« als auch Expertinnen und Experten in einem Go Along einbezogen werden. Die Personengruppen werden sich dann lediglich hinsichtlich der Art der geäußerten Eindrücke unterscheiden. So wurden im genannten Beispiel Begehungen zunächst mit Expertinnen und Experten (Stadtplanung, Polizei, Quartiersmanagement) durchgeführt. Deren Äußerungen richteten sich stärker auf objektiv-fachliche Aspekte der öffentlichen Sicherheit (Sommer/Töppel 2021: 202).

Strukturierte Ortsbegehung

Im Rahmen von Sozialraumanalysen wird man eher selten eine Beobachtung an einem festen Ort durchführen. Wichtiger ist, sich bei der Beobachtung fortzubewegen, um den gesamten Sozialraum in Augenschein zu nehmen. Während die Beobachtung in der Regel bereits auf eine bestimmte Situation, eine bestimmte Gruppe, eine bestimmte Person konzentriert ist, ist die Methode Ortsbegehung zunächst unspezifisch und dynamisch. Soll eine Ortsbegehung also nicht nur anekdotisch, sondern systematisch im Rahmen einer Sozialraumanalyse erfolgen, ist die Klärung der Rahmenbedingungen und Beobachtungsgegenstände sehr wichtig.

1. Klären der Fragestellung

Bei der Begehung eines Ortes kann man sowohl Objekte (Bauwerke, Bänke, Parks), also Resultate menschlichen Verhaltens, als auch menschliches Verhalten selbst beobachten. Außerdem lassen sich Interaktionsresultate von Menschen und gebautem Raum feststellen (Schmutz, Verwahrlosung, penible Sauberkeit, gepflegter Rasen u. Ä.). Es ist unmöglich, alle sinnlich wahrnehmbaren Eindrücke systematisch festzuhalten. Deshalb sollte man schon zu Beginn die Frage stellen: Welche Erkenntnis möchte ich gewinnen? Dabei müssen sich Forschende auch kritisch selbst hinterfragen, ob sich eine gewünschte Erkenntnis überhaupt mithilfe einer Ortsbegehung erzielen lässt. Will man beispielsweise die Nutzungsintensität bestimmter Orte oder Plätze ermitteln, muss man sich bewusst machen, dass Orte und Plätze tageszeitabhängig sehr unterschiedlich genutzt werden. Dorfplätze sind wochentags am Vormittag oft verwaist. Hier könnte man nur am Abend oder am Wochenende sinnvolle Beobachtungen machen. Man müsste die Orte also mehrfach zu unterschiedlichen Tageszeiten besuchen. Auch das Wetter kann einen großen Unterschied bei der Nutzung öffentlicher Räume machen. Eine einmalige Begehung ist also in der Regel zur Erhebung solcher Informationen nicht geeignet. Gut geeignet sind Begehungen zur Feststellung von mehr oder weniger dauerhaften Merkmalen eines

Sozialraums, etwa Barrierefreiheit, Vorhandensein oder Zustand von Einrichtungen, Verkehrssicherheit, Ortsbild usw.

2. Festlegen der Beobachtungsinhalte, Erstellen eines Erhebungsbogens

Zur Eingrenzung der Beobachtungsinhalte gehört das Erstellen eines Beobachtungsbogens. Dieser kann stark oder weniger stark strukturiert sein. Ein Beispiel für einen stark strukturierten Beobachtungsbogen ist der hier abgebildete Erhebungsbogen zum Gebäudeleerstand (▶ Abb. 14). Der Erhebungsbogen verfügt über standardisierte Antwortvorgaben, etwa zum Gebäudetyp oder zum Bauzustand. Dabei ist es im Rahmen der Erstellung des Erhebungsbogens sinnvoll, sich klarzumachen, welche Informationen bereits im Vorfeld aus anderen Quellen oder welche im Nachgang beschafft werden können. Nicht alles kann man per Augenschein ermitteln. Die Auswertung von amtlichen Planwerken oder Verzeichnissen kann eine sinnvolle Ergänzung zur Beobachtung sein.

Straße	Nummer	Gebäudetyp				Leerstand		Zustand			Nutzung		
		Einfamilienhaus	Mehrfamilienhaus	freistehend	Reihenhaus	Leerstand	Teilleerstand	guter Bauzustand	sanierungsbedürftig	baufällig/Ruine	Wohnen	Gewerbe	Wohnen u. Gewerbe
Im Naulig													
Johannesstr.													
Marktstr.													
Stolzenfelderstr.													
Theodor-Heuß-Str.													
Schillerstr.													

Abb. 14: Stark strukturierter Erhebungsbogen zur Feststellung von Gebäudeleerstand (Quelle: eigene Unterlagen Kröhnert/Güntner, Hochschule Koblenz)

Erhebungsbögen für Begehungen können aber auch weniger stark strukturiert sein und mehr Raum für offene Beobachtung lassen. Dennoch ist es wichtig, im Vorfeld zu klären, welche Aspekte im Hinblick auf die Fragestellung überhaupt beobachtet werden können (und welche besser auf andere Weise untersucht werden können). Möchte ich etwa die »Attraktivität für Seniorinnen und Senioren« untersuchen, muss ich zunächst darüber nachdenken, was unter »Attraktivität für Seniorinnen und Senioren« verstanden wird und was auch beobachtet werden kann. Dies könnte sein:

- Qualität des öffentlichen Raums: attraktiver Ortskern, historische Gebäude, Einkaufsmöglichkeiten, Gastronomie, Sitzbänke, überdachte Haltestellen, Lärmpegel, Luftverschmutzung
- Barrierefreiheit: ausreichend breite Fußwege, Hindernisse (parkende Autos), defekter Straßenbelag, hohe Bordsteinkanten, Ampeln zum sicheren Überqueren der Straße, ausreichend lange Grünphasen
- Erreichbarkeit und Öffentlicher Nahverkehr: Entfernung zu Haltestellen, Taktfrequenz, Sitzbänke, überdachte Haltestellen, öffentliche Toiletten, Qualität der Beschilderung, Beleuchtung
- Qualität der sozialen Infrastruktur: Vorhandensein von Arztpraxen, Pflegeberatungsstellen, Senioreneinrichtungen, Freizeiteinrichtungen

Beim letzten Punkt fällt ins Auge, dass man solche Informationen auch anhand einer Vorrecherche im Internet bzw. in Ortsverzeichnissen gewinnen kann. Dies sollte dann auch getan werden und die Begehung kann sich auf die Inaugenscheinnahme dieser Einrichtungen beschränken: Existieren sie noch? In welchem Zustand sind sie? Sind neue Einrichtungen entstanden, die in den Verzeichnissen noch nicht genannt sind?

In einem mäßig strukturierten Begehungsprotokoll sind dann nur die Beobachtungsgegenstände oder thematischen Bereiche aufgeführt. Das Beobachtete wird in freier Formulierung festgehalten.

Tab. 18: Beispiel für ein mäßig strukturiertes Begehungsprotokoll

Beobachtungskriterium	Ort	Beobachtung	Ideen
Barrieren im öffentlichen Raum	Bäckerstr. Einmündung Goethestraße	defekter Straßenbelag	
Verschmutzungen	Goethestraße Höhe Nr. 68	Müll auf ungenutztem Grundstück	
Ruhebänke	Friedhof Parkweg	Bank am Parkweg zerstört	
öffentliche Toiletten	Am Friedhof	nur während Öffnungszeiten des Friedhofs zugänglich	

3. Erstellen eines Begehungsplans

Zunächst muss geklärt werden, ob der Sozialraum flächendeckend beobachtet werden soll oder ob nur bestimmte Wege oder Orte darin von Interesse sind. Geht es um die Beobachtung verschiedener Qualitäten oder Merkmale des öffentlichen Raumes, so sollte das gesamte Segment des Sozialraums Beobachtungsobjekt sein, und man muss sich die Zeit nehmen, dies auch möglichst komplett in Augenschein zu nehmen.

Selbst ein Ort mit nur 1000 Einwohnern kann nicht »einfach so« begangen werden. Er besteht in der Regel aus mehreren Straßenzügen, Gebäuden mit Hinterhöfen, Plätzen und Gewässern. Soll eine systematische Begehung stattfinden, dann sollte er in Segmente eingeteilt werden. Dies kann anhand einer physischen oder digitalen Karte erfolgen. Sinnvoll ist es, die Segmente farblich zu markieren. Ein Segment sollte nicht größer sein, als es in einer Stunde systematisch begangen werden kann. Im nächsten Schritt lassen sich auch Begehungswege durch das Segment festlegen. Man kann das Segment, wenn es nicht zu groß ist, auch »zufällig« begehen. Das heißt, man geht, ohne vorher eine bestimmte Route festzulegen, auf zugänglichen Wegen kreuz und quer durch das Segment, bis man alle öffentlichen Räume gesehen hat.

Je nach Fragestellung können aber auch nur bestimmte Orte oder Gebäude angesteuert und beobachtet werden. Dies wäre der Fall, wenn man etwa den baulichen Zustand von Spielplätzen oder die Barrierefreiheit öffentlicher Gebäude untersuchen will. Dann interessieren bei der Begehung nur diese Orte, gleichgültig wie man dahin gelangt oder wie die Umgebung aussieht. Es genügt dann, die Orte oder Gebäude auf dem Begehungsplan zu markieren.

Sollen hingegen konkrete Wege bzw. Routen im Sozialraum begangen werden, etwa um die Verkehrssicherheit eines Schulweges zu beobachten, so müssen diese auf dem Begehungsplan markiert werden.

Das abgebildete Beispiel stammt aus einer Sozialraumanalyse mit dem Ziel, die »Bespielbarkeit« des öffentlichen Raumes in einem Ortsteil von Bonn zu untersuchen (▶ Abb. 15, ▶ Abb. 16). Anhand der festgelegten Segmente wurde nach und nach der gesamte öffentlich zugängliche Raum besichtigt, um dort vorhandene oder potenzielle Spielgelegenheiten für Kinder zu ermitteln. Natürlich kann man im Rahmen einer Begehung nur öffentliche Räume besichtigen, man gelangt nicht hinter verschlossene Tore, betritt keine privaten Grundstücke oder Höfe. Man nutzt aber alle öffentlichen Wege im Segment, um den öffentlichen Raum so umfassend wie möglich in Augenschein zu nehmen. Bei der genannten Fragestellung hätte es nicht ausgereicht, nur an bestimmten Wegen entlangzugehen, da man dadurch wahrscheinlich Spielgelegenheiten übersehen hätte, die abseits dieser Wege liegen.

4. Beobachtungsrundgang

Grundsätzlich unterscheiden kann man Ortsbegehungen ohne Interaktion (mit anderen Personen) und solchen mit Interaktion. Bei einer Begehung ohne Interaktion wird grundsätzlich nur beobachtet und protokolliert. Gespräche mit Pas-

6.7 Ortsbegehung

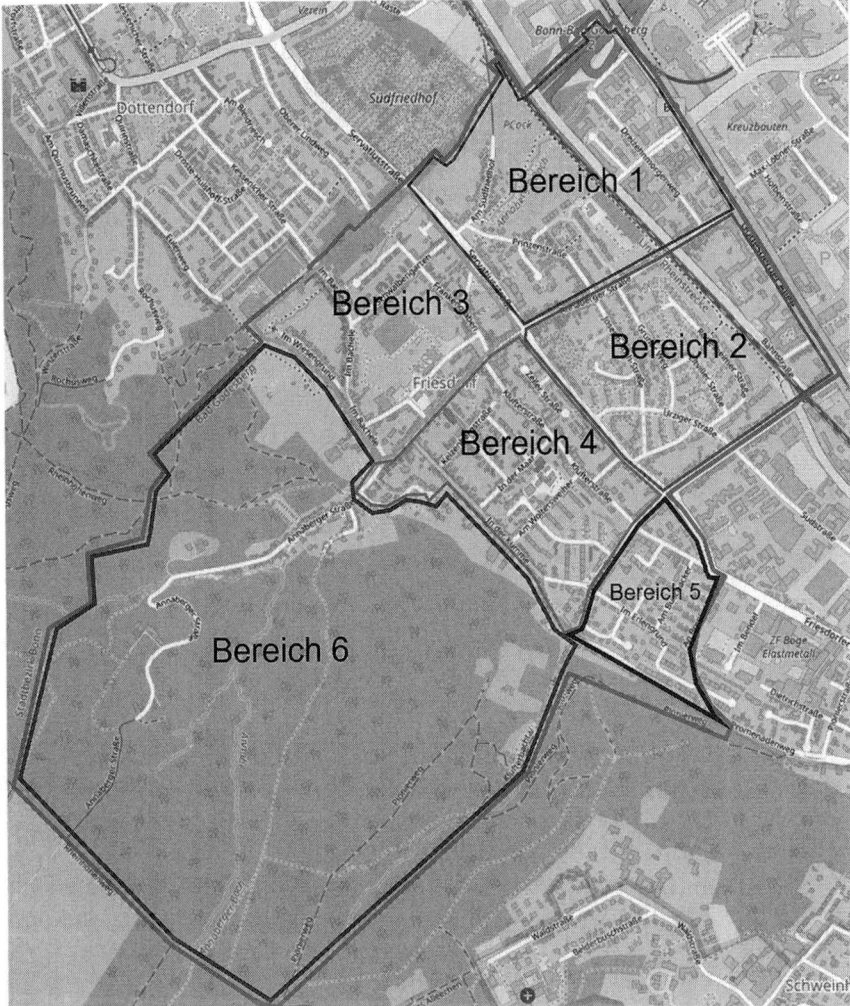

Abb. 15: Begehungsplan: Beispiel der Einteilung eines Sozialraums in Segmente (Quelle: Piechazcek, Frank (2023): Die bespielbare Stadt, S. 75)

santen oder Anwohnenden bzw. deren Befragung sind nicht vorgesehen. Auch Begehungen ohne Interaktion sollten von mehr als einem Forschenden durchgeführt werden. Entweder man tauscht sich unmittelbar über das Beobachtete aus, bevor man es protokolliert, oder jeder führt ein eigenes Protokoll und erst bei der Auswertung werden die Wahrnehmungen ergänzt und verglichen. Dies dient dazu, die Objektivität der Beobachtungen zu erhöhen und zu vermeiden, dass Aspekte übersehen werden oder zu stark subjektive Wahrnehmungen protokolliert werden. Generell gilt aber: Je stärker der Erhebungsbogen klare, prüfbare Aspekte enthält (wie z. B. Schmutz, verfallene Gebäude) und je weniger nach subjektiven Ein-

6 Methodenbausteine

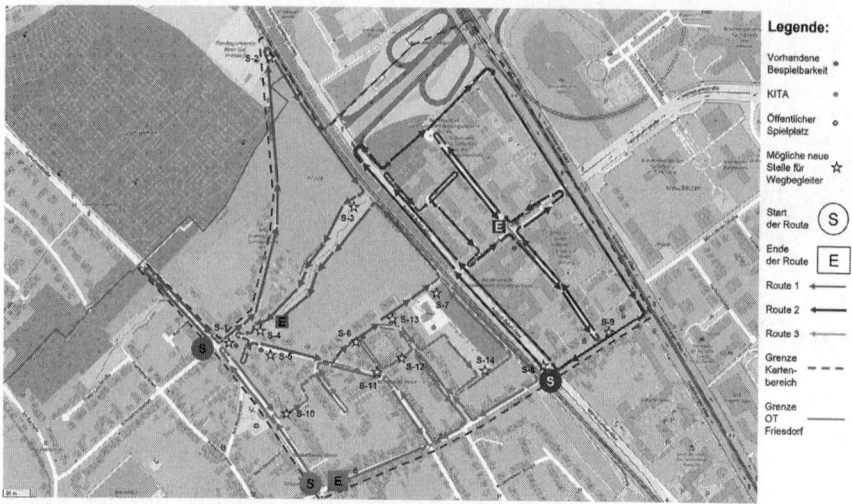

Abb. 16: Begehungsplan: Dokumentation der Begehungswege (Quelle: Piechazcek, Frank (2023): Die bespielbare Stadt, S. 75)

schätzungen gefragt wird (etwa »Atmosphäre«, »Ästhetik« o. Ä.), umso objektiver können die Beobachtungen protokolliert werden.

5. Interaktionsphase

Diese Phase ist optional, man kann Ortsbegehungen auch ohne Interaktionsphase durchführen. Krisch und Deinet (2002) empfehlen zwei Schritte der Ortsbegehung. Im ersten Schritt erfolgt die Begehung allein durch die Forschenden. In einem zweiten Schritt kann die Ortsbegehung dann mit Angehörigen der Zielgruppe stattfinden, also – je nach Fragestellung – mit Kindern, Eltern, Jugendlichen, Seniorinnen und Senioren oder Menschen mit Behinderung. Sinn dieser Phase ist es, Meinungen, Sichtweisen und Nutzungsgewohnheiten o. Ä. der Zielgruppe zu ermitteln. Die Begehung als Beobachtung wird also durch Elemente der Befragung ergänzt. Für die Interaktionsphase empfiehlt sich die Nutzung eines Leitfadens, der zentrale Fragen an die Angehörigen der Zielgruppe festhält. Zum Beispiel:

- Welche Wege benutzen Sie häufig?
- Wo halten Sie sich gern auf?
- Wie ist hier die Stimmung?
- Was gefällt Ihnen hier? Was stört?
- Wie leicht ist es für Sie, diesen Weg zu nutzen?

Sinnvoll ist es, wenn Personen der Zielgruppe genau so an der Begehung teilnehmen, wie sie sich auch üblicherweise fortbewegen, also Eltern mit kleinen Kindern mit Kinderwagen, betagte Menschen mit Rollator, gehbehinderte Menschen im Rollstuhl. Auf diese Weise werden Schwierigkeiten bei der Erreichbarkeit und

Nutzung unmittelbar deutlich. Auch Äußerungen der Zielgruppe zu den Wegen (»Hier gehe ich nicht gern mit dem Rollator lang, der Weg ist hier so hubbelig.«) können so protokolliert werden.

Eine Begehung mit Angehörigen der Zielgruppe sollte immer von mindestens zwei Forschenden durchgeführt werden. So kann sich eine Person auf Beobachtungen, die andere auf die Befragung konzentrieren und diese protokollieren. Auch eine Protokollierung des Gesagten durch mehrere Forschende kann sinnvoll sein, da so weniger Informationen verloren gehen und man bei der Nachbereitung das Notierte vergleichen kann.

6. Auswertung

Die Auswertung einer Ortsbegehung richtet sich nach der Art der Durchführung und der Art der Erhebungsinstrumente. Einen stark strukturierten Erhebungsbogen kann man, wie eine standardisierte Befragung, statistisch auswerten. Man kann Häufigkeiten bestimmter Beobachtungen ermitteln und diese grafisch, z.B. in Diagrammen, darstellen. Benötigt man eine räumliche Zuordnung der Informationen, kann man diese in eine Karte einzeichnen oder mithilfe eines Geografischen Informationssystems digital darstellen.

Je offener und weniger strukturiert ein Beobachtungsprotokoll ist, umso stärker muss man qualitativ auswerten. Man fasst die gemachten Beobachtungen zusammen und interpretiert diese. Auch hier ist eine Darstellung bestimmter Beobachtungen auf einer Karte möglich, die dann durch entsprechende Kommentare und Interpretationen der gemachten Beobachtungen ergänzt werden.

Bei einer Begehung mit Angehörigen der Zielgruppe wird das Gesagte bzw. werden die Resultate der Befragung separat ausgewertet. Dies kann je nach Umfang und Anzahl der Gesprächsbeiträge in einer einfachen Zusammenfassung, aber auch in Form von Kategorienbildung und Auswertung wie beim Leitfadeninterview geschehen.

Selbstverständlich können Ortsbegehungen mit verschiedenen Abwandlungen durchgeführt werden. Die hier beschriebene Form des Ablaufs stellt nur eine, wenngleich sehr systematische Möglichkeit dar. So ist es denkbar, bei der Begehung Fotos zu machen, so dass diese eine Art »Protokoll« darstellen, die im Nachhinein ausgewertet werden können. Fotos können aber auch lediglich ergänzend zum Begehungsprotokoll angefertigt werden und als Gedächtnisstütze dienen.

Kartierung mit Fotodokumentation

Die Kartierung ist eine raumbezogene Untersuchungsmethode, wie sie vor allem in der Geografie, der Geologie oder der Stadtplanung Anwendung findet. Kartierung bedeutet dabei, bestimmte, räumlich zu verortende Objekte oder Merkmale in einer Karte einzutragen und damit eine Dokumentation der Lage und Verteilung zu erstellen. Kartiert werden kann, je nach Anwendungsbereich, alles Mögliche, von Boden- und Gesteinsarten über Arten der Vegetation bis hin zu Einzelhandelsgeschäften oder Spielplätzen. Auch nichtmaterielle Merkmale des Raumes können kartiert werden, etwa die Intensität von Lärm oder die Qualität der Ausleuchtung bei Dunkelheit. Der Einfachheit halber soll im Folgenden von Beobachtungs»objekten« gesprochen werden.

Die Kartierung ist eine quantitative Form der Beobachtung. Dabei werden klar festgelegte Objekte oder Merkmale in einem abgegrenzten Untersuchungsgebiet mithilfe einer oder mehrerer Begehungen erfasst. Die Erfassung kann dabei entweder direkt durch Markieren auf einer Karte erfolgen oder sie erfolgt mit Kartierungsbögen, in denen für jedes Objekt neben der genauen Lage auch weitere Besonderheiten und Eigenschaften des Objekts erfasst werden können. Der Eintrag in eine Karte kann dann zu einem späteren Zeitpunkt anhand der in den Kartierungsbögen angegebenen Positionen der Objekte gemacht werden.

Die Festlegung der zu kartierenden Objekte richtet sich nach der Fragestellung der Untersuchung (Fülling et al. 2021: 345 ff.) Es muss zunächst eindeutig und unmissverständlich festgelegt werden, welche Objekte von Interesse sind; man spricht hier von sachlicher, räumlicher und zeitlicher Abgrenzung. Unter sachlicher Abgrenzung versteht man die Art der interessierenden Objekte. Interessiert man sich beispielsweise für die Struktur des Einzelhandels in einem bestimmten Gebiet, so sind Einzelhandelsgeschäfte jene Objekte, die kartiert werden müssen. Als räumliche Abgrenzung gilt dann die Festlegung des Sozialraums, in dem diese Beobachtungen gemacht werden sollen, also etwa ein konkreter Ortsteil. Die zeitliche Abgrenzung kann die Festlegung eines Stichtages oder Zeitraumes bedeuten, in dem die Erhebung gemacht wird und für die sie dann gültig ist. Veränderungen in der Art und Anzahl der Beobachtungsobjekte, die außerhalb dieses Zeitraumes liegen, würden dann nicht mehr berücksichtigt werden. Eine zeitliche Abgrenzung kann besonders bei nichtmateriellen Beobachtungsgegenständen relevant sein. Wenn man etwa die Frequentierung bestimmter Straßen oder Plätze erfassen möchte, die Intensität von Lärm oder die Qualität der Beleuchtung, so muss ein bestimmter Wochentag oder eine bestimmte Uhrzeit eingegrenzt werden, um vergleichbare Ergebnisse zu erzielen.

Neben der eindeutigen Festlegung der Objekte, die erhoben und kartiert werden sollen, ist es sinnvoll, festzulegen, welche weiteren Kategorien dieser Objekte von Bedeutung sind und welche anderen Merkmale zusätzlich erhoben werden sollen. Bei einer Kartierung des Einzelhandels kann es sinnvoll sein, zu erheben, ob es sich um ein Fachgeschäft, einen Gemischtwarenladen, einen Discounter, einen Supermarkt usw. handelt. Weiterhin könnte es von Interesse sein, welche Art von Waren dort angeboten wird (Bäckerei, Fleischerei, Schreibwaren oder Ähnliches). Auch weitere Merkmale können einfließen, wenn diese für die Fragestellung relevant sind. Etwa das Vorhandensein eines gastronomischen Angebots mit Sitzgelegenheiten (wie bei Bäckereien oder Fleischereien), die Art des Gebäudes usw. Zur Erhebung einer Vielzahl solcher Merkmale kann eine Kombination aus Erhebungsbögen und Erhebungsschlüsseln verwendet werden. Der Erhebungsschlüssel stellt eine systematische und tabellarische Aufstellung und Beschreibung aller zu beobachtenden Merkmale dar, die mit Code-Nummern versehen sind. In den eigentlichen Kartierungsbogen brauchen dann für jedes gesichtete Objekt neben der genauen Lage nur noch die entsprechenden Codes für die Merkmale der Objekte eingetragen zu werden.

Es ist sinnvoll, mit einer ersten Version eines Kartierungsbogens einen Testlauf zu machen. Dabei muss ausprobiert werden, ob die auf dem Bogen vermerkten Merkmale der Objekte klar genug formuliert und ob sie in der Realität auch erkennbar sind oder ob ggf. weitere Merkmale oder Kategorien im Erhebungsbogen hinzugefügt werden müssen. Beispielsweise könnte man feststellen, dass man bei der Kartierung von Einzelhandelsgeschäften solche findet, die auch einem Gästebereich mit Sitzmöglichkeiten anbieten. Diese wären also sowohl Einzelhandelsgeschäfte als auch Gastronomiebetriebe. Der Kartierungsbogen müsste dann ggf. um die Kategorie der »Mischform Einzelhandel/Gastronomie« ergänzt werden, sofern es vorher eine solche nicht gab. Erst nach einem solchen Praxistest sollte man sich an die Gesamterhebung machen.

Fotodokumentation

Die reine Kartierung ist eine stark standardisierte Erhebungsmethode. Individuelle, qualitative Merkmale von Objekten gehen bei der Zuordnung zu Kategorien verloren. Eine begleitende Fotodokumentation der kartierten Objekte kann diese Schwäche zum Teil ausgleichen (Fülling et al. 2021: 351 ff.). Macht man, ergänzend zu Symbolen auf einer Karte oder beschreibenden Kartierungsbögen noch Fotos, lässt sich die Erhebung auch besser dokumentieren und es fällt anhand der Bilder viel leichter, das Ergebnis der Öffentlichkeit oder den Betroffenengruppen zu vermitteln. Die bloße Informationserhebung durch Kartierung wird dadurch um eine qualitative Methode ergänzt, die beispielsweise auch ästhetische und atmosphärische Bewertungen der Objekte erlaubt und auch Diskurs oder partizipative Zugänge zulässt.

Fülling et al. (2021) verwenden als Anleitung zum Erstellen der Fotos ein sogenanntes Shooting-Script. Ein Shooting-Script ist eine Fotografieranleitung ähnlich einem Gesprächsleitfaden bei einem Experteninterview. Es werden eine Hauptfragestellung sowie untergeordnete Fragestellungen formuliert. Als Beispiel können folgende Fragestellungen dienen (eigene Formulierung in Anlehnung an Fülling et al. 2021: 357):

- Hauptfragestellung: Wie fügen sich die Einzelhandelsgeschäfte städtebaulich und architektonisch in das untersuchte Quartier ein?
- Unterfragestellungen:
  - Welche Arten von Einzelhandelsgeschäften findet man?
  - Wie sind die Ladengeschäfte gestaltet (freistehend, im Erdgeschoss eines mehrgeschossigen Hauses, aufwändig gestaltet...)?
  - Werden Flächen vor dem Geschäft als zusätzliche Ausstellungsflächen genutzt?
  - Gibt es Fahrradabstellmöglichkeiten vor dem Geschäft?

Nach diesen Foto-Fragestellungen können nun bei der Begehung von den Objekten und deren näherer Umgebung Aufnahmen gemacht werden. Diese sollten sofort zuordenbar gespeichert, also beispielsweise mit Koordinaten oder Adressen versehen werden. Zugleich können sie mit weiteren, ergänzenden Kommentaren versehen werden. Es können auch Merkmal-Codes, ähnlich den Kartierungsbögen, hinzugefügt werden. Dies ermöglicht es, bei einer anschließenden Präsentation der Fotodokumentation rasch Beispiele bestimmter Objekte zu finden und zusammenzustellen. So ließe sich anhand von entsprechend den Kartierungsbögen codierten Fotos leicht eine Dokumentation der Bäckereien, Discounter oder der »im Erdgeschoss eines mehrstöckigen Wohnhauses« befindlichen Einzelhandelsgeschäfte liefern.

Softwaretools ermöglichen auch eine Verschränkung von Kartierung und Fotodokumentation. Fotos und Begleittexte können mittels Geotagging direkt in digitale Karten eingefügt werden. Dort erscheinen sie zunächst als Symbole, öffnen sich aber auf Anforderung, etwa bei Mausklick auf die entsprechende Stelle.

Das Wichtigste in Kürze

Eine Ortsbegehung dient der Besichtigung eines Sozialraums durch die Forschenden und ist im Kern eine Beobachtung in Bewegung. Sie dient dazu, Aspekte des Sozialraums, die man aus Karten oder Dokumenten nicht sicher erschließen kann, vor Ort zu erheben oder zu überprüfen. Ortsbegehungen können als reine Beobachtungen durchgeführt werden. Sie können jedoch auch als Methodenmix durchgeführt werden, indem Personen aus der Zielgruppe an der Begehung teilnehmen und diese mit Befragungen oder Gruppendiskussionen kombiniert wird. Bei einer strukturierten Ortsbegehung ist zu Beginn festzulegen, welche konkreten Aspekte des Sozialraums beobachtet werden sollen. Weiterhin muss der zu begehende Sozialraum abgegrenzt sowie die Art der Begehung fixiert werden. Möglich ist eine Begehung anhand festgelegter Routen oder eine Einteilung des Gebiets in Segmente, die dann nach eigenem Ermessen, aber vollständig besichtigt werden sollen. Diese Festlegungen erfolgen anhand einer Karte. Als nächstes sind die Begehungsbögen, die Erhebungsinstrumente einer Ortsbegehung, zu erstellen. Möglich sind stark strukturierte, mäßig und wenig strukturierte Erhebungsbögen. Sie unterscheiden sich im Grad der Präzisierung der zu beobachtenden Merkmale des Sozialraums. Bei Begehungen mit Angehörigen einer Zielgruppe sind zusätzlich Fragebögen oder Leitfragen zu erstellen, die den Teilnehmenden während der Begehung gestellt und deren Antworten dokumentiert werden. Die Auswertung von Ortsbegehungen erfolgt meist zusammenfassend-interpretativ, kann aber bei klar benennbaren, beobachteten Merkmalen auch quantitativ erfolgen. Eine Kartendarstellung beobachteter Aspekte des Sozialraums ist sinnvoll.

Weiterführende Literatur

Heinrich, A. J., Marguin, S., Millon, A., Stollmann, J. (Hg.) (2021): Handbuch qualitative und visuelle Methoden der Raumforschung (S. 345–364). Bielefeld: UTB/transcript.

> **Übung 11: Ortsbegehung**
>
> Sie haben die Aufgabe, ein Quartier im Hinblick auf seine Kinderfreundlichkeit zu untersuchen. Planen Sie eine Ortsbegehung! Legen Sie einen Begehungsplan fest und entwerfen Sie ein Begehungsprotokoll.
>
> Lösungsvorschläge: siehe Onlinematerial

6.8 Partizipative Methoden

Auch mithilfe von partizipativen Methoden der Sozialraumanalyse sollen Informationen erhoben werden. Allerdings nimmt hier die Partizipation, also die Mitwirkung und Beteiligung der Zielgruppe, als eigenes Ziel einen größeren Raum ein. Die Teilnehmenden sollen nicht nur Daten und Informationen liefern, sondern es soll auch deren Aufmerksamkeit auf das Projekt gelenkt werden, sie sollen informiert und zur Beteiligung aktiviert werden. Sie sollen im besten Fall noch einmal neu auf Ihren eigenen Sozialraum schauen und die Forschenden daran teilhaben lassen. Zwei aus der Sozialen Arbeit bekannte, einfach durchzuführende Methoden sind die »Nadelmethode« und die »Autofotografie«. Weiterhin werden die aus der Raumforschung stammenden Methoden Community Mapping und Photovoice vorgestellt, die ähnlich vorgehen. Alle Methoden kombinieren mehr oder weniger stark Beobachtungen im Raum mit Befragungen bzw. verbalen Äußerungen der Teilnehmenden. Das entstandene Bildmaterial (seien es Karten oder Fotografien) wird in der Regel nochmals mit den Teilnehmenden diskutiert und damit partizipativ reflektiert.

Zum Schluss wird noch die Methode »Zukunftskonferenz« vorgestellt. Diese ist eine »echte« Partizipationsmethode und zählt eigentlich nicht mehr zu den Methoden der Sozialforschung und Sozialraumanalyse. Dennoch kann sie, vor allem als Instrument zur partizipativen Entwicklung von Handlungsvorschlägen und Lösungsideen, im Rahmen von Sozialraumanalysen hilfreich sein.

Nadelmethode

Die »Nadelmethode« und die »Autofotografie« sind in der sozialpädagogischen Jugendarbeit entstanden (Krisch 2009). Die Anwendung dieser Methoden wurde damals bereits als »Jugendarbeit« und nicht in erster Linie als Methode der Sozialforschung verstanden. Mithilfe dieser Methoden sollte ein diskursiver Kontakt zu Jugendlichen hergestellt werden. Deren Sozialräume, deren subjektive Nutzungen und Deutungen sollten erstgenommen werden und die Durchführenden bemühten sich um ein Verstehen dieser Raumaneignung. Auch wurden die Jugendlichen explizit zur Beteiligung eingeladen und es entstanden intensive Auseinandersetzungen zwischen Sozialarbeitenden und Jugendlichen (Krisch 2009: 74f.).

Die Methoden können aber auch unabhängig von der Zielgruppe »Jugend« eingesetzt werden und haben sich als Methoden der Sozialraumanalyse weit verbreitet. Bei der Ausgestaltung der Methoden kann man variieren und diese stärker als Instrument der Informationsgewinnung nutzen, sie aber auch mit pädagogischen und diskursiven Elementen anreichern und gar zur Gruppenarbeit nutzen.

Die Nadelmethode ist, in ihrer klassischen Anwendung, ein Verfahren zur Dokumentation bestimmter, charakteristischer Orte auf einer Landkarte oder einem Stadtplan. Dabei werden den Teilnehmenden verschiedenfarbige Stecknadeln oder Pinnnadeln ausgehändigt und sie werden aufgefordert, bestimmte Orte auf der Karte zu markieren.

Die Methode eignet sich dazu,

- Informationen über bestimmte Aspekte im Sozialraum einer Zielgruppe zu erhalten. Diese können dann Ausgangspunkt für die Anwendung weiterer Methoden der Sozialraumanalyse sein;
- Gespräche über Qualitäten eines Ortes/einer Region in Gruppen anzuregen;
- in einer homogenen Gruppe, beispielsweise Seniorinnen und Senioren, Aussagen über relevante Orte zu erhalten;
- im öffentlichen Raum Kontakte herzustellen und das Gesamtprojekt bekannt zu machen.

Vorgehen: Eine Landkarte oder ein Stadtplan, der den interessierenden Bereich abdeckt, wird an einer großen Stellwand befestigt. Der Maßstab und der Detailreichtum der Karte sollten sich nach dem Erkenntnisinteresse richten. Sehr detailreiche Karten sind erforderlich, um spezifische Orte zu markieren. Weniger detaillierte Pläne mit größerem Maßstab reichen, um Einzugsgebiete, Reichweiten oder Gebiete des Aufenthalts zu markieren. Das »Nadeln« der Pinnwände kann dann im Rahmen eines Gruppenprozesses geschehen: Die Zielgruppe, z.B. eine Gruppe Jugendlicher oder eine Gruppe Bürger, wird in den Raum eingeladen und bekommt dort die »Nadel-Aufgabe« gestellt.

Es werden verschiedenfarbige Pinnnadeln zur Verfügung gestellt. Dabei kann die Farbe der Nadeln sowohl zwischen den zu markierenden Orten als auch zwischen den markierenden Personengruppen variiert werden.

Denkbar bei der Durchführung einer Nadelmethode im Rahmen eines Bürgerforums zur Ortsentwicklung wären z.B.: Menschen im Rentenalter nadeln gelb, Menschen im Erwerbsalter nadeln grün, Eltern mit kleinen Kindern nadeln rot. Zu nadeln ist jeweils der bevorzugte Aufenthaltsort zur Freizeitgestaltung. Mit blau können alle Gruppen gemeinsam empfundene Schandflecke oder hässliche, verbesserungswürdige Orte im Sozialraum markieren. Mit schwarz können Angstorte, Orte, die gemieden werden oder mit Unsicherheit verbunden sind, gekennzeichnet werden.

Beim Nadeln mit der Gruppe sollten die Durchführenden in der Nähe der Pinnwand stehen und den Prozess verfolgen, um zu verhindern, dass Nadeln entfernt oder umgesteckt werden. Es ist nicht empfehlenswert, die Stellwand unbeaufsichtigt einfach irgendwo aufzustellen.

Bei einer Frage nach »Lieblingsorten« oder nach Orten mit besonders häufigem Aufenthalt sollten die eigene Wohnung sowie ggf. die eigene Arbeitsstelle ausgeschlossen werden, da sonst viele Nadeln auf diesen Punkten landen. Bei bestimmten Nadelprojekten ist es möglich, Nadeln mittels verschiedenfarbiger Gummiringe zu verbinden, um beispielsweise das Pendeln oder die Distanz zwischen der Wohnung und bestimmten bedeutsamen Orten zu verdeutlichen. An den Rändern der Karte können zusätzliche Bereiche angefügt werden, die etwa für benachbarte Stadtteile oder Regionen stehen und auf denen dann nicht mehr positionsbezogen, sondern nur noch pauschal für diese Region, genadelt wird.

Die Nadelmethode sollte vorzugsweise als konkrete Gruppenarbeit unter Anwesenheit und Anleitung der Forschenden erfolgen. Denkbar ist allerdings auch eine Nutzung der Methode über einen längeren, unbeaufsichtigten Zeitraum, in welchem die Karte wie eine Wandzeitung in zugänglichen Räumen angebracht wird, und Besucherinnen und Besucher der Einrichtung über einen längeren Zeitraum schriftlich, durch Aushang oder persönliche Ansprache zur Beteiligung aufgefordert werden. In diesem Fall sollten die Nadeln durch Klebepunkte ersetzt werden, um zu vermeiden, dass Nadeln umgesteckt oder herausgezogen werden.

Mit einer Karte und den bunten Nadeln wird in der Regel leicht das Interesse und die Diskussionsfreude der Teilnehmenden geweckt. Die Nadelmethode eignet sich deshalb auch dazu, sie mit einer Befragung oder einer Gruppendiskussion zu verbinden. So kann nach dem Setzen der Nadel gefragt werden: Was ist das für ein Ort? Was ist das Besondere dort? Welche Bedeutung hat der Ort für Dich?

Die Nadelmethode kann auch als »mobile« Methode eingesetzt werden. Dazu kann die Karte bzw. der Stadtplan auf einer tragbaren Unterlage, z. B. Styropor oder Holz, befestigt werden und die Forschenden begeben sich an bestimmte Orte im Sozialraum, wo viele Personen anzutreffen sind, z. B. zentrale Plätze, vor Geschäften, medizinischen Versorgungszentren oder Schulen. Passanten werden dann gebeten, zu »nadeln«, also ihre Nadel gemäß der Fragestellung an einen bestimmten Punkt zu setzen. Bei diesem Vorgehen ist es sinnvoll, mit den Teilnehmenden ins Gespräch zu gehen und weitere Fragen an das Setzen der Nadel anzuschließen. Leicht kommt man auf diese Weise auch über das Ziel der Sozialraumanalyse oder das anstehende Projekt ins Gespräch.

Nadelmethode 2.0

Als Nadelmethode 2.0 wird eine Vorgehensweise bezeichnet, bei der anstelle einer analogen Karte bzw. eines Stadtplans eine digitale Karte oder eine kartenbasierte Software genutzt wird (vgl. Dummer/Malcherowitz/Weck 2015). Markierungen auf der Karte werden dann nicht mehr physisch, sondern digital gesetzt. Wie beim klassischen Verfahren können Markierungen in verschiedenen Farben gesetzt werden, darüber hinaus ist jedoch auch die Nutzung von Symbolen und die Kommentierung von gesetzten Markierungen viel leichter möglich. Damit hat das digitale Verfahren auch Vorteile gegenüber dem klassischen Vorgehen. Mit

6 Methodenbausteine

entsprechender Software können hier mehrere Teilnehmende an ihren eigenen elektronischen Geräten auf dieselbe digitale Karte zugreifen und dort ihre Symbole setzen.

Zur Bearbeitung von Internetkarten stehen eine ganze Reihe von öffentlichen und kostenfreien Anwendungen zur Verfügung. Die bekannteste und meist genutzte dürfte Google Maps sein, die vorwiegend nur zum Suchen von Orten und Routen genutzt wird, aber auch die Möglichkeit der Markierung von Orten bietet. Die Software-Anwendung »Scribble Maps« ermöglicht ein Zeichnen sowohl auf den Satellitenaufnahmen als auch auf den Straßenkarten von Google. Bei der Nadelmethode 2.0 handelt es sich im Prinzip bereits um die Nutzung Geografischer Informationssysteme (GIS), die in ihrem vollen Funktionsumfang (etwa beim Programm ArcGis) sehr komplexe und umfangreiche Instrumente der räumlichen Analyse sein können. Bei der Anwendung für eine »digitale« Nadelmethode nutzt man nur einen sehr kleinen Umfang der Möglichkeiten dieser Programme. Die Anwendung der Nadelmethode 2.0 kann für Menschen mit Affinität zu digitalen Anwendungen spannend sein, zudem kann ggf. jeder auf seinem eigenen Gerät das Entstehen einer gemeinschaftlich erstellten »Nadel-Karte« sehen. Auf der anderen Seite besteht hier die Gefahr, dass das Ganze zu technisch wird, Erläuterungen und Versuche, die Software zu bedienen einen zu großen Raum einnehmen, so dass der kommunikative und gemeinschaftliche Aspekt der Methode zu kurz kommt. Je nach Aufgabenstellung und Zielgruppe kann deshalb noch immer die klassische Methode mit Pinnwand eine gute Wahl sein.

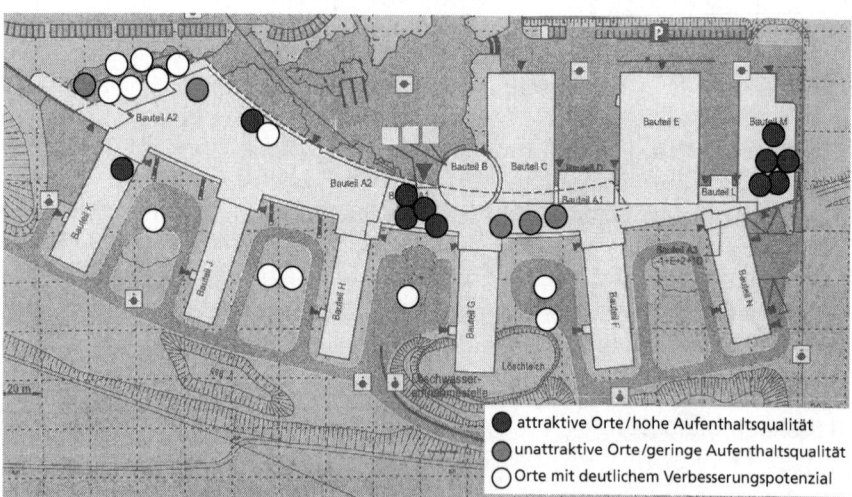

Abb. 17: Beispiel für die Anwendung der Nadelmethode in einem Hochschulgebäude (Quelle: eigene Unterlagen/Kröhnert, Hochschule Koblenz)

Community Mapping

Das Verfahren »Community Mapping« ähnelt in verschiedenen Aspekten der beschriebenen Nadelmethode. Der Begriff »Mapping« bezeichnet dabei den Vorgang des Produzierens von Karten, des Visualisierens räumlicher Aspekte eines Sozialraums. Die Herangehensweise ist allerdings etwas systematischer und umfassender. Die Methode ist in der internationalen Entwicklungszusammenarbeit entstanden und dient dazu, Merkmale, Ressourcen und Herausforderungen von Gemeinschaften bildlich umzusetzen und zu analysieren (von Unger 2014: 78 ff.) Die Autorin weist darauf hin, dass in der Praxis sehr verschiedene Verfahren des Community Mapping vorkommen und die Vorgehensweisen immer wieder an konkrete Zielgruppen und Fragestellungen angepasst werden. Im Kern handelt es sich jedoch um einen gemeinschaftlichen Mapping-Prozess. Das Verfahren bezieht sich also stets auf einen Sozialraum, der mithilfe von Landkarten oder Plänen, möglicherweise aber auch mit selbstgezeichneten Karten visualisiert wird. In einem gemeinschaftlichen Prozess werden dann Markierungen auf die Karte gebracht, die bestimmte sozialräumliche Qualitäten darstellen. Dabei kann das »Erarbeiten dieser Qualitäten« auch längere Phasen der Recherche umfassen. Die Beteiligten können also mehrmals an der Karte zusammenkommen, um die Arbeit am Mapping fortzusetzen.

Ein Community Mapping kann in den folgenden Phasen ablaufen:

> **Die Methode Community Mapping**
>
> - Phase 1: Vorbereitung
>   Die Teilnehmenden werden zum Community Mapping eingeladen und treffen sich an einem dafür geeigneten Ort. Für das Mapping werden Materialen bereitgestellt, die für die Zielgruppe verständlich sind und möglichst veränderliche Beschriftungen ermöglichen. Je nach Vorgehensweise und Zielgruppen können das großformatige Karten und Pläne sein, aber auch Flipcharts oder großformatiges Papier. Kärtchen, Klebepunkte oder Post-its eignen sich als Markierungsmaterial, da sie auf dem Papier verschoben werden können.
> - Phase 2: Klärung des Vorgehens
>   Die Arbeitsweise wird gemeinsam mit den Teilnehmenden geklärt. Dazu gehören Fragen wie: Um welchen Sozialraum handelt es sich, welcher Sozialraum interessiert uns? Welche Fragestellung wollen wir erarbeiten? Welche Merkmale sollen dargestellt werden? Die Aufgaben der Teilnehmenden und der Zeitrahmen werden geklärt. Ebenso können, bei ausreichender Teilnehmerzahl, kleinere thematische Arbeitsgruppen gebildet werden.
> - Phase 3: Klärung der Symbole
>   Man einigt sich, mit welchen Symbolen und in welcher Art und Weise die interessierenden Qualitäten auf der Karte dargestellt werden sollen (Zeichen, Post-its, Karteikarten o. ä.). Dazu kann eine Legende erstellt werden.

- Phase 4: Mapping. Hier beginnt das eigentliche Erstellen der Karte. Wird diese von den Teilnehmenden selbst gezeichnet, muss zunächst diesem Zeichenprozess genug Raum gegeben werden. Es kann darauf hingewiesen werden, dass eine gezeichnete Karte nicht maßstabsgetreu sein muss. Sie kann den Bedürfnissen und Kenntnissen der Teilnehmenden entsprechen: Wichtig ist nur, dass die Darstellungsweise für alle verständlich und von allen akzeptiert ist. Bei vorgefertigten Karten oder Ortsplänen erfolgt zunächst eine Orientierung und Klärung, ob alle verstehen, wie der Sozialraum dargestellt ist und wo sich welcher Ort befindet. Dann kann gemäß der Fragestellung mit dem Anbringen von Symbolen oder Informationen begonnen werden, soweit die Teilnehmenden zu diesem Zeitpunkt ohne weitere Recherchen dazu in der Lage sind.
- Phase 5: Recherche
Umfasst der Mapping-Prozess mehr als einen Termin, so erhalten die Teilnehmenden den Auftrag, zwischen den Terminen weitere Informationen zu recherchieren. Dazu können weitere Begehungen, Beobachtungen, Fotodokumentationen oder auch Befragungen gehören. Die zusätzlich gewonnenen Informationen werden beim Folgetermin auf der Karte ergänzt.
- Phase 6: Auswertung
Die Teilnehmenden präsentieren und erläutern die auf der Karte dargestellten Zusammenhänge. Wurden thematische Kleingruppen gebildet, so kann jede Gruppe das von ihr erarbeitete Thema anhand der Darstellung erläutern. Die Forschenden oder andere nicht am Mapping beteiligte Beobachtenden stellen Nachfragen oder kommentieren die Ergebnisse. Dabei werden die Präsentationen und Diskussionen in geeigneter Weise dokumentiert, etwa in Form eines Protokolls.
- Phase 7: Präsentation und Nutzung
Als Ergebnis des Community Mappings wird meist ein Bericht erstellt. Die entstandenen Karten können zur Präsentation und Öffentlichkeitsarbeit dienen. Mit den Visualisierungen können Entscheidungsträgern die Merkmale oder Handlungsbedarfe des Sozialraums verdeutlicht werden.

Das Verfahren des Community Mappings kann für ganz unterschiedliche Forschungs- oder Planungszwecke verwendet werden. Dabei ist neben der bildlichen Darstellung der Ergebnisse auch der diskursive Prozess der Erstellung von besonderem Nutzen. Es lassen sich auch Menschen einbeziehen, die geringe Sprach- oder Lesekompetenzen haben. Durch den Austausch der Teilnehmenden entsteht zusätzliches Wissen, was den Erkenntnisgewinn der Methode erhöht. Zusätzlich kann ein gemeinsamer Mapping-Prozess auch das Zusammengehörigkeitsgefühl einer Zielgruppe stärken.

Autofotografie/Photovoice

Die Methoden »Autofotografie« und »Photovoice« scheinen in verschiedenen Kontexten entstanden zu sein, sind in Zielen und Ablauf aber ähnlich, so dass man sie auch als eine Methode betrachten könnte. Die aus der Gesundheitsforschung hervorgegangene Methode »Photovoice« ist systematischer ausgearbeitet und beschreibt einen ganzen Diskussions- und Auseinandersetzungsprozess, während die in der Jugendarbeit entstandene Autofotografie stärker mit Fokus auf die abgelichteten Objekte oder Orte eingesetzt wird.

Bei der Methode »Autofotografie« besteht das Ziel des Vorgehens darin, Personen der Zielgruppe den Auftrag zu geben, Fotos von bestimmten, bedeutsamen Aspekten oder Orten ihres eignen Sozialraums zu machen. Hintergrund der Methode ist die Erkenntnis, dass Gruppen mit unterschiedlichen sozialen und demografischen Merkmalen (Alter, Geschlecht, Bildungshintergrund) Räume unterschiedlich wahrnehmen und nutzen. Um dies zu verstehen und interpretieren zu können, sind Fotos aussagekräftiger und gesprächsanregender als eine bloße Befragung oder Ortsbegehung durch Fachkräfte.

Nach Hiltrud von Spiegel ist die Methode »Autofotografie« in der Sozialen Arbeit mit Kindern und Jugendlichen entstanden (von Spiegel 1997). Die Grundidee der Erfinderinnen der Methode bestand darin, Kinder und Jugendliche mit dem Auftrag zu versehen, »Personen, Dinge und Umgebungen zu fotografieren, die etwas von ihnen selbst ausdrücken oder Teil von ihnen sind« (von Spiegel 1997: 191). Ursprünglich stattete man die Teilnehmenden mit Einwegkameras aus. Versehen wurde der Fotoauftrag mit der Aufgabe, man möge sich vorstellen, eine im Ausland lebende Tante könne leider nicht wie geplant zu Besuch kommen, solle aber trotzdem einen Eindruck erhalten, wie ihre Nichte oder ihr Neffe lebt.

Die konkreten Foto-Aufträge waren dann folgende:

- Wenn ich draußen bin, gehe ich meistens dorthin ...
- Hierher gehe ich nicht gerne spielen ...
- Diese Orte dürfen niemals verändert (zugebaut, abgerissen o.ä.) werden ...
- An diesen Orten nerven uns die Großen ...
- Hier würde ich gerne spielen, darf es aber nicht (verboten, die Erwachsenen vertreiben uns) ...
- Wenn es draußen dunkel wird, habe ich ein bisschen Angst, wenn ich hier vorbei muss...

Die Sozialräume von Kindern und Jugendlichen sind anders als die von Erwachsenen, sie nehmen die gleichen Orte unterschiedlich wahr. Mithilfe der Fotos und einer anschließenden Gruppendiskussion, bei der die Teilnehmenden ihre Fotos kommentieren und erläutern konnten, bekommen die Forschenden einen Zugang zu diesen anderen Lebenswelten.

Ungeachtet ihrer Entstehung in der Kinder- und Jugendarbeit kann diese Methode in der Sozialraumanalyse auch für andere Zielgruppen eingesetzt werden. Denn auch die Wahrnehmung und Nutzung von Sozialräumen durch Männer und Frauen, durch Gehbehinderte und Nichtbehinderte, durch Seniorinnen und Senioren und Menschen mittleren Lebensalters, durch Eltern mit kleinen Kindern und Singles kann unterschiedlich sein. So könnte man Teilnehmende mit dem Auftrag ausstatten, Orte zu fotografieren, an denen sie sich häufig aufhalten oder die für sie besonders wichtig sind.

Bei einer Sozialraumanalyse mit Studierenden, bei der es um ältere Menschen im Ort ging, fiel uns etwa auf, dass der Friedhof ein wichtiger Bestandteil des Sozialraumes von Menschen im Rentenalter werden kann: etwa weil dort nahe Angehörige beerdigt sind, deren Gräber regelmäßig aufgesucht werden, und weil Grabpflege in dieser Generation als wichtige soziale Verpflichtung gesehen wird. Die damit verbundenen Anforderungen an Barrierefreiheit oder die Verfügbarkeit öffentlicher Toiletten auf Friedhöfen ist etwas, das weitgehend außerhalb der Wahrnehmung jüngerer Menschen und somit auch vieler Forschender liegen dürfte. Mithilfe der Methode der Autofotografie und anschließender Diskussion mit den Teilnehmenden der Zielgruppe können solche unterschiedlichen Wahrnehmungen des Sozialraums deutlich werden.

Der Ablauf der Methode Autofotografie könnte folgendermaßen aussehen.

Die Methode Autofotografie

1. Die Forschenden klären die Fragestellung und formulieren einen konkreten Fotoauftrag.
2. Die Teilnehmenden erhalten den Auftrag, Fotos zu einer bestimmten Fragestellung zu machen. Die Zahl der Bilder sollte begrenzt werden. Dies sorgt dafür, dass das Material nicht überhandnimmt, alle Teilnehmenden etwa gleichmäßig viele Bilder liefern und durch die Beschränkung die Auswahl der aussagekräftigsten Bilder gefördert wird.
3. Es wird ein Zeitraum vereinbart, in welchem die Fotos gemacht werden sollen.
4. Eine Vorgehensweise, wie die Fotos an die Forschenden weitergeleitet werden, wird vereinbart. Sie können z. B. ausgedruckt und mitgebracht, per E-Mail geschickt oder in einem allen Teilnehmenden zugänglichen Cloud-Speicher gesammelt werden.
5. Die Forschenden sichten die Bilder, clustern sie und bereiten Diskussionsfragen zu den Fotografien vor.
6. Die Teilnehmenden werden zu einem Treffen eingeladen, die Bilder werden vorgestellt und im Rahmen einer Gruppendiskussion werden Aussagen und Reflexionen zu den gemachten Bildern angeregt.

Die Gruppendiskussion wird dokumentiert und kann von den Forschenden zusammenfassend ausgewertet werden.

Die Methode der Autofotografie kann, wie alle partizipativen Methoden, auch abgewandelt werden. So ist es möglich, bei klarer Aufgabenstellung auf eine abschließende Gruppendiskussion zu verzichten und nur die Bilder mit schriftlichen Kommentaren versehen zu lassen, die die Auswahl erläutern.

Gut eignet sich die Autofotografie auch zur Verknüpfung mit Elementen der Öffentlichkeitsarbeit. So können die von Bürgerinnen und Bürgern im Rahmen eines solchen Projekts aufgenommenen Bilder öffentlich präsentiert werden, um gleichzeitig Aufmerksamkeit auf die Sozialraumanalyse oder bestimmte andere Vorhaben der Ortsentwicklung zu lenken.

Vorteile der Methode Autofotografie sind:

- Szenen aus der Lebenswelt der Teilnehmenden können sichtbar werden, zu dem ein Beobachter nicht ohne Weiteres Zugang hat.
- Sprachlich weniger gewandten Personen, z. B. Kinder oder Menschen mit mangelnden deutschen Sprachkenntnissen, wird es ermöglicht, Wahrnehmungen Ihres Sozialraums einzubringen.
- Wichtige Orte bzw. die Wahrnehmung des Sozialraums zwischen unterschiedlichen Gruppen von Teilnehmenden können bzw. kann verglichen werden. So könnten z. B. Jugendliche und Seniorinnen und Senioren für sie relevante Orte fotografieren, wobei sich anhand der Bilder ähnliche, aber auch kontroverse Nutzungen und Wahrnehmungen dieser Orte zeigen können.

Autofotografie mit mehreren Generationen

Über eine interessante Anwendung der Methode Autofotografie, zum Vergleich der Raumwahrnehmungen durch unterschiedliche Altersgruppen, berichten Blankenburg und Rätz-Hainisch (2007: 177–180). Die Forschenden wollten herausfinden, welche generationenspezifischen und kulturellen Besonderheiten der Raumwahrnehmung nebeneinander in einem Stadtteil existieren, ohne dass diese bewusst kommuniziert werden. Die Frage war: »Welchen Blick haben Menschen unterschiedlichen Alters auf ihren Stadtteil?« Teilnehmende aus drei Generationen, Kinder im Vorschulalter, Jugendliche, Erwachsene im Erwerbsalter sowie Seniorinnen und Senioren erhielten dieselben Fotoaufträge:

- Was hat für Sie/Euch im Stadtteil Bedeutung?
- Was gefällt Ihnen/Euch im Stadtteil ganz besonders?
- Wo halten Sie sich/haltet Ihr Euch gern auf?
- Was stört Sie/Euch besonders?
- Was würden Sie/Ihr gern verändern?

Die Altersgruppen wurden jeweils getrennt angesprochen und nach der Fotophase fanden getrennte Auswertungstreffen statt.

Die Erfahrungen, die mit dieser Vorgehensweise in Bezug auf die unterschiedlichen Generationen gemacht wurden, sind unterschiedlich. So waren die Vorschulkinder sehr aufgeregt und verstanden nicht alle sogleich die Aufgabenstellung. Bei den Jugendlichen registrierten die Forschenden rasch Begeisterung für die innovative Herangehensweise an den eigenen Sozialraum, allerdings litt deren Beteiligung dann an einer gewissen Unverbindlichkeit und Unzuverlässigkeit. Die Menschen im

Erwerbsalter waren zunächst skeptisch und distanziert, es brauchte eine detaillierte Erläuterung des Zieles und der Rahmenbedingungen des Projekts, um Seriosität zu vermitteln und diese Gruppe zur Teilnahme zu bewegen. Die Seniorinnen und Senioren wiederum waren nicht für einen »spontanen Fotorundgang« zu gewinnen, wie er eigentlich für alle Gruppen vorgesehen war. Die Älteren benötigten einen Zeitraum von mehreren Tagen, um dann sorgfältig ausgewählte und reflektierte Bilder beizusteuern.

Bei den Auswertungen zeigten sich dann die unterschiedlichen Perspektiven der Generationen sehr deutlich. Während Graffiti von Jugendlichen als cool empfunden wurden, nahmen ältere Generationen sie als Verschmutzung und Zerstörung wahr. Ältere fotografierten als Lieblingsorte häufig ihre Wohnungen und Gärten, während Kinder und Jugendliche Sportplätze und Grünanlagen als liebste Aufenthaltsorte zeigten. Der Rückzug ins Private ist bei Menschen im höheren Lebensalter deutlich ausgeprägter, während sich Jüngere stärker die öffentlichen Räume aneignen. Eine Interaktion zwischen Erwachsenen und Kindern bzw. Jugendlichen fand während der Durchführung der Methode kaum statt. Im Rahmen der Auswertung berichten die Forschenden allerdings über ein großes Interesse der Generationen an den Fotos der jeweils anderen. Man kann die Methode Autofotografie also gut nutzen, um einen zielgruppenübergreifenden Dialog anzustoßen.

Photovoice

Die Methode Photovoice ist in der Gesundheitsforschung entstanden und wurde in den 1990er Jahren zunächst dazu genutzt, gesundheitliche Risiken im Sozialraum von chinesischen Bäuerinnen zu erforschen (Becker/Burtscher 2019: 61). Dabei stehen weniger die konkret fotografierten Orte im Mittelpunkt. Vielmehr dienen die Bilder in erster Linie als Erzählimpuls. Laut den Erfinderinnen der Methode, Caroline Wang und Marie Ann Burries, ermöglicht diese Methode den Beteiligten, ihre Stärken und Anliegen als Gruppe zu reflektieren, kritischen Dialog zu fördern sowie Entscheidungsträger zu erreichen. Ziel der Methode ist also nicht nur das Feststellen bestimmter räumlicher Qualitäten durch Fotografieren, sondern auch die Diskussion über Zusammenhänge und das Starten von Veränderungen.

Photovoice läuft üblicherweise in sieben Phasen ab, die im Folgenden kurz beschrieben werden (von Unger 2019: 69ff.).

Die Methode Photovoice

Phase 1: Planung und Vorbereitung
Zunächst muss die Fragestellung geklärt, die interessierenden Zielgruppen bestimmt und Teilnehmende aus diesen Zielgruppen gefunden bzw. ausgewählt werden. Zielsetzung und Zeitplan werden gemeinsam festgelegt.

Phase 2: Schulung der Teilnehmenden
Hier erfolgt traditionell das Aushändigen der Kameras und eine technische

Einweisung. Heute, wo die meisten Menschen ein kamerafähiges Smartphone besitzen, wird man auf diesen Schritt wahrscheinlich meist verzichten. Gerade bei umfangreich angelegten Photovoice-Projekten, darauf weist von Unger (2019: 72) hin, sollte jedoch auch die symbolische Bedeutung der Aushändigung einer Kamera zu Forschungszwecken und die damit einhergehende Wertschätzung als Mitforschende nicht unterschätzt werden. In Phase 2 werden die Teilnehmenden ebenfalls mit ethischen und datenschutzrechtlichen Aspekten vertraut gemacht. Sie werden beispielsweise darauf hingewiesen, dass Fotos von erkennbaren Personen nur mit deren Zustimmung gemacht und genutzt werden dürfen. Ebenso müssen sie für mögliche Konsequenzen für sie selbst und die Abgebildeten sensibilisiert werden, wenn sie eigene Fotos in das Projekt einbringen.

Phase 3: Fotoshooting
Die Teilnehmenden machen Fotos in ihrem Sozialraum. Dabei folgen sie der gemeinsam erarbeiteten Aufgabenstellung. Der Fotoauftrag kann sich dabei ganz spezifisch auf das Fotografieren von Orten beziehen. Er kann aber auch abstrakter sein, etwa:

- Fotografiere, was Dir in Deinem Leben guttut!
- Fotografiere, worüber Du Dich in Deinem Leben ärgerst!
- Fotografiere, was Du in Deinem Leben ungerecht findest! (Becker/Burtscher 2019: 64)

Denkbar ist es auch, das Fotoshooting in mehrere Teilabschnitte zu unterteilen, so dass in einem bestimmten Zeitabschnitt nur zu einer Frage fotografiert wird, um dann zum nächsten Fotothema überzugehen. In einer Studie zum Thema Lebensqualität HIV-positiver Menschen wurden etwa fünf Fotoshooting-Phasen zu folgenden Themen durchgeführt:

1. Dinge, die mich glücklich machen
2. Dinge, die mir wichtig sind
3. Herausforderungen, die sich uns stellen
4. Dinge, die wir ändern würden, wenn wir übermenschliche Kräfte hätten
5. Dinge, die uns in unserem Leben unterstützen (Rhodes et al. 2008 zit. nach Unger 2019: 72 f.)

Der Fotoauftrag kann auch noch offener sein und zu fast künstlerischer Kreativität einladen, etwa: Erzähle eine Geschichte darüber, wie es ist, ein Schüler an Deiner Schule zu sein! (von Unger 2019: 72). Hier wird sichtbar, dass die Methode Photovoice nicht ausschließlich zum Fotografieren von konkreten Orten und räumlichen Situationen genutzt werden muss, sondern auch abgesehen davon als Anregung zur Reflexion und Austausch dienen kann.

Phase 4: Diskussion in der Gruppe
Die Teilnehmenden stellen ihre Fotos vor und diese werden in der Gruppe diskutiert. Dabei geht es einerseits um eine Beschreibung, was konkret dargestellt wurde. Zum anderen geht es auch um eine Erzählung, was das Abgebildete für die Fotografierende bzw. den Fotografierenden konkret bedeutet. Die Gruppe kann Fragen stellen und das Dargestellte und Gehörte diskutieren. Die Moderation hat die Aufgabe, einerseits das Dargestellte und dessen Interpretation zu würdigen, andererseits auch alternative Deutungen einzubringen und die einzelnen Fotografien in den Kontext anderer Fotos und Erzählungen zu stellen.

Becker und Burtscher (2019: 65) berichten, dass es sich bei ihrem Forschungsprojekt zum Gesundheitsverhalten mit Menschen mit Lernbeeinträchtigung als praktikabel erwiesen hat, die Diskussion in kleineren Gruppen von fünf Personen durchzuführen, um Hemmungen zu vermeiden, die manche Teilnehmenden beim Sprechen vor großen Gruppen haben. Zudem hatten die Teilnehmenden die Möglichkeit, die Diskussionsrunden vorzubereiten, indem zu fünf ihrer Fotos Fragen auf einem Arbeitsblatt beantwortet werden sollten, welches das Foto und die entsprechenden Antworten enthielten. Diese Fragen waren die gleichen, die auch von den Teilnehmenden in der Diskussion zu ihren Fotos beantwortet werden sollten:

1. Was ist das auf dem Foto?
2. Was passiert dort wirklich?
3. Warum ist das so?
4. Was hat das mit meinem Leben zu tun?
5. Was soll anders sein?

Wie bereits in Phase 3 angedeutet, ist es möglich, die Fotoshooting-Phase und die Diskussionsphase mehrmals zu wiederholen und mit weiteren Themen anzureichern. Am Schluss jeder Diskussion in der Gruppe werden die wichtigsten Ergebnisse zusammengefasst und dokumentiert, beispielsweise als Protokoll oder Flipchart. Ebenso kann die Diskussion aufgezeichnet und teilweise transkribiert werden.

Phase 5: Auswertung, Ergebnisdokumentation und Handlungsempfehlungen
Die Auswertungsphase kann auf verschiedene Weise durchgeführt werden. Dazu kann auf der einen Seite das Treffen einer Auswahl der besten und relevantesten Fotos gehören, die die Themen der Teilnehmenden am besten repräsentieren, um sie fest als Poster zu präsentieren. Weiterhin wird in dieser Phase die Gruppendiskussionen ausgewertet. Die kann auf Basis der erstellten Protokolle bzw. Transkriptionen in ähnlicher Weise erfolgen, wie dies für Leitfadeninterviews und Gruppendiskussionen beschrieben wurde. Dabei werden sowohl die wichtigsten Aussagen und Themen identifiziert und zusammengefasst als auch Handlungsempfehlungen abgeleitet. Welche konkreten Maßnahmen werden vorgeschlagen?

Unger (2019: 75f.) beschreibt noch zwei weitere Phasen der Methode Photovoice, die der Veröffentlichung der Ergebnisse sowie eine Phase der Evaluation. Auf diese Phasen soll hier nicht weiter eingegangen werden. Photovoice-Projekte, die als eigenständige Methode durchgeführt werden und aus mehreren Fotoshooting-Phasen und Diskussionsphasen bestehen, können sehr umfangreich sein und mehrere Monate dauern. Im Rahmen des Methodenmix einer Sozialraumanalyse ist hier eher an eine sparsamere Variante zu denken, die keine eigenständige Veröffentlichungs- oder Evaluationsphase umfasst.

Zukunftswerkstatt

Die Zukunftswerkstatt ist keine Forschungsmethode im Sinne der empirischen Sozialforschung, deshalb kann man diskutieren, ob sie noch in den Rahmen einer Sozialraumanalyse gehört. Bei einer Zukunftswerkstatt geht es weniger um eine Analyse des Ist-Zustandes, sondern vorwiegend um die partizipative Entwicklung von Zukunftsperspektiven und Handlungsvorschlägen gemeinsam mit oder durch Betroffene oder Angehörige der Zielgruppe. Auch das Community-Building, also der Aufbau und die Festigung eines Gruppenzusammenhalts, kann hier eine Rolle spielen. Zukunftswerkstätten werden in der Regel zu den Verfahren der »Bürgerbeteiligung« gezählt. Dies sind meist umfangreiche, mehrere Tage in Anspruch nehmende diskursive Prozesse, die aus einer Vielzahl von Schritten und Methoden bestehen, um unter Anleitung von Moderierenden mit einer größeren Zahl von Beteiligten Konsense, Zielsetzungen oder Zukunftsvisionen zu erarbeiten (Nanz/Fritsche 2012).

Zu den Verfahren der Bürgerbeteiligung zählen auch solche wie der »Bürgerhaushalt«, die »Zukunftskonferenz« oder die »Perspektivenwerkstatt«, Verfahren, die zwar meist in einer ursprünglichen Form entwickelt und beschrieben worden sind, von denen aber in der Praxis unzählige Abwandlungen entstanden sind, so dass es selten eine einzige, gültige Vorgehensweise gibt. Das Verfahren der Zukunftswerkstatt soll hier deshalb mit aufgenommen werden, weil im Kontext mancher Sozialraumanalysen der Bedarf besteht, gegen Ende der Erhebungsphase noch ein umfangreicheres partizipatives Verfahren zur Entwicklung von Handlungsoptionen und Handlungsvorschlägen gemeinsam mit den Betroffenen im Sozialraum durchzuführen. Denn oft dienen Sozialraumanalysen der Vorbereitung von Projekten, die Veränderungen im Sozialraum herbeiführen sollen und deshalb auf Handlungsvorschläge und auf die Mitwirkung von Zielgruppen angewiesen sind.

Das Beteiligungsverfahren »Zukunftswerkstatt« ist dabei nicht nur niedrigschwellig, sondern im Vergleich zu manchen anderen Beteiligungsverfahren auch gut skalierbar. Das heißt, eine Zukunftswerkstatt kann in ihrem inhaltlichen und zeitlichen Umfang so angepasst werden, dass sie auch innerhalb des Methodenbaukastens einer Sozialraumanalyse angewendet werden kann. Die Zukunftswerkstatt dürfte deshalb auch eines der am häufigsten angewandten Beteiligungsverfahren sein.

Die Methode Zukunftswerkstatt wurde in den 1960er Jahren von dem Publizisten und Zukunftsforscher Robert Jungk als Kreativitätsmethode entwickelt. Sie sollte helfen, eingefahrene Denkstrukturen zu verlassen, um Vorschläge für die Verbesserung sozialer und ökologischer Zustände zu erarbeiten. Ziel der Zukunftswerkstätten-Idee war es, alle interessierten Akteure und nicht nur Expertinnen und Experten oder Planerinnen und Planer in die Entwicklung von Zielen und in die Entscheidungsfindung einzubeziehen. Das war damals ein revolutionärer Gedanke (Reich o.J.), der heute natürlich Anspruch für alle Projekte im öffentlichen Raum sein sollte.

Eine Zukunftswerkstatt kann mit jeder Gruppe von Menschen durchgeführt werden, für die ein bestimmtes Thema von gemeinsamem Interesse ist und die zusammen an Lösungsmöglichkeiten arbeiten wollen. Das können etwa Jugendliche sein, deren Ziel eine jugendfreudlichere Stadt und mehr Mitbestimmung bei lokalpolitischen Entscheidungen ist. Oder die Mitarbeitenden einer Kita, die eine bessere Einbindung ihrer Einrichtung in den Sozialraum und stärkere Kooperationen mit anderen Organisationen anstreben.

Zukunftswerkstätten werden üblicherweise in Gruppen von bis zu 25 Personen durchgeführt und können von einigen Stunden bis zu drei Tagen dauern. In jedem Fall sollte man eine dem Thema und der Teilnehmendenzahl angemessene Zeit veranschlagen, um nicht nur oberflächliche Ergebnisse zu erzielen.

Eine Zukunftswerkstatt benötigt neben der entsprechenden Anzahl Teilnehmender ein Moderatorenteam welches das Verfahren anleitet und auch für die enthaltenen Kleingruppenarbeiten und Methoden zur Verfügung steht. Gestartet wird mit einer Vorbereitungsphase, in der sich die Teilnehmenden vorstellen und ihre Erwartungen an die gemeinsame Arbeit formulieren können. Die Moderatorinnen und Moderatoren erläutern die Zielsetzung und den Ablauf des Verfahrens Zukunftswerkstatt. Die »Spielregeln« oder Kommunikationsregeln können zur Erinnerung an die Wand gepinnt werden. Dies sind:

1. Alles ist wichtig.
2. Alle kommen zu Wort.
3. Alles wird festgehalten.

Wie bei allen Kreativitätsprozessen geht es zunächst darum, den Gedanken der Teilnehmenden freien Lauf zu lassen. Sie sollen also nicht beschränkt, zensiert oder voreilig bewertet werden. Das hilft, möglichst originelle Ideen zu entwickeln, die Angst vor dem öffentlichen Sprechen zu überwinden und natürlich auch am Diskussionsprozess Spaß zu haben. Es ist die Aufgabe der Moderation, dafür zu sorgen, dass geübte und eloquente Redner nicht zu viel Raum einnehmen und auch weniger Extrovertierte gezielt einbezogen werden. Alles Gesagte, alle Ideen, sollen schriftlich festgehalten werden – etwa auf Flipcharts, Plakaten oder Kärtchen. Diese Visualisierungen erhöhen die Verbindlichkeit, helfen nichts zu vergessen und ermöglichen in jeder Phase des Prozesses, wieder einen Schritt zurückzugehen und sich auf das ursprünglich Geäußerte oder andere Ideen zu besinnen.

Die eigentliche Arbeit der Zukunftswerkstatt gliedert sich in drei Phasen.

Die Methode Zukunftswerkstatt

Phase 1: Kritikphase
In der Kritikphase werden die Teilnehmenden ermutigt, ihre Kritik am gegenwärtigen Stand der Dinge zu äußern. Die Moderation kann diese Phase mit Fragen unterstützen: Was stört Dich? Was macht Dir Angst? Worüber ärgerst Du Dich? Dabei sollen die Kritikpunkte so genau wie möglich beschrieben werden. Die Kritikpunkte aller Teilnehmenden werden auf Karten notiert und gesammelt. Die Moderation bündelt die Kritikkärtchen zu Themenblöcken, diese werden auf Plakaten bzw. auf Stellwänden aufgebracht. Die Teilnehmenden erhalten durch bunte Klebepunkt die Möglichkeit über die Bedeutsamkeit der Kritikbereiche »abzustimmen«. Schwerpunktthemen, die sich auf diese Weise herauskristallisieren, eignen sich für die Weiterbearbeitung in den folgenden Phasen der Zukunftswerkstatt.

Phase 2: Utopiephase
In der Utopiephase, mitunter auch Phantasiephase genannt, sollen nun alle Ideen über einen gewünschten Zustand frei geäußert werden. Man kann damit beginnen, die Kritikpunkte aus der ersten Phase positiv umzuformulieren. Wie würde die Welt, unsere Organisation, unser Ort aussehen, wenn alles bestens wäre? Wie wäre der angestrebte Idealzustand? (Reich o.J.)

Wenn angestrebte Zustände ausreichend beschrieben wurden, folgt eine Phase des Brainstormings zu der Frage, wie man dort hingelangen kann. Dabei sollen zunächst möglichst viele Ideen und Vorschläge produziert werden. Wie bei allen Kreativitätsmethoden gilt hier: Alles ist erlaubt! Quantität geht zunächst vor Qualität. Hier kann einfach mal »gesponnen« werden, es muss keine Rücksicht auf ökonomische oder soziale Rahmenbedingungen genommen werden. Während der Ideenfindung wird keine Bewertung von Ideen durch andere Teilnehmende vorgenommen, d.h., es wird nicht kritisiert oder eingeschränkt. Und schließlich ist das Weiterentwickeln anderer Ideen erlaubt und gewünscht, es gibt hier kein »Copyright« auf Ideen. Es ist die Aufgabe der Moderation, diesen freien Utopieprozess sicherzustellen und keine einschränkende Kritik wie »Das geht niemals!« oder »Das kann man nicht bezahlen!« zuzulassen. Auch die hier entstehenden Ideen werden notiert und ggf. durch die Moderation thematisch gebündelt.

Bei einer großen Zahl von Teilnehmenden kann die Utopiephase auch in mehreren Kleingruppen durchgeführt werden. Diese können sich gegen Ende der Utopiephase Ihre Ideen gegenseitig präsentieren. Dies vervielfältigt nochmals die Lösungsansätze.

Phase 3: Realisierungsphase
In der Realisierungsphase müssen nun die utopischen Zukunftsentwürfe und fantastischen Lösungsansätze mit der Realität zusammengebracht werden. Auch in dieser Phase ist Kreativität nötig, um aus den Utopien zumindest teilweise gangbare Wege oder neuartige, aber realisierbare Lösungsansätze herauszuar-

6 Methodenbausteine

beiten. Welche der utopischen Lösungsansätze haben eine Chance auf Realisierung? Wie müssten sie dazu angepasst werden? Welche strukturellen Veränderungen, finanziellen Mittel oder organisatorischen Kooperationen sind dazu nötig oder möglich? Welches Wissen fehlt noch und wie kann es erlangt werden? Wo kann man sich Hilfe holen?

Die Rolle der Moderation in der Realisierungsphase ist es, auf Schwächen in der möglichen Umsetzung aufmerksam zu machen, Anregungen zu geben, aber auch zum Durchhalten zu motivieren, wenn sich das realitätsnahe Umsetzen von Ideen als schwierig erweist. Gegen Ende der Realisierungsphase sollten dann mehrere realisierbare Handlungsvorschläge stehen.

Im Rahmen einer Sozialraumanalyse kann die Methode mit dem Festhalten von Handlungsempfehlungen bzw. Handlungsvorschlägen, die in einem Bericht zusammengefasst werden, enden. Als eigenständiges Beteiligungsverfahren angewendet, kann sich eine Nachbereitungsphase anschließen, in welcher die praktische Umsetzung der Handlungsvorschläge eingeleitet wird. Die Zukunftswerkstatt kann auch in eine Werkstattphase übergehen, in der dann mit den Beteiligten konkret an der Umsetzung gearbeitet wird (Reich o.J.).

Das Wichtigste in Kürze

Partizipative Methoden beziehen die Zielgruppen einer Sozialraumanalyse in stärkerem Maß ein. Sie dienen einerseits dazu, den Sozialraum »mit den Augen« der Betroffenen zu sehen, andererseits bieten sie den Forschenden auch die Möglichkeit, ins Gespräch zu kommen und die Bedeutung verschiedener Aspekte des Sozialraums für die Betroffenen zu erfahren. Bei kartierenden Methoden wie Autofotografie oder Community Mapping werden die Teilnehmenden aufgefordert, konkrete Aspekte ihres Sozialraums auf einer Karte zu markieren. Die so markierten Orte können Grundlage für Befragungen oder Gruppengespräche sein, um die Bedeutung dieser Orte für die Zielgruppe herauszuarbeiten. Bei den fotografischen Methoden Autofotografie und Photovoice werden Mitglieder der Zielgruppe aufgefordert, konkrete Fragestellungen oder Themen durch Fotografieren ihres Sozialraumes zu beantworten. Die entstandene Fotosammlung kann dann wiederum genutzt werden, um die Bedeutung der fotografierten Orte durch Befragungen oder Gruppendiskussionen zu erschließen. Die Zukunftswerkstatt gehört zu den Beteiligungsmethoden und dient vorrangig zur Erarbeitung von Handlungsvorschlägen und Lösungsmöglichkeiten mit den Betroffenen.

Weiterführende Literatur

Spatschek, C., Wolf-Ostermann, K. (2023): Sozialraumanalysen. Ein Arbeitsbuch für soziale, gesundheits- und bildungsbezogene Dienste (2., durchgesehene und aktualisierte Auflage). Opladen/Toronto: Barbara Budrich.

Unger, H. von (2014): Partizipative Forschung. Einführung in die Forschungspraxis. Wiesbaden: Springer VS.
Deinet, U., Krisch, R. (2003): Der sozialräumliche Blick der Jugendarbeit. Methoden und Bausteine zur Konzeptentwicklung und Qualifizierung. Opladen: Leske und Budrich.
Nanz, P., Fritsche, M. (2012): Handbuch Bürgerbeteiligung. Verfahren und Akteure, Chancen und Grenzen. Bonn: Bundeszentrale für politische Bildung.

Übung 12: Partizipative Forschung

Ein Ort hat in den vergangenen Jahren viele Zugewanderte aus Syrien und der Ukraine aufgenommen, zu denen auch zahlreiche Kinder und Jugendliche gehören. Viele der Zugewanderten leben zurückgezogen in ihren eigenen Gemeinschaften, es gibt wenig Austausch mit der alteingesessenen Bevölkerung. Die Erwerbsbeteiligung der Zugewanderten ist relativ gering, obwohl lokale Unternehmen Personal suchen. Der Ortsbeirat möchte die Integration verbessern und den Austausch zwischen den Bevölkerungsgruppen fördern. Sie werden beauftragt, unter Einbeziehung der verschiedenen Bevölkerungsgruppen ein Integrationskonzept für den Ort zu entwickeln. Planen Sie eine partizipative Methode als Grundlage für die Entwicklung eines solchen Integrationskonzepts. Nutzen Sie dazu die Methode Community Mapping.

Lösungsvorschlag: siehe Onlinematerial

6.9 Sozialraumanalyse mithilfe von Karten

Zusammen mit Christoph Zepp

In der Stadtplanung und Ortsentwicklung ist es üblich, auch Karten und Planwerke zur Untersuchung von Sozialräumen zu nutzen. Im Kontext der Sozialen Arbeit ist das bisher nicht sehr verbreitet. Dabei bietet die Einbeziehung von Kartenmaterial viele Vorteile und kann das methodische Repertoire einer Sozialraumanalyse sinnvoll erweitern. Entweder können die Karten selbst als Informationsquellen dienen (für eine Sekundäranalyse), oder sie dienen als Grundlage und Vorbereitung für andere Methoden (z. B. für Ortsbegehungen oder die Nadelmethode). Karten können Einblicke in die historische Entwicklung eines Sozialraums geben, aber auch Einblicke in funktionale, räumliche, bauliche und soziale Zusammenhänge. Karten helfen auch, Informationen und Entscheidungsgrundlagen interdisziplinär oder zwischen Fachleuten und Zielgruppen verständlich darzustellen.

Eine Karte ist eine vereinfachte geometrische Darstellung eines Teils der Erdoberfläche. Sie stellt physische oder soziale Informationen dar, indem sie diese im Raum verortet, ihnen also einen Ort zuweist. Man unterscheidet auf der einen Seite topografische Karten, die der Abbildung von Geländeformen, Wegen, Gewässern und anderen Details der Erdoberfläche dienen. Auf der anderen Seite gibt es thematische Karten, welche die Verteilung von sozialen und anderen Daten im Raum darstellen, etwa die Einwohnerdichte, die Arbeitslosenquote der Standorte bestimmter Institutionen o. Ä. Für Sozialraumanalysen sind es meist thematische Karten mit sozialen Daten, die als Hilfsmittel genutzt werden.

Unterscheiden kann man prinzipiell die bloße Verwendung einer vorliegenden Karte vom sogenannten Mapping. Bei der Verwendung einer vorliegenden Karte nutzt man lediglich die dort sichtbaren Informationen als zusätzliche Erkenntnisse, etwa über die Lage bestimmter Quartiere oder Einrichtungen im Ort, über Entfernungen oder physische Barrieren wie Bahngleise oder Straßen.

Beim Mapping geht es hingegen auch um das aktive Herstellen kartografischer Repräsentationen. Der Begriff »Mapping« wird gleichzeitig für Prozesse der Datenerhebung, der Datenauswertung und der Darstellung genutzt. Eine Ortsbegehung, bei der bestimmte Beobachtungen auf einer Karte des Ortes eingetragen werden, ist bereits Mapping, da hier neu gewonnene Informationen räumlich verortet und dokumentiert werden. Karten können sowohl als Auswertungs- als auch als Erhebungsmittel dienen. (Marguin 2022: 1672) Obwohl Mapping auch mithilfe von physischen Karten (auf Papier) möglich ist, werden kartografische Prozesse heute zunehmend digital ausgeführt, da dies sehr viel komfortabler ist und mehr Möglichkeiten bietet. Dies beginnt bei der Kartenbetrachtung am Bildschirm und reicht bis zur Nutzung digitaler Eingabegeräte, beispielsweise Tablets, die zum Mapping im Rahmen von Datenerhebungen vor Ort eingesetzt werden können. In diesem Abschnitt soll vorwiegend auf die einfache Nutzung vorliegenden Kartenmaterials eingegangen werden. Dem anspruchsvolleren digitalen Mapping und der digitalen Analyse von Geodaten ist das folgende Kapitel zu Geografischen Informationssystemen gewidmet. Dennoch ist selbst dies nicht immer klar zu trennen, da sich beispielsweise hinter den im Internet zugänglichen Kartendiensten ebenfalls Geografische Informationssysteme verbergen.

Quellen von Kartenmaterial

Die einfachste Variante der Nutzung vorliegenden Kartenmaterials stellt dabei die Verwendung privatwirtschaftlicher Kartendienste dar. Der bekannteste Vertreter dürfte Google Maps sein. Bei Google Maps können neben Satellitenbildern auch die Ebenen Gelände (Topografie), Verkehr und öffentliche Verkehrsmittel (ÖPNV, Radfahren) ausgewählt und betrachtet werden. Von Vorteil sind die vielen zusätzlich verfügbaren Informationen über vorhandene Infrastrukturen wie Geschäfte, Bildungseinrichtungen oder auch Kulturangebote und deren Darstellung auf Gebäudeebene. Mit Google Maps kann auch der kartografische Laie einfache eigene Analysen durchführen, etwa indem man sich bestimmte Infrastruktureinrichtungen anzeigen lässt. Der Übergang zum Thema des folgenden Kapitels, den Geografischen Informationssystemen (▶ Kap. 6.10), ist hier fließend, da Google Maps bereits eine Geoinformationssoftware darstellt.

6.9 Sozialraumanalyse mithilfe von Karten

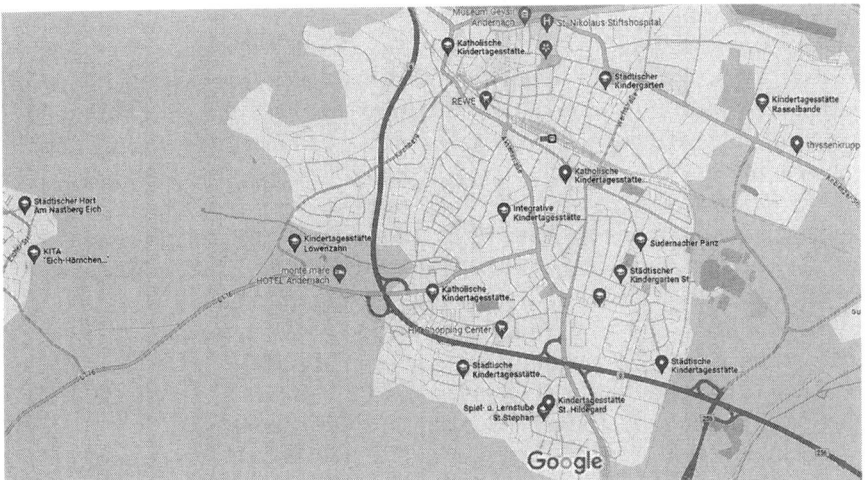

Abb. 18: Kindertagesstätten der Stadt Andernach mit Google Maps
(Google Maps™ mapping service is a trademark of Google LLC)

Allerdings muss die Aktualität dieser Informationen geprüft werden, da diese in Google Maps teilweise mehr als zehn Jahre alt sind. Die Street-View-Bilder von Google, also Straßenaufnahmen, werden ab Juni 2023 nach 13 Jahren aktualisiert und sind damit in Zukunft eine bequeme Möglichkeit, an vielen Orten die Analyse aus der Ferne mit Eindrücken aus der Vor-Ort-Perspektive zu kombinieren (vgl. Ziegener 2023). Ein Nachteil ist die mangelnde native Exportfunktion von Google Maps, so dass die Karten nur mittels eines externen Softwaretools oder über Screenshots zusammengefügt werden können.

Eine weitere Quelle für Kartenmaterial ist der nichtkommerzielle Kartendienst OpenStreetMap.[8] Auch hier stehen thematisch verschiedene Karten (Verkehr, ÖPNV, grundlegende Infrastrukturen) zur Verfügung. Während bei kommerziellen Kartendiensten Informationen gezielt erhoben werden, gelangen die Informationen bei OpenStreetMap in einem Bottom-up-Prozess in die Karten, indem zahlreiche Freiwillige einer Community das Kartenmaterial bearbeiten. Dadurch stehen die Karten unter freier Lizenz, sind jedoch für wissenschaftliche Analysen wenig geeignet, da man sich auf Genauigkeit und Zuverlässigkeit weniger verlassen kann. Es empfiehlt sich, das verwendete Kartenmaterial, z. B. durch einen Vergleich mit dem Material kommerzieller Anbieter, zu überprüfen. Der entscheidende Vorteil von OpenStreetMap-Karten ist die native Exportfunktion, wodurch das Kartenmaterial als Bild- oder PDF-Datei zur Verfügung steht. Diese sind dann auch als Vektorgrafiken gespeichert, so dass eine einfache Bearbeitung über Grafikprogramme erfolgen kann. Hier können die ggf. unwesentlichen Details der Karten auch auf die essenziellen Informationen reduziert werden.

Die dritte Möglichkeit an Kartenmaterial zu gelangen, ist die Nutzung der Geoportale der Bundesländer. Diese sind in Aufbau und Nutzungsmöglichkeiten

---

8 www.openstreetmap.de

sehr unterschiedlich. Teilweise stehen die Karten kostenfrei zur Verfügung, teils sind sie kostenpflichtig. Auch wenn diese Karten ebenfalls nicht immer völlig aktuell sind, so halten sie am ehesten wissenschaftlichen Qualitätsansprüchen stand. In den Geoportalen steht eine breite Palette an Themenkarten zur Verfügung. Ebenso ist es möglich, unterschiedliche Karten miteinander zu verbinden (»zu layern«) und sie dadurch mit einem neuen Informationsgehalt zu versehen.

Eine letzte Möglichkeit zur Beschaffung von Grundlagenkarten ist der Service der zuständigen Katasterämter. Diese stellen Kartenmaterial gegen eine Bearbeitungsgebühr zur Verfügung. Zumeist handelt es sich dabei um Auszüge Geografischer Informationssysteme, welche viele Detailinformationen enthalten.

Wichtig bei der Nutzung digitaler Karten ist die Unterscheidung zwischen pixelbasierten- und vektorbasierten Karten (Dateien). Pixelbasierte Dateiformate sind in ihrem Maßstab nur begrenzt veränderbar, da Sie beim Zoomen schnell unscharf (»verpixelt«) werden. Das bekannte Dateiformat JPEG, das auch für die Speicherung von Fotos weit verbreitet ist, ist pixelbasiert. Weitere häufige Rasterdateiformate sind BMP, GIF, PNG oder TIFF.

Die Karteninformationen liegen hier für Pixel, also für Quadrate mit fester Größe, vor. Enthält der Bildausschnitt ausreichend viele Pixel, sieht man die Fläche einheitlich. Zoomt man hingegen auf einen kleinen Bildausschnitt, so dass nur wenige Pixel den Ausschnitt füllen, wirkt die Fläche gerastert. Vektorbasierte Karten können hingegen ohne Qualitätsverlust aufgezoomt werden. Die Karteninformationen liegen hier nicht für feste Flächeneinheiten, sondern in Form einer mathematischen Funktion vor, die auf jede Größe angewendet werden kann und damit beliebig skalierbar ist. Vektordateiformate sind zum Beispiel .svg, .evs oder .emf. Für die Möglichkeit der Nutzung von Karten zur Bearbeitung in Grafikprogrammen muss das Dateiformat berücksichtigt werden.

Nutzungsmöglichkeiten von Kartenmaterial

Karten können im Rahmen von Sozialraumanalysen vielfältig genutzt werden. So stellt das sogenannte Urkataster eine Möglichkeit dar, die Siedlungsentwicklung historisch nachzuvollziehen. Der Blick darauf lohnt sich, wenn etwa die Identität eines Sozialraumes untersucht werden soll, die stets auch mit der historischen Entwicklung des Sozialraums verbunden ist. Handelt es sich um ein Quartier, das früher durch gehobenes Bürgertum oder durch Arbeiterinnen und Arbeiter bewohnt wurde? Ist der Sozialraum durch Handel, durch Tourismus oder durch Industrie geprägt? Das Land Rheinland-Pfalz stellt mit der Plattform »Landschaft im Wandel«[9] für viele Orte das vorhandene historische Material zur Verfügung. Die Stärke dieses Webangebots liegt darin, dass mit einem Zeitstrahl durch die Jahrzehnte navigiert werden kann.

Karten können weiterhin dazu genutzt werden, Einrichtungen der sozialen Infrastruktur wie Schulen, Kitas, Bürgerzentren, Verwaltungsgebäude, Sportstätten oder medizinische Einrichtungen darzustellen und zu analysieren. Gleiches trifft für

---

9 https://geo4.service24.rlp.de/client/lf/lawa/

Unternehmen oder den Einzelhandel zu. Zu berücksichtigen ist stets, dass die Aktualität der Einträge auf diesen Karten nicht von vornherein als gesichert gelten kann. Weder kann man davon ausgehen, dass die Einträge vollständig sind, noch dass alle dargestellten Einrichtungen zum Zeitpunkt des Abrufs noch existieren. Unter Umständen muss man durch eine weitere Recherche oder eine Ortsbegehung prüfen, ob die Einträge korrekt und aktuell sind.

Es lassen sich physische Barrieren im Quartier begutachten, etwa Bahngleise oder breite Verkehrsachsen. Durch Darstellung von Haltestellen des Öffentlichen Personennahverkehrs werden Erreichbarkeiten deutlich. Auch Freiflächen oder Parks und die bauliche Charakteristik von Ortsteilen kann in Kartenansichten gut analysiert werden.

Die Siedlungsstruktur lässt sich auch dreidimensional betrachten. So bietet das Land Rheinland-Pfalz eine digitale Plattform an, in welcher alle Gebäudestrukturen, einschließlich der Dachformen in 3-D, eingepflegt sind. Hierdurch werden räumliche Zusammenhänge ebenso wie Freiräume und nutzbare Ecken, Nischen und »Bühnen« schnell erkennbar.[10]

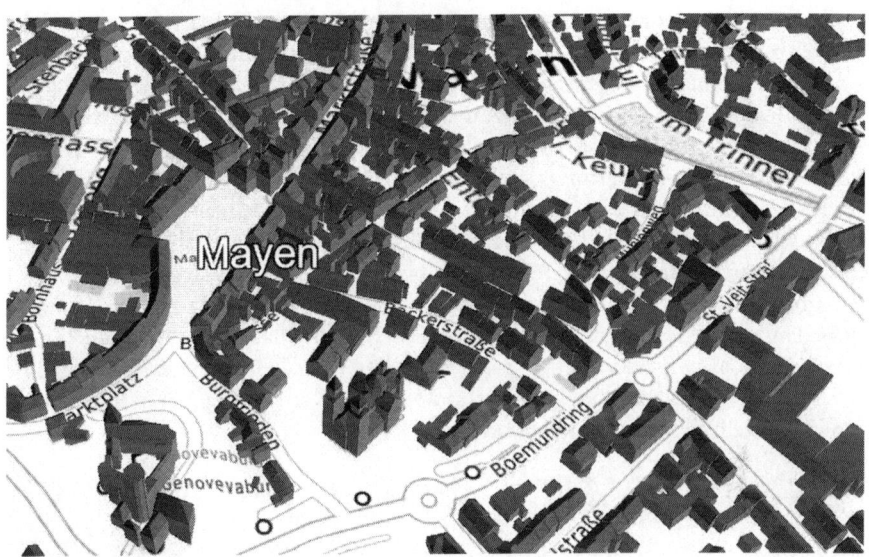

Abb. 19: Ortskern der Stadt Mayen in 3-D – kombiniert mit der Liegenschaftskarte
© GeoBasis-DE/LVermGeoRP [Datenzugriff am 05.04.2024]

Ökologische Grundlagen, z. B. für Quartiersprojekte, die sich mit Nachhaltigkeitsthemen beschäftigen, können in den Landschaftsinformationssystemen der Bundesländer (LANIS) betrachtet werden. Hier sind verschiedene Ebenen einstellbar, so z. B. Schutzgebiete, Biotopkataster oder auch Artennachweise. Auch die vorhandene Landschaftsplanung ist einsehbar. Die vielen Möglichkeiten der Plattformen ma-

---

10 www.rheinland-pfalz-in-3d.rlp.de/

chen die Bedienung jedoch wenig intuitiv und es bedarf der thematischen und technischen Einarbeitung in LANIS.[11]

Das Internet kann eine gute Quelle für weitere themenspezifische Karten sein. Insbesondere Nachrichtenportale veröffentlichen oft interaktive Karten zu speziellen Fragestellungen. Auch wenn diese nicht immer in der gewünschten räumlichen Kleinteiligkeit verfügbar sind, so können sie doch als räumliche Informationsquellen genutzt werden. So veröffentlichte die Zeitung TAZ im Jahr 2022 eine interaktive Karte, auf der dargestellt werden kann, wie sich die verschiedenen Länderregelungen zu Ausschlussgebieten auf mögliche Standorte von Windkraftanlagen auswirken.[12]

Kleinräumiger, zumeist auf Landkreisebene, sind die Karten aus Studien wie dem Prognos Zukunftsatlas.[13] Dieser steht für eine Reihe bundesweiter Analysen von privatwirtschaftlichen Forschungs- und Erhebungsinstituten. Der Zukunftsatlas analysiert und interpretiert die »Zukunftsfähigkeit« von Landkreisen und kreisfreien Städten anhand verschiedener Indikatoren und ordnet diese in ein Ranking ein. Auf Landkreisebene lassen sich so schnelle Aussagen zur Situation der Region treffen und diese bereits aufbereitet nutzen.

Auch der Landatlas des Thünen-Instituts für ländliche Räume liefert wertvolle Karten bis auf Kreisebene, die vor allem den Raumstrukturen und Lebensbedingungen in ländlichen Gebieten gewidmet sind.[14]

Die Bedeutung von guten kartografischen Darstellungen in Sozialraumanalysen nimmt zu, um die Besonderheiten des Sozialraums interdisziplinär verständlich darzustellen und Auswertungsergebnisse zu visualisieren. Einige der hier vorgestellten Plattformen benötigen nur eine kurze Einarbeitungszeit und kein tieferes technisches Vorwissen. Bei anderen braucht es neben der thematischen Einarbeitung auch ein gewisses kartografisches Verständnis. Dennoch kann sich der Aufwand der Einarbeitung lohnen, insbesondere für komplexere Sozialraumanalysen. Die analytischen Möglichkeiten des Kartenmaterials können Qualität und Professionalität einer Sozialraumanalyse deutlich erhöhen. Neben Leitfäden gibt es im Internet eine Vielzahl an Videos, welche die Wege in komplexe Kartenportale erläutern und so eine Hilfestellung auch für ungeübte Personen geben.

Das Wichtigste in Kürze

Das Nutzen von Kartenmaterial kann Sozialraumanalysen bereichern. Mit Karten lassen sich nicht nur räumliche Zusammenhänge im Sozialraum viel besser erfassen, auch die Präsentation und Ergebnisdarstellung wird erleichtert, weil Karten oft zielgruppenübergreifend verstehbar sind. Während bei der Ergebnispräsentation physische Karten noch immer eine große Rolle spielen, wird zur Analyse meist digitale Kartensoftware genutzt. Neben den bekannten kommerziellen Kartendiensten gibt es freie Software wie OpenStreetMap und eine große

---

11 https://geodaten.naturschutz.rlp.de/kartendienste_naturschutz/index.php
12 https://taz.de/Deutsche-Vorschriften-fuer-Windenergie/!5901969/
13 https://www.prognos.com/de/projekt/zukunftsatlas
14 https://karten.landatlas.de/

> Zahl an öffentlich zugänglichen Geoportalen, die von Behörden oder Forschungseinrichtungen betrieben werden. Die Vielfalt des verfügbaren Kartenmaterials ermöglicht die Bearbeitung der unterschiedlichsten Fragestellungen, die im Rahmen von Sozialraumanalysen auftauchen können.

6.10 Sozialraumanalysen mit Geo-Informationssystemen

Zusammen mit Tobias Meier

Bei der Anwendung vieler Methoden der Sozialraumanalyse werden mittlerweile digitale Hilfsmittel für Datensammlung, Datenauswertung oder Datenvisualisierung eingesetzt. Das Spektrum der genutzten Software reicht von Online-Umfragen, etwa mit UNIPARK oder LimeSurvey und Gruppendiskussionen per ZOOM-Videokonferenz, über Datenauswertungen mittels Statistikprogrammen wie Excel oder SPSS bis hin zu Software für die Auswertung qualitativer Interviews, etwa MaxQDA.

Geo-Informationssysteme (GIS) fügen der qualitativen oder quantitativen Datenanalyse eine weitere Ebene hinzu, die Möglichkeit der räumlichen Verortung von Informationen (Georeferenzierung). Georeferenzierte Daten bestehen stets aus zwei Informationen, den eigentlichen inhaltlichen Informationen (Sachdaten) und der Information, an welchem Ort dies der Fall ist, der Georeferenz. Sachdaten, die mit Georeferenzen versehen sind, werden Geofachdaten genannt.

Zur räumlichen Darstellung von Geofachdaten werden zusätzlich Geobasisdaten benötigt. Geobasisdaten stellen die Grundlagenkarte dar, mit welcher Sachdaten verbunden werden, um sie sinnvoll darzustellen. Als Sachdaten kann man sich z. B. eine Liste mit den Namen sämtlicher Kindertagesstätten einer Stadt vorstellen. Ist auch die Lage der Kindertagesstätten bekannt, handelt es sich um Geofachdaten, denn dies sind die zugehörigen Georeferenzen, also die Informationen zur Lage der Kitas im Raum. Im Alltag wären dies die Adressen – Geografische Informationssysteme arbeiten allerdings nicht mit Adressen, sondern mit GPS-Positionen. Sinnvoll kartografisch nutzen kann man Geofachdaten allerdings nur, wenn man sie mit Geobasisdaten verbindet, also etwa in einen Stadtplan einträgt, der die Grundlagenkarte bildet. Geofachdaten und Grundlagenkarte gemeinsam ermöglichen dann eine Darstellung der Verteilung von Kindertagesstätten im Stadtraum.

Beim beschriebenen Beispiel handelt es sich um Individualdaten – um Kitas mit spezifischen Adressen (Positionen). Kartografische Darstellungen sind jedoch auch mit Aggregatdaten möglich. So ist es z. B. möglich, den Anteil von Kindern und Jugendlichen unter 18 Jahren in unterschiedlichen Quartieren eines Ortes kartografisch darzustellen, indem man die Quartiere, je nach Anteil, unterschiedlich einfärbt oder mit speziellen Schraffuren versieht.

6 Methodenbausteine

Abb. 20: Anteil von Kindern und Jugendlichen unter 18 Jahren an der Gesamtbevölkerung

Geo-Informationssysteme dienen aber nicht nur der Darstellung von Daten. Sie können auch selbst zur Analyse genutzt werden. So lassen sich z. B. durchschnittliche Entfernungen zur nächsten Bushaltestelle oder die Anzahl von Arztpraxen im Umkreis von 15 Minuten Fahrzeit eines bestimmten Wohnortes automatisiert ermitteln. Diese Möglichkeiten der Analyse mit GIS gehen weit über das hinaus, was mit klassischen Daten ohne Georeferenz möglich ist.

Abb. 21: Standorte und Umgebungsbereiche (500 m) der Kölner Clubs in der zentralen Innenstadt (Quelle: www.offenedaten-koeln.de)

Für die räumliche Darstellung von Aggregatdaten (z. B. Bevölkerungsanteil unter 18 Jahren in einem Stadtviertel) werden häufig Verwaltungseinheiten genutzt, also etwa Kreise, Gemeinden, Stadtteile, statistische Bezirke o. Ä., deren Grenzen digital verfügbar sind und in die Grundlagenkarten eingelesen werden können und für die entsprechende Sachdaten in amtlichen Statistiken verfügbar sind. Es ist jedoch auch möglich, für die Darstellung der Daten ein Analyseraster zu verwenden, welches über die Grundlagenkarte gelegt wird. Die Sachdaten werden dann nicht für Ortsteile oder Quartiere eingelesen, sondern für jede einzelne Rasterzelle. Als Rasterzellen werden Rechtecke oder Sechsecke genutzt. Der Vorteil der Nutzung von Rasterzellen, gegenüber der von administrativen Grenzen, ist, dass die Rasterzellen sich gleichmäßig über die gesamte Ortsfläche erstrecken und, wenn sie klein genug sind, die Verteilung und Konzentration bestimmter Werte sehr viel besser zeigen. Stellen wir uns ein Quartier vor, in dem überwiegend Menschen mit hohem Haushaltseinkommen leben, in einer einzelnen Straße des Quartiers, wegen ihrer besonderen Verkehrsbelastung, aber Menschen mit sehr geringem Haushaltseinkommen. Dann würde eine Darstellung des Haushaltseinkommens für das ganze Quartier einen im Durchschnitt hohen Wert ergeben, in dem die Besonderheit dieser einen Straße in den Daten des gesamten Quartiers verschwindet. Nutzt man hingegen ein Analyseraster zur Darstellung, so kann man sehr viel detaillierter die Verteilung von Haushalten mit hohen und geringen Einkommen analysieren.

Geoinformationssoftware und Geodaten

In der Vergangenheit waren Softwareprogramme zur Verarbeitung von Geoinformationen sehr umfangreich, teuer und erforderten großes Fachwissen und lange Einarbeitung. Mittlerweile sind verschiedene Softwarelösungen verfügbar, die je nach der Aufgabe, der Komplexität und dem Kenntnisstand der Nutzerinnen und Nutzer gewählt werden können. Die bekanntesten kommerziellen Programme stammen aus der ArcGis-Programmfamilie der Firma Esri. Es gibt weitere kommerzielle Programme, die teils für spezielle Anwendungsfelder entwickelt wurden, wie Smallworld GIS von General Electric oder MapInfo der Firma Precisely.

Doch es gibt auch Freeware, also frei verfügbare, nichtkommerzielle Softwaretools, wie beispielsweise das Programm QGIS. Auch dieses Programm bietet die wichtigsten Funktionen geografischer Informationssysteme und ist vor allem für einen Einstieg in die Arbeit mit Geo-Informationssystemen zu empfehlen. QGIS ist eine Open-Source-Geoinformationssoftware, die von einer weltweiten Anwendergemeinschaft entwickelt wird und kostenlos genutzt werden kann. Weitere Open-Source-Programme sind etwa gvSIG oder OpenJump. Die Programme können in der Regel mit Plugins erweitert und so für verschiedene Anwendungen optimiert werden.

Geoinformationssoftware benötigt geeignete Geobasisdaten und entsprechende georeferenzierte Sachdaten, um nutzbar zu sein. Kommunale statistische Daten, die im Verwaltungsprozess anfallen, enthalten zwar meist automatisch eine Art Georeferenz, wie etwa eine Adresse, denn ohne diese könnten ja keine Bescheide, Rechnungen oder Genehmigungen zugestellt werden. Nur wurden diese Daten in der Vergangenheit selten so aufbereitet, dass sie für Geoinformationssoftware nutzbar waren. Dies ändert sich, seit im Jahr 2007 eine Richtlinie des Europäischen Parlaments zur Schaffung einer Geodateninfrastruktur in Kraft getreten ist. Seitdem hat sich die Verfügbarkeit von Geodaten auch in Deutschland kontinuierlich verbessert. Immer mehr amtliche Geodaten werden der Fachöffentlichkeit und der allgemeinen Öffentlichkeit im Rahmen von Open-Data-Strategien zur Verfügung gestellt. Deren immer bessere Verfügbarkeit hat in den letzten Jahren erheblich zur Verbreitung von Geo-Informationssystemen beigetragen.

Neben öffentlich verfügbaren Geofachdaten gibt es auch kommerzielle Anbieter kleinräumiger georeferenzierter Daten (z. B. die Unternehmen GfK oder Prognos). Diese Unternehmen erheben zum Teil selbst Daten oder sammeln solche aus öffentlichen und privaten Quellen. Ein Problem bei kommerziellen Anbietern ist, neben dem oft hohen Preis der Daten, häufig die Intransparenz von deren Entstehung. Die Art und Weise der Erhebung und Verarbeitung der Informationen wird meist als Geschäftsgeheimnis behandelt, so dass die Entstehung der Daten von Anwendenden nicht nachvollzogen oder geprüft werden kann. Die Firma Prognos verkauft beispielsweise Daten zur »Kaufkraft« in Sozialräumen bis auf die Ebene von Straßenzügen hinunter. Wie diese Daten entstehen, wie sie erhoben und berechnet werden, darüber werden nur beschränkt Informationen gegeben. Kleinräumige Daten werden hier mitunter mittels statistischer Verfahren geschätzt, beruhen also nicht immer auf wirklich kleinräumig erhobenen Daten.

Als öffentlich zugängliche Datenquellen können vor allem die Geoportale der Bundesländer dienen, die eigene Abfragemöglichkeiten für soziale und kartografische Daten bieten. In allen Geoportalen können diese entweder direkt in einer Grundlagenkarte dargestellt oder für andere GIS-Anwendungen heruntergeladen werden. Im Geoportal des Landes Rheinland-Pfalz finden sich beispielsweise Daten zu den Gemeindegrenzen, Liegenschaften, Bodenrichtwerten oder Bebauungsplänen. Zudem können dort Geobasisdaten wie die Deutsche Topografische Grundlagenkarte (DTK) heruntergeladen werden. Die Abfrage der Daten erfolgt meistens über eine spezifische Schnittstelle, die als Download oder als Verweis auf den Server der Landesbehörden ausgestaltet sein kann. Je nach Bundesland ist der Weg dorthin unterschiedlich, wird aber meist in entsprechenden Anleitungen oder Handbüchern auf den Seiten der Geoportale beschrieben.

Ergänzend dazu sind weitere Daten bei den Statistischen Landesämtern oder auf kommunaler Ebene verfügbar. So stellt die Stadt Köln unter www.offenedaten-koeln.de einen umfangreichen Datenkatalog zur Verfügung, wovon die meisten Daten bereits georeferenziert sind und teilweise sehr kleinteilig (Stadtteil, Nachbarschaft) vorliegen.

Die Darstellungs- und Auswertungsmöglichkeiten von Geo-Informationssystemen sind komplex und die Anwendung verlangt Fachkenntnisse und Schulung. Auf genaue Vorgehensweisen zur Anwendung im Rahmen einer Sozialraumanalyse soll deshalb hier nicht eingegangen werden. Für QGIS finden sich umfangreiche Manuale im Internet (siehe Quellenangaben). Eine spezielle GIS-Schulung ist sicher der beste Weg, sich mit der Anwendung und dem Einsatz von Geoinformations-Software vertraut zu machen.

Anwendung von QGIS

Hier soll an einem Beispiel der Stadt Kaiserslautern exemplarisch der Anwendungsnutzen von Geo-Informationssystemen in der Sozialraumanalyse anhand der Freeware QGIS verdeutlicht werden. Zunächst ist dafür das Herunterladen des Programms QGIS von www.qgis.org und die Installation des Programms erforderlich.

Wir nutzen im Folgenden Daten des Open-Data-Portals opendata.kaiserslautern.de. Zunächst müssen Geobasisdaten in QGIS eingelesen werden. Auf der Einstiegsseite des Geodatenportals opendata.kaiserslautern.de finden sich zahlreiche Datenrubriken wie Bildung, Bevölkerung oder Gesundheit. Wir wählen die Rubrik »Regionen und Städte« und finden dort mehrere Dateien zu kommunalen Grenzen innerhalb des Stadtgebiets von Kaiserslautern. Wir wählen »Ortsbezirksgrenzen« und dort eine Datei im geoJSON-Format.

Abb. 22: Stadtgebiet Kaiserslautern mit Ortsbezirksgrenzen (Quelle: opendata.kaiserslautern.de, eigene Darstellung mit QGIS)

Die Arbeit in QGIS kann nun begonnen werden, indem ein neues »Projekt« gestartet und die Datei mit den Ortsbezirksgrenzen als »Layer«, d.h. als sichtbare

Ebene, hinzugefügt wird. Das Arbeiten mit »Layern« ist ein grundsätzliches Prinzip bei GIS. Es bedeutet, dass unterschiedliche georeferenzierte Daten, die jeweils eigene Layer bilden, verbunden, also »übereinandergelegt« und gemeinsam dargestellt werden können. Man kann sich das so vorstellen, dass verschiedene Elemente wie Kitas, Schulen oder Einzelhandelsgeschäfte auf verschiedenen Bögen Pergamentpapier eingezeichnet und diese dann auf einem Stadtplan übereinandergelegt werden und zusammen dann ein Bild der Verteilung sozialer Infrastruktur bieten. Das entstehende Bild des einzelnen Layers stellt die Ortsbezirke der Stadt zunächst als Linien dar (▶ Abb. 22).

Nun gibt uns die Geoinformations-Software die Möglichkeit, Sachdaten mit den Ortsbezirken zu verbinden. Die Schnittstelle hierfür sind die sogenannten Attribute des Layers. Ein Rechtsklick auf den Layer zeigt die sogenannte Attributtabelle, die in diesem Falle die Namen der Ortsbezirke umfasst.

Nun benötigt man Sachdaten, welche man mit der Grundlagenkarte verknüpfen kann. Wir nutzen dazu eine Tabelle mit demografischen Daten, welche die Einwohnerzahlen der Ortsbezirke sowie jeweils die natürliche Bevölkerungsentwicklung und den Wanderungssaldo aus der kommunalen Statistik enthält (▶ Tab. 19).

Tab. 19: Sachdaten: Einwohnerzahlen, natürliche Bevölkerungsentwicklung und Wanderungssaldo der Ortsbezirke

Ortsbezirk	Bevölkerung	Natürliche Bevölkerungsentwicklung	Prozent	Wanderungssaldo	Prozent
Innenstadt	79 202	-227	-0,29 %	1236	1,56 %
Erzhütten/ Wiesenthalerhof	2711	-22	-0,81 %	44	1,62 %
Einsiedlerhof	1308	2	0,15 %	-1	-0,08 %
Morlautern	3117	-13	-0,42 %	67	2,15 %
Erlenbach	2205	-11	-0,50 %	32	1,45 %
Mölschbach	1191	-7	-0,59 %	28	2,35 %
Dansenberg	2660	3	0,11 %	36	1,35 %
Hohenecken	3593	-1	-0,03 %	5	0,14 %
Siegelbach	2652	3	0,11 %	19	0,72 %
Erfenbach	2793	15	0,54 %	20	0,72 %

Liegen statistische Daten auf Ebene der Ortsbezirke vor, so sind diese auch kartografisch darstellbar. Wie in der Tabelle sichtbar sind die Benennungen der Ortsbezirke deckungsgleich mit den Attributen der Vektordatei – die Ortsbezirksnamen bilden also die Georeferenz und beide Layer können anhand dieses Attributs verbunden werden. Hierfür wird die Tabelle als CSV-Datei gespeichert und als weiterer

Layer in das QGIS-Projekt geladen. Dabei ist darauf zu achten, dass die Darstellung der Daten den Spalten und Zeilen der Ursprungsdatei entspricht, eventuell müssen hier die Einstellungen angepasst werden. Nur exakt passende Daten werden auch korrekt dargestellt. Die entsprechende Funktion zum Verbinden beider Layer findet sich unter »Eigenschaften« und wird über das Feld »Verbinden« zusammengeführt.

Bei korrekter Zusammenführung erweitert sich die Attributtabelle um die Werte der Statistik und kann in Folge auf der Karte dargestellt werden. Das Ergebnis kann dann nach Wunsch gelayoutet und dann abgespeichert oder gedruckt werden.

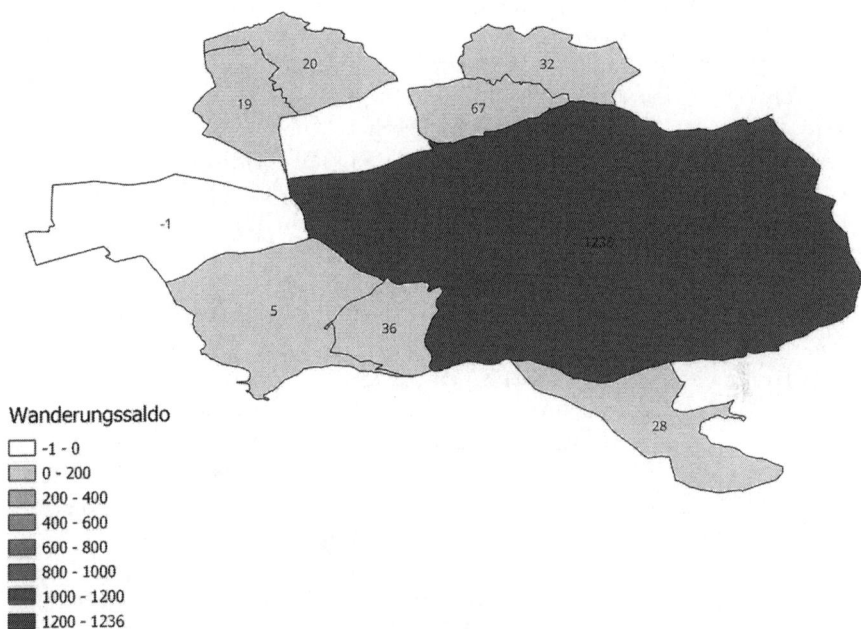

Abb. 23: Darstellung des Wanderungssaldos nach Ortsbezirken (Quelle: opendata.kaiserslautern.de, eigene Darstellung mit QGIS)

Man erhält auf diese Weise eine Karte des Stadtgebiets von Kaiserslautern, auf welcher die unterschiedlichen Wanderungsbewegungen in den Stadtbezirken visualisiert werden (► Abb. 23). Hier ist gut sichtbar, dass etwa die westlichen Stadtbezirke, vor allem Erzhütten und Erfenbach einen deutlichen Zuzug erleben, während die Innenstadt und die im Norden und Süden gelegenen Stadtteile Abwanderung verzeichnen. Eine solche Karte gibt weit anschaulicher Aufschluss über die demografische Entwicklung der Stadt als eine bloße Tabelle der Werte.

Dieser exemplarische Einsatz zeigt nur einen kleinen und oberflächlichen Nutzungsbereich, für den Geo-Informationssysteme verwendet werden können. Die viel spannendere, aber auch anspruchsvollere Anwendungsmöglichkeit ist es, Einzugsbereiche oder sonstige räumliche Analysen mit dem Programm durchzuführen. Neben Anleitungen und Handbüchern sind auch verschiedene Kurse und Blended-

6 Methodenbausteine

Learning-Angebote verfügbar. Hier bieten sowohl die Hochschule, die Entwickler als auch freie Anbieter unterschiedliche Lern- und Praxistiefen an.

Das Wichtigste in Kürze

Die Nutzung von digitalem Kartenmaterial wird bei Sozialraumanalysen immer selbstverständlicher. Zum einen kann man damit Merkmale eines Sozialraums allgemeinverständlich darstellen und Ergebnisse prägnant visualisieren. Zum anderen liegen immer mehr soziale Daten georeferenziert – also mit einem Ortsbezug – in amtlichen Statistiken vor und können mit spezieller Software analysiert und dargestellt werden. Einfache Formen der Kartennutzung verwenden digitale Kartendienste im Internet, wie Google Maps oder OpenStreetMap. Damit ist es möglich, räumliche Besonderheiten des Sozialraums darzustellen oder nach interessierenden Orten oder Einrichtungen zu recherchieren. Zahlreiche öffentlich zugängliche, digitale Kartenanwendungen machen raumbezogene Informationen, etwa zum Naturraum, zu Bebauung, zur Verkehrsinfrastruktur sichtbar. Demgegenüber sind Geo-Informationssysteme (GIS) komplexe Softwareprogramme zu Verarbeitung und Analyse von georeferenzierten Daten. Die Nutzung von Geo-Informationssystemen verlangt in der Regel eine intensive Einarbeitung. Georeferenzierte Daten bestehen stets aus zwei verbundenen Informationen, den inhaltlichen Sachdaten und einer Georeferenz. Öffentlich zugängliche Datenquellen für georeferenzierte Daten sind vor allem die Geoportale der Bundesländer, die zahlreiche Abfragemöglichkeiten für soziale und kartografische Daten bieten. Diese können nicht nur zu Darstellung, sondern auch zur Analyse genutzt werden, etwa um Entfernungen, Einzugsgebiete oder Fahrzeiten zu ermitteln. Geografische Informationssysteme werden auch zur Datenerhebung genutzt, etwa indem man Beobachtungen auf einem digitalen Eingabegerät unmittelbar in eine Karte einträgt und sie so mit einer Georeferenz versieht.

Weiterführende Literatur

Bork-Hüffer, T., Füller, H., Straube, T. (Hg.) (2021): Handbuch Digitale Geographien. Welt – Wissen – Werkzeuge. Paderborn: UTB/Brill Schöningh.
Bill, R. (2023): Grundlagen der Geo-Informationssysteme (7., völlig neu bearbeitete und erweiterte Auflage). Berlin und Offenbach a. M.: Wichmann.

Übung 13: Konzeption einer Sozialraumanalyse

Entwerfen Sie zu folgender Situationsschilderung eine Konzeption für eine Sozialraumanalyse. Formulieren Sie zuerst eine oder mehrere Untersuchungsfragen. Überlegen Sie, welche relevanten Zielgruppen oder Betroffenengruppen einbezogen werden sollten. Wählen Sie dann mindestens fünf Methoden der Sozialraumanalyse aus, die im beschriebenen Sozialraum zur Anwendung kommen sollen. Beschreiben Sie die Durchführung dieser Methoden möglichst so konkret, dass andere Forschende diese Sozialraumanalyse nach Ihrer Konzeption durchführen könnten.

Die Stadt Dünnwald, eine Mittelstadt, möchte sich mit ihrem Stadtteil »Am Fluss« an einem Förderprogramm »Seniorenfreundliche Quartiere« beteiligen. Dieses Förderprogramm stellt Mittel für bauliche und soziale Maßnahmen bereit, die dazu dienen, die Lebensqualität von Seniorinnen und Senioren in Quartieren mit einem hohen Anteil älterer Bevölkerung zu verbessern.

Der Stadtteil »Am Fluss« ist baulich durch einen hohen Anteil einfacher Einfamilienhäuser und Doppelhaushälften geprägt. Auf der einen Seite ist zu hören, dass hier relativ viele Menschen im Rentenalter leben sollen. Es wird berichtet, dass viele dieser Menschen zunehmend isoliert leben würden. Es gebe zu wenig Treffpunkte und keine kulturellen Angebote im Stadtteil.

Auf der anderen Seite ist zu hören, dass es eine Entfremdung dieser alteingesessenen Bevölkerung von Ihrem Quartier und eine gewachsene Kriminalitätsfurcht gebe, seit in einige Bereiche des Quartiers, das mit Mehrfamilienhäusern bebaut ist, verstärkt Zugewanderte gezogen sind. Es gebe Wege, die aufgrund ihrer schlechten Einsehbarkeit und Beleuchtung am Abend gemieden würden.

Ältere klagen, dass sie über Aktivitäten im Stadtteil nicht informiert und an diesen nicht beteiligt würden. Mehrere Vereine und Bildungseinrichtungen im Stadtteil berichten wiederum, dass sie gern mehr Mitglieder oder Teilnehmende an intergenerationellen Projekten gewinnen würden. Sie wissen aber nicht so recht, wie und mit welchen Angeboten Sie die Menschen erreichen können.

Lösungsvorschlag: siehe Onlinematerial

Literatur

Alisch, M., May, M. (Hg.) (2017): Methoden der Praxisforschung im Sozialraum. Beiträge zur Sozialraumforschung, Band 15. Opladen: Barbara Budrich.
Altrichter, H., Posch, P. (Hg.) (1996): Mikropolitik der Schulentwicklung. Innsbruck: StudienVerlag.
Bär, G., Kasberg, A., Geers, S., Clar, C. (2020): Fokusgruppen in der partizipativen Forschung. In: Hartung, S., Wihofszky, P., Wright, M. T. (Hg.), Partizipative Forschung. Ein Forschungsansatz für Gesundheit und seine Methoden (S. 207–220). Wiesbaden: Springer VS.
Barth, B., Flaig, B. B., Schäuble, N., Tautscher, M. (Hg.) (2018): Praxis der Sinus-Milieus. Gegenwart und Zukunft eines modernen Gesellschafts- und Zielgruppenmodells. Wiesbaden: Springer VS.
Becker, K.-P., Burtscher, R. (Hg.) (2019): Gemeinsam forschen – gemeinsam lehren. Menschen mit Lernschwierigkeiten in der Partizipativen Gesundheitsforschung. Berlin: Stiftung Rehabilitationszentrum Berlin-Ost.
Beer, D. (o. J.): Dokumentenanalyse. Online verfügbar unter: https://www.lokale-demokratie.de/wp-content/uploads/2017/04/Dokumentenanalyse.pdf, Zugriff am 01.04.2024.
Berlin-Institut für Bevölkerung und Entwicklung (2019): Die demografische Lage der Nation. Wie zukunftsfähig Deutschlands Regionen sind. Online verfügbar unter: https://www.berlin-institut.org/fileadmin/Redaktion/Publikationen/PDF/Demografische_Lage_online.pdf, Zugriff am 01.04.2024.
Bleck, C., van Rießen, A., Knopp, R., Schlee, T. (2018): Sozialräumliche Perspektiven in der stationären Altenhilfe. Eine empirische Studie im städtischen Raum. Wiesbaden: Springer VS.
Bundesarbeitsgemeinschaft Landesjugendämter (2015): Empfehlungen. Qualitätsmaßstäbe und Gelingensfaktoren für die Hilfeplanung gemäß § 36 SGB VIII. Online verfügbar unter: https://www.kvjs.de/fileadmin/dateien/jugend/Hilfe_zur_Erziehung/Allgemeiner_Sozialer_Dienst/2015_Empfehlungen_BAGLJAE_Hilfeplanung___36_SGB_VIII.pdf, Zugriff am 01.04.2024.
Bundesministerium für Umwelt, Naturschutz, Bau und Reaktorsicherheit (BMUB) (2016): Quartiersmanagement Soziale Stadt. Eine Arbeitshilfe für die Umsetzung vor Ort. Online verfügbar unter: https://www.staedtebaufoerderung.info/SharedDocs/downloads/DE/Programme/SozialerZusammenhalt/Quartiersmanagement_Arbeitshilfe_Umsetzung_vor_Ort_2016.pdf?__blob=publicationFile&v=6, Zugriff am 01.04.2024.
Deinet, U., Krisch, R. (2009): Autofotografie. In: sozialraum.de (1) Ausgabe 1/2009. Online verfügbar unter: https://www.sozialraum.de/autofotografie.php, Zugriff am 05.04.2023.
Deinet, U., Krisch, R. (2003): Der sozialräumliche Blick der Jugendarbeit. Methoden und Bausteine zur Konzeptentwicklung und Qualifizierung. Opladen: Leske und Budrich.
Deutsche Gesellschaft für Soziale Arbeit (DGSA) (2020): Forschungsethische Prinzipien und wissenschaftliche Standards für Forschung der Sozialen Arbeit. Forschungsethikkodex der DGSA. Online verfügbar unter: https://www.dgsa.de/fileadmin/Dokumente/Service/Forschungsethikkodex_DGSA.pdf, Zugriff am am 01.04.2024.
Deutsche Gesellschaft für Soziologie (DGS) (2017): Ethik-Kodex der Deutschen Gesellschaft für Soziologie und des Berufsverbandes Deutscher Soziologinnen und Soziologen. Online verfügbar unter: https://soziologie.de/fileadmin/user_upload/dokumente/Ethik-Kodex_2017-06-10.pdf, Zugriff am 01.04.2024.

Dummer, I., Malcherowitz, M., Weck, J. (2015): Die Nadelmethode 2.0 als Werkzeug für Projektarbeit zu sozialräumlicher Partizipation und Medienpädagogik. In: sozialraum.de (7) Ausgabe 1/2015. Online verfügbar unter: https://www.sozialraum.de/die-nadelmethode-20. php, Zugriff: 01.04.2024.

Eckardt, F. (2014): Stadtforschung. Gegenstand und Methoden. Wiesbaden: Springer VS.

Eckpunktepapier (2019): Eckpunktepapier zu den inhaltlichen Schwerpunkten der geplanten zwei Landesverordnungen zu der Ausführung des Landesgesetzes über die Weiterentwicklung der Erziehung, Bildung und Betreuung von Kindern in Tageseinrichtungen und in Kindertagespflege. Online verfügbar unter: https://docplayer.org/128652873-Eckpunktepapier-zu-den-inhaltlichen-schwerpunkten-der-geplanten-zwei-landesverordnungen-zu-der-ausfuehrung.html, abgerufen am 01.04.2024.

Economist Intelligence Unit (2023): The Global Liveability Index 2023. Optimism amid instability. Online verfügbar unter: https://www.eiu.com/n/campaigns/global-liveability-index-2023/, Zugriff am 27.12.2023.

Erlinghagen, M., Hank, K. (2013): Neue Sozialstrukturanalyse. München: UTB/Fink.

Flick, U. (2014): Gütekriterien qualitativer Sozialforschung. In: Baur, N., Blasius, J. (Hg.), Handbuch Methoden der empirischen Sozialforschung (S. 411–424). Wiesbaden: Springer VS.

Forschungsgruppe Altern und Lebenslauf (1997): Lebenszusammenhänge, Selbst- und Lebenskonzeptionen – Erhebungsdesign und Instrumente des Alters-Survey. Forschungsbericht 61, Freie Universität Berlin. Online verfügbar unter: http://www.fall-berlin.de/lit/FALL_Forschungsbericht_61.pdf, Zugriff am 01.04.2024.

Früchtel, F., Cyprian, G., Budde, W. (2013): Sozialer Raum und Soziale Arbeit: Textbook: Theoretische Grundlagen (3., überarbeitete Auflage). Wiesbaden: Springer VS.

Fülling, J. Hering, L., Kulke, E. (2021): Kartierung und Foto-Dokumentation. Vorschlag für ein raumsensibles Mixed-Methods-Design am Beispiel einer Einzelhandelskartierung. In: Heinrich, A. J., Marguin, S., Millon, A., Stollmann, J. (Hg.), Handbuch qualitative und visuelle Methoden der Raumforschung (S. 345–364). Bielefeld: UTB/transcript.

Galuske, M. (2013): Methoden der Sozialen Arbeit. Eine Einführung (10. Auflage). Weinheim: Beltz Juventa.

Grunwald, K., Thiersch, H. (2018): Lebensweltorientierung. In: Otto, H.-U., Thiersch, H., Treptow, R., Ziegler, H. (Hg.), Handbuch Soziale Arbeit (6., überarbeitete Auflage) (S. 906–915). München: Ernst Reinhard.

Häder, M., Häder, S. (2014): Stichprobenziehung in der quantitativen Sozialforschung. In: Baur, N., Blasius, J. (Hg.), Handbuch Methoden der empirischen Sozialforschung (S. 283–297). Wiesbaden: Springer VS.

Hannemann, C. (2019): Stadtsoziologie. In: Kessl, F., Reutlinger, C. (Hg.), Handbuch Sozialraum. Grundlagen für den Bildungs- und Sozialbereich (S. 45–60). Wiesbaden: Springer VS.

Hartung, S., Wihofszky, P., Wright, M. T. (2020): Partizipative Forschung. Ein Forschungsansatz für Gesundheit und seine Methoden. Wiesbaden: Springer VS.

Heintze, I. (2019): Sozialraumorientierung. In: Gottschalk, I. (Hg.), VSOP Kursbuch Sozialplanung. Orientierung für Wissenschaft und Praxis (S. 39–52). Wiesbaden: Springer VS.

Helfferich, Cornelia (2014): Leitfaden- und Experteninterviews. In: Baur, N., Blasius, J. (Hg.), Handbuch Methoden der empirischen Sozialforschung (S.559–574). Wiesbaden: Springer VS.

Hemicker, N., Kröhnert, S., Weber, F., Zepp, C. (2020): Sozialraumanalyse der Stadt Hachenburg zur Konzeptionierung eines Quartiersmanagements am Caritas-Altenzentrum »Haus Helena«. Hochschule Koblenz.

Hinte, W. (2020): Original oder Karaoke – was kennzeichnet das Fachkonzept Sozialraumorientierung? In: Fürst, R., Hinte, W. (Hg.), Sozialraumorientierung 4.0. Das Fachkonzept: Prinzipien, Prozesse & Perspektiven (S.11–26). Wien: UTB/Fakultas.

Kelle, U. (2014): Mixed Methods. In: Baur, N., Blasius, J. (Hg.), Handbuch Methoden der empirischen Sozialforschung (S. 153–166). Wiesbaden: Springer VS.

Körber-Stiftung (2023): Dritte Orte. Begegnungsräume in der altersfreundlichen Stadt. Hintergrund und gute Praxis. Hamburg: Körber-Stiftung.

Krisch, R. (2003): Methoden einer sozialräumlichen Lebensweltanalyse. In: Deinet, U., Krisch, R., Der sozialräumliche Blick der Jugendarbeit. Methoden und Bausteine zur Konzeptentwicklung und Qualifizierung (S. 87–154). Opladen: Leske und Budrich.
Krisch, R. (2008): Sozialräumliche Methodik der Jugendarbeit. Aktivierende Zugänge und praxisleitende Verfahren. Weinheim: Juventa.
Kühn, T., Koschel, K.-V. (2011): Gruppendiskussionen. Ein Praxishandbuch (2. Auflage). Wiesbaden: Springer VS.
Landesamt für Geoinformation und Landesvermessung Niedersachsen: Erhebungsbogen Leerstand, Online unter: https://www.gll.niedersachsen.de/download/73495/Erfassungsbogen_Leerstand.pdf (nicht mehr verfügbar).
Lenzner, T., Menold, N. (2015): Frageformulierung. GESIS Survey Guidelines. Online verfügbar unter: https://www.gesis.org/fileadmin/upload/SDMwiki/Frageformulierung_Lenzner_Menold_08102015_1.1.pdf, Zugriff am 01.04.2024.
Lewin, Kurt (1946): Action Research and Minority Problems. Journal of Social Issues 2 (4), S. 34–46.
Marguin, S. (2022): Karten und Mappings. In: Baur, N.; Blasius, J. (Hg.), Handbuch Methoden der empirischen Sozialforschung (3. Auflage) (S. 1669–1692), Wiesbaden: Springer VS.
Menold, N. (2015): Schriftlich-postalische Befragung. GESIS Survey Guidelines. Online verfügbar unter: https://www.gesis.org/fileadmin/upload/SDMwiki/Archiv/Schriftlich-postalische_Befragung_Menold_12092014_1.0.pdf, abgerufen am 01.04.2024.
Menold, N., Bogner, K. (2015): Gestaltung von Ratingskalen in Fragebögen. SDM Survey Guidelines. Online verfügbar unter: https://www.gesis.org/fileadmin/upload/SDMwiki/Archiv/Ratingskalen_MenoldBogner_012015_1.0.pdf, Zugriff am 01.04.2024.
Nanz, P., Fritsche, M. (2012): Handbuch Bürgerbeteiligung. Verfahren und Akteure, Chancen und Grenzen. Bonn: Bundeszentrale für politische Bildung.
Quilling, E., Nicolini, H. J., Graf, C., Starke, D. (2013): Praxiswissen Netzwerkarbeit. Gemeinnützige Netzwerke erfolgreich gestalten. Wiesbaden: Springer VS.
Reich, K. (Hg.) (o.J.): Methodenpool. Zukunftswerkstatt. Online verfügbar unter: http://methodenpool.uni-koeln.de/zukunft/frameset_zukunft.html, Zugriff am 01.04.2024.
Reicher, C. (2017): Städtebauliches Entwerfen (5. Auflage). Wiesbaden: Springer Vieweg.
Reichwein, A., Berg, A., Glasen, D., Junker, A., Rottler-Nourbakhsch, J., Vogel, S. (2011): Moderne Sozialplanung: Ein Handbuch für Kommunen. Düsseldorf: Kommunale Gemeinschaftsstelle für Verwaltungsmanagement (KGSt).
Richter, P. G. (Hg.) (2016): Architekturpsychologie. Eine Einführung (4. überarbeitete Auflage). Lengerich: Pabst Science Publishers.
Schneider, A., Swat, M., Gottschalk, A. (Hg.) (2021): Nachhaltige Kita-Sozialräume – gemeinschaftlich entwickeln. Ein Wegweiser für kompetente Beteiligung. Regensburg: Walhalla Fachverlag.
Schubert, H. (2019): Netzwerkmanagement in der Sozialen Arbeit. In: Fischer, J., Kosellek, T. (Hg.), Netzwerke und Soziale Arbeit (2. Auflage) (S. 329–348). Weinheim: Beltz Juventa.
Schubert, H., Veil, K. (2014): Der »Sozialraumgenerator« als Ableitung aus der egozentrierten Netzwerkanalyse. In: sozialraum.de (6) Ausgabe 1/2014. Online verfügbar unter: https://www.sozialraum.de/der-sozialraumgenerator-als-ableitung-aus-der-egozentrierten-netzwerkanalyse.php, Zugriff am 01.04.2024.
Schubert, H., Leitner, S., Veil, K., Vukoman, M. (2019): Öffnung des Wohnquartiers für das Alter. Entwicklung einer kommunikativen Informationsinfrastruktur zur Überbrückung struktureller Löcher im Sozialraum (3. Auflage). Köln: Verlag Sozial-Raum-Management.
Senatsverwaltung für Stadtentwicklung und Wohnen Berlin (2020): Dokumentation zur Modifikation der Lebensweltlich Orientierten Räume (LOR). Online verfügbar unter: https://www.berlin.de/sen/sbw/_assets/stadtdaten/stadtwissen/lebensweltlich-orientierte-raeume/dokumentation_zur_modifikation_lor_2020.pdf, Zugriff am 01.04.2024.
Sinus-Institut (2023): Was sind Sinus-Milieus? Online verfügbar unter: https://www.sinus-institut.de/sinus-milieus, Zugriff am 01.04.2024.
Sommer, V., Töppel, M. (2021): Go-Alongs in einem multimethodischen Forschungsprogramm. In: Heinrich, A. J., Marguin, S., Millon, A., Stollmann, J. (Hg.), Handbuch qualitative und visuelle Methoden der Raumforschung (S. 195–207). Bielefeld: UTB/transcript.

Spiegel, H. von (1997): Offene Arbeit mit Kindern – (k)ein Kinderspiel. Erklärungswissen und Hilfen zum methodischen Arbeiten. Münster: Votum.
Swat, M. (2023): Trägerbefragung zum Kita-Beirat. Koblenz: IBEB.
Thiel, M. (2010): Werkzeugkiste Soziale Netzwerkanalyse. In: Organisationsentwicklung (3), S. 78–85. Online verfügbar unter https://www.uni-potsdam.de/fileadmin/projects/qlb/Dokumente/Workshop_10_Material_Thiel_Doll_Hamburg.pdf, Zugriff am 01.04.2024.
Thiersch, H. (1997): Lebensweltorientierte Soziale Arbeit. Online-Archiv von »SMIP-Streetwork/ Mobile Jugendarbeit Infopool FH-Potsdam«. Online verfügbar unter: https://jugendsozialarbeit.de/media/raw/thierschlebensweltsoa.pdf, Zugriff am 20.10.2023.
Thiersch, H. (2017): Das Konzept Lebensweltorientierte Soziale Arbeit, für meine Enkel skizziert. Online unter https://www.hans-thiersch.de/Hans-Thiersch.de/Veroeffentlichungen_files/Elementare%20Einfu%CC%88hrung%20in%20die%20lebensweltorientierte%20Soziale%20Arbeit%202019.pdf, Zugriff am 20.10.2023.
Unger, H. von (2014): Partizipative Forschung. Einführung in die Forschungspraxis. Wiesbaden: Springer VS.
Ziegener, D. (2023): Google Street View kehrt nach Deutschland zurück. Online verfügbar unter https://www.golem.de/news/update-fuer-google-maps-google-street-view-kehrt-nach-deutschland-zurueck-2306-174797.html, Zugriff am 13.05.2024.